U0514768

产业集群创新体系理论
与实证研究

王淑娟　主　编

曹　倩　王俊淇　栾　迪　副主编

中国财经出版传媒集团

经济科学出版社
Economic Science Press

图书在版编目（CIP）数据

产业集群创新体系理论与实证研究/王淑娟主编
. -- 北京：经济科学出版社，2022.9
ISBN 978 - 7 - 5218 - 3934 - 0

Ⅰ.①产…　Ⅱ.①王…　Ⅲ.①产业群体 - 企业创新 -
研究 - 中国　Ⅳ.①F279.23

中国版本图书馆 CIP 数据核字（2022）第 148764 号

责任编辑：于　源　郑诗南
责任校对：刘　昕
责任印制：范　艳

产业集群创新体系理论与实证研究

王淑娟　主　编

曹　倩　王俊淇　栾　迪　副主编

经济科学出版社出版、发行　新华书店经销
社址：北京市海淀区阜成路甲 28 号　邮编：100142
总编部电话：010 - 88191217　发行部电话：010 - 88191522
网址：www.esp.com.cn
电子邮箱：esp@esp.com.cn
天猫网店：经济科学出版社旗舰店
网址：http://jjkxcbs.tmall.com
北京季蜂印刷有限公司印装
710×1000　16 开　17.75 印张　300000 字
2022 年 9 月第 1 版　2022 年 9 月第 1 次印刷
ISBN 978 - 7 - 5218 - 3934 - 0　定价：75.00 元
（图书出现印装问题，本社负责调换。电话：010 - 88191510）
（版权所有　侵权必究　打击盗版　举报热线：010 - 88191661
QQ：2242791300　营销中心电话：010 - 88191537
电子邮箱：dbts@esp.com.cn）

前　言

　　当前我国的地区产业结构趋同日益加剧，低水平重复建设、盲目竞争问题十分严重。这一问题的解决要求我们通过地区产业组织创新，形成独具特色的既竞争又合作的产业集群创新体系。因此，基于产业集群创新体系的理论与实证研究对全国产业竞争力的提升和地区产业的协调有序发展都具有重要的现实意义。

　　在理论研究方面，本书通过系统归纳相关文献，确立了有利于展开实证分析和政策研究的产业集群定义划分并总结相关的支撑理论。在此基础上系统总结了国内外产业集群模式的经验，并分析了与区域竞争力的互动关系，建立产业集群与区域竞争力互动关系理论。

　　在实证研究方面，主要从产业和企业层面，对浙江中小企业、青岛家电产业集群、山东港口集团产业集群发展战略进行案例研究，研究了它们的发展环境和发展规划，实现了理论与实践的有机结合，以此验证理论研究方面产业集群发展理论的结论和假说。

创新和特色

　　1. 从产业集群内部市场结构出发，对产业集群模式提出了更细致的模式划分，特别对产业集群各种模式之间的有机联系和相互转化进行了比较分析，进一步深化了对产业集群形成规律的认识和探讨，这在以往文献中尚不多见。

　　2. 构建了产业集群创新体系，并将神经网络专家系统运用于产业集群的创新能力分析，对构建产业集群的创新体系进行了全新设计。

　　3. 通过对产业集群实证研究，从理论与实践结合方面验证了产业集群创新体系的理论假说，深化了和丰富了产业集群创新体系的理论研究。

研究的应用价值

1. 产业集群创新体系的研究有助于区域政府对区域产业进行合理规划，达到资源优化配置，有利于区域产业结构的升级和区域经济的快速协调发展。

2. 产业集群创新体系的研究对区域内企业特别是产业集群内企业有更重要的意义：有利于集群内企业利用集群的共享资源，进行横向和纵向合作，形成集群内的协同作用；有利于企业建立快速反应机制，提高产品质量和层次，最终形成集群企业的核心竞争力等。

3. 在理论上，产业集群创新体系的研究在一定程度上丰富了产业集群理论，可为相关研究提供理论借鉴，为政府决策、企业实际操作提供理论依据和咨询。

研究展望

加快构建以国内大循环为主体、国内国际双循环相互促进的新发展格局，着力推进高质量发展已经成为今后一段时间我国经济社会发展的主旋律。当下，世界百年未有之大变局正进入加速演变期，加快培育世界级产业集群已经成为建设制造业强国的当务之急。在此背景下，产业集群的未来研究应重点关注如下方面：

1. 探讨中国情境下产业集群的发展背景、发展条件和演进规律的独特性，在整合集群资源、激发集群创新动力、推动集群转型升级、完善集群治理机制等方面推动理论创新。

2. 分析产业集群发展中生产性服务业与先进制造业融合共生的作用机理，将产业集群的数字化转型上升到战略层面。

3. 根据传统产业集群、战略性新兴产业集群、先进制造业集群、现代服务业集群等各类产业集群生态系统的不同特点构建产业集群的专业化分工体系。

目　　录

第一部分　产业集群创新体系理论

第二部分　产业集群创新体系实证

第三部分　我国产业集群创新体系建设

产业集群创新体系理论

第一章

产业集群创新体系相关理论研究

迈克尔·波特最早在 20 世纪 80 年代对产业集群这种现象进行描述，他提出了目前被广泛使用的定义：产业集群是指在地理上呈现出集中于特定区域的群体，其内部企业与机构，如相关生产企业、金融机构、科研机构等之间存在相互关联并竞争合作的关系，他认为产业集群对于获取国家竞争优势和区域竞争优势具有重要作用。[1] 在分工协作理论、规模经济理论和工业区位论等发展的基础上，众多学者也从新产业区理论，经济地理理论，制度经济学，社会经济学，竞争理论和区域创新理论等不同的视角对该现象的形成作出了解释。随着产业集群理论和实践的发展和演变，产业集群的内涵得到了进一步扩展，一些学者在界定其内涵时强调了政府及服务机构、社会关系、文化环境的作用，并增加了关于其分类、特征和目的描述。如王缉慈（2004）认为产业集群指的是地理邻近且有密切联系的公司和机构，它们属于某一个或某几个产业，或与其相关围绕价值链展开生产，促进产业技术创新，且集群建立的关键在于内部成员密切的合作和互动。赵炳新等（2016）将产业集群定义为由产业间关联、机构间关系耦合而成的网络，认为经济关联是产业集群最为基本、最为重要的关联。何中兵等（2018）还提到了产业集群的作用，即集群企业可以共享集群中专业的人才库、行业的非贸易输入、知识的溢出效应，共享基础设施、剩余资源，共享学习曲线效应和由此带来的不断增长的回报。

产业集群与创新存在着很强的内在关联，产业集群为创新提供了良

---

[1]　胡雅蓓. 产业集群生态系统：主题、演进和方法［J］. 外国经济与管理，2022（5）.

好的氛围和条件，持续创新是促进产业集群发展及其竞争力提升的关键，具体表现为两个方面：一方面，产业集群具有的规模经济效应、合作竞争效应、学习创新效应等，带来了生产成本、交易费用和市场风险的降低。具体来说，生产资料、信息、技术及劳动力等资源的交互共享，为创新活动提供了有利的条件，包括创新的氛围和环境、竞争带来的挤压效应，以及人才流动和知识外溢；而降低创新成本具体表现为：创新环境通过创造企业之间的信息交流和知识的共享与传播的有利条件，加快了速度和降低了成本，提供了创新的氛围；相关企业的竞争机制形成企业之间的挤压效应，即一些创新成果的出现，会对其他企业造成压力，促进其他企业的模仿和创新；产业集群可以促进人才之间的交流，激发人才的潜能，并降低人才流动的时间和成本，从而优化人力资源的配置，促进创新效率；产业集群通过内部机制和相关效应，在建立合作关系和资源共享的基础上，可以降低各类资源的成本和交易成本等，有效地提升了创新优势。另一方面，创新是产业集群发展的动力。创新可以通过扭转产业集群的衰退和停止促进其可持续发展，同时创新还是产业集群形成自身核心竞争能力和竞争优势的基础。也有学者考虑到了产业集群和创新的双向作用，认为产业集群通过创造创新氛围和降低企业成本驱动技术创新，而创新成果也促进了新产业及其集群的产生，并通过创新提高集群竞争力。

产业集群对创新的作用需要一定的条件，否则促进创新实现的效应可能不产生。比如，我国的一些低端集群，只是为了降低成本形成的地理区域上的简单扎堆。一些学者对我国产业集群存在的问题进行了总结，这些问题的核心都指向缺乏创新。具体来说：我国集群多为劳动密集型的中小企业，技术含量低，研发投入少；政府引导支持不到位，集群内部创新主体不明确，缺乏市场灵敏度；集群发展模式落后，缺乏集群发展的战略规划，未形成集群创新体系促进其可持续发展；缺乏创新动力及企业间的合作协调，硬件条件及相关法制不完善。然而，竞争环境不断变化，市场需求日益复杂，国家和地区经济的发展需要提升产业竞争力，推动产业结构升级和产业的高质量可持续发展。实现这一目标的关键在于充分发挥产业集群的创新效应，激发企业的创新活力。因此，我们亟须建立产业集群创新体系对产业集群内的创新主体进行统筹规划，为创新的培育和发展提供稳定的环境和有效的运行机制，形成动态适应和不断创新的系统，促进产业集群和区域经济的可持续发展。

第一节　产业集群创新体系的概念界定

一、产业集群的概念及内涵

产业集群是指大量的相关企业按照一定的经济联系集中在特定的地域范围，并在空间上相互接近，进而吸引一些相关服务机构进驻该地，形成一个类似生物有机体系统的产业群落。虽然产业集群的概念出现较早，但直到 20 世纪 90 年代产业集群才形成一种世界性的经济现象，对产业集群的研究才引起世界各国的高度重视。国外对产业集群的界定从不同角度分别称其为：产业集群（Industrial Cluster）、地方企业集群（Local Cluster of Enterprises）、柔性集聚体（Flexible Production Agglomeration）、地方生产系统（Local Production System）等，不同的学者给出的不同定义分别是：伯格斯曼（Bergsman，1972）从劳动力市场的角度定义为：趋向位于同一地方的一组经济活动，并以该组经济活动中任两种经济活动就业人数之间是否相关为判断标准。克若曼斯科（Czamanski，1979）认为产业集群是指在所有经济产业中一群在商品和服务联系上比国民经济其他部门联系强，并在空间上相互接近的产业。派克（F. G. Pyke，1992）定义产业集群为在生产过程中相互关联的企业集聚，通常它们在一个产业内部，并且根植于某一地方社区。斯切密特兹（Schmitz，1995）认为产业集群是企业在地理和部门上的集中，企业之间存在着广泛的劳动分工，并拥有为参与本地市场竞争所必须具备的、范围广泛的专业化创新的企业群组。波特（M. E. Porter，2000）认为产业集群是一组在地理上集中，并有相互关联性的企业、专业化供应商、服务供应商、相关产业的厂商，以及相关的机构（如大学、制定标准化的机构、产业协会等），共同构成的群体。国内学者王缉慈（2002）是我国产业集群问题研究的先驱，认为产业集群是一组在地理上靠近的相互联系的公司和关联的机构，它们同处在一个特定的产业领域，由于具有共性和互补性而联系在一起，具有专业化特征。陈文华和刘善庆（2006）认为产业集群是在特定区域中大量企业及相关机构基于专业化分工的、以群集为特征的一种经济社会现象；是在市场竞争中不断演进的、有效率的中间体组织；是全球化背景下发展区域经济的新的思维方法和发展模式。

以上各种定义综合分析可看出产业集群具有几个共性特征：一是在地缘上接近，特色产业具有当地社区、文化、历史的烙印；二是企业间、企业与各种机构、政府间具有共生效益；三是产业要素的共享；四是产业链的互补；五是产业内知识创新速度快；六是良好的公用基础设施环境。

产业集群的本质是一种新型的生产组织方式，通过对产业集群的有效培育与发展可以实现多种经济发展目标，因此，产业集群被专家看作是一种经济发展的战略方式，它能够通过外部经济性和制度效应规制的内外联动所构成的集群效应释放，在经济竞争中产生很强的竞争优势。每一个产业集群都表现出不同的特征：

（1）不同的产业特性。即一个产业集群，既可以是三大产业中的任一产业，也可以是以第二产业中的制造业为主，同时与某具体产品联系在一起；既可以是消费品，也可以是生产资料产品。

（2）具有不同的影响力。一个产业集群的产品在特定的产业内必须具有特定的影响力，如产业集群内的企业总产量能够占据国内市场较大的份额，甚至在国际市场上都占有一定的份额；或者其中包括了一些在国内或国际上具有一定影响力的企业。

（3）具有相互关联的五大行动主体。每一个产业集群一般都包含成品商、供应商、客商、中介服务机构、规制管理机构五大类密切联系的主体，它们既相互依存、相互作用，又相互竞争，在它们的共同作用下导致该产业集群成为一个有机的经济整体。

按照波特的定义，集群是某一领域内相互联系的企业和机构在地理上的集中，包括一系列相互联系共同应对竞争的行业和实体，如零部件、机器和服务等专业化投入的供应商和专业化设施的提供者。集群还经常向下延伸至销售渠道和客户，并从侧面扩展到辅助性产品的制造商，以及与技能技术或投入相关的产业公司。还有许多集群还包括提供专业化培训、教育、信息研究和技术支持的政府和其他机构——例如大学、标准制定机构、智囊团、职业培训提供者和贸易联盟等。

从一般意义讲，产业集群是指一些相关企业与机构在某一特定区域通过集聚成群而不断提升企业及产业整体竞争力的现象及其过程。在以某一个主导产业为核心的特定领域中，大量产业联系密切的企业以及相关支撑机构在空间上集聚，可以形成强劲的、持续竞争的优势①。从这里可以看出产业集群包含了三方面的基本内容：首先，产业集群是对应于一定区域而言的，是经济活动的一种空间集聚现象；其次，产业内的相关企业和机构相互竞争与合作；最后，产业集群的作用在于提升企业及产业的竞争力，形成持续竞争优势。

二、产业集群创新体系的内涵

对创新体系的界定一般包括体系内部要素和要素之间的相互作用关系，涉及创新主体，创新机制和创新环境。比如，伦德瓦尔和约翰逊（Lundvall & Johnson，1992）将创新体系概括为促进知识生产到传播全过程的社会体系，通过其内部经济体及经济体之间的相互作用促进创新的实现。赵涛和高永刚（2004）认为创新体系由主要和次要参与者以及制度构成，通过研究开发、实施、应用、中介和教育五个过程实现创新。总之，创新体系可以优化创新资源的配置，促进创新主体的协调合作，是一种网络关系，根据范围大小可分为国家创新体系，区域创新体系，产业集群创新体系。其中，国家创新体系的构成要素有企业、研究机构、政府、中介服务机构及信息网络等，是在国家层面上构建的保障创新活动的制度安排，可以创造转移知识、技能和产品；区域创新体系是国家创新体系的一部分，与其组成要素和作用相似，但是侧重区域经济系统和产业的创新。

在此基础上，一些学者提出了产业集群创新体系的定义。魏江（2003）认为它是在一定区域内产业集群的相关组织和机构组成的动态互动创新网络，其内部通过正式和非正式的连接促进知识流动从而激发创新，其内部要素包括核心价值链要素，基础设施等支持要素，外部环境等不可控支持要素。曹洪军和张玉霞（2006）认为产业集群创新体

① Poter. M. E. Clusters and new economics competition ［J］. Havard Business Review，1998，11.

系是指产业集群为实现创新活动建立的开放系统，包括创新全过程涉及
的组织和机构，机制和实现条件，并从产业集群创新体系的构成、功
能、作用和重点内容等方面对该概念的内涵作出了较为详尽的解释：其
构成包括创新主体，创新计划，创新机制和监督者，它通过协调群间和
群内关系并优化配置资源，为产业、企业和地方经济的发展作出重要贡
献。除此之外，他们还提到了创新体系侧重于通过建立创新计划，激发
创新主体积极性，设计提高创新实施效率的机制，构建指标评价创新成
果。刘志峰和王娜（2010）在界定时提出了产业集群体系提高创新产
出的目标并强调了其作为系统与内外环境之间的交换和演化的关系，他
们认为集群包括目标层，主体层，资源层和机制层，这些要素之间和要
素与环境之间不断协调交换并相互作用形成有序的状态和动态的网络关
系，从而有助于创新的实现。王洁（2018）在前人研究的基础上，将
产业集群创新体系概括为一种以创新为核心的网络系统，它通过建立产
业集群的创新机制以及加强集群内部企业和机构之间正式和非正式的链
接，旨在为企业和产业解决问题，提高竞争力，激发活力和动力，促进
其可持续发展。除此之外，还有一些学者对于产业集群创新体系的内涵
进行了进一步的细化。比如，倪慧君和丛阳（2008）提出了根据产业
集群创新体系的成长阶段对其进行划分并描述了各个阶段的相应特征，
如形成期主要以企业之间的紧密联系为基础，成长期主要依靠企业和相
关机构之间形成的信息交换网络促进创新活动的开展。

三、产业集群创新体系的运作过程

可以看出，产业集群创新体系是以产业集群为基础，通过创建和设
立相关的目标和机制，激发与创新活动相关的各类主体的创新活力，确
保产业集群创新效应的有效实现，从而促进产业集群的可持续发展，它
的主要构成包括创新主体、创新环境和创新机制等。在此基础上，一些
学者构建了产业集群创新体系并对其运作过程进行了描述。曹洪军和张
玉霞（2006）构建了产业集群创新体系的运行过程：从创新主体设定
创新目标开始，通过创新机制进行创新活动并通过相应的指标体系评估
创新成果（包括技术、环境和经济三方面），最后在监督者的监督下进
行不断的反馈和修正，直至达到创新目标。他们指出，这一运行过程通

过不断循环和发展，向更高阶段演进，是一个开放上升的开放系统，从而保障了创新活动的不断进步，促进了产业集群的竞争优势和可持续发展。

除了上述对于一般产业集群创新体系的构建，还有一些学者根据产业的类型，构建了具体的某种产业集群创新体系，比如，高新技术产业集群创新体系；物流产业集群创新体系；县域特色产业集群创新体系建设；模具产业集群创新体系；农业产业集群创新体系等。具体来说，欧光军等（2018）运用生态学理论，依据集群创新生态链属性要求，构建出由以产业链和知识链融合协同为内核的集群创新主体系统、创新环境和创新产出所组成的高技术产业集群，指出影响高新区集群创新生态能力生成的是集群产业创新种群结构效能度、集群知识创新群落协同度、集群开放持续创新度和集群创新链群合作度四个关键生态因子。慕静（2012）基于循环创新链模式，提出了一种集群内组织边界开放、组织相互协作的服务创新链，分析了服务创新链的结构、节点模型和能力势差，构建了以服务创新链为基础的物流企业集群服务体系。何小雨和李郑（2009）构建的模具产业集群创新体系中，在政府、模具协会、科研机构及中介服务机构等支持下，模具企业作为创新主体可以进行企业间以及企业与环境间的相互交流，建立一个互动平台提高协作效率。李二玲等（2012）构建的农业产业集群农业创新体系由创新主体、创新网络以及网络中流动的五层次创新内容三个部分组成，外地同行企业对农业集群创新起主导作用，产学研是农业集群创新的关键引擎。

第二节　理论价值与实践意义

一、调整政策改善产业集群创新环境

1. 明确和充分发挥政府的功能

产业集群创新体系通过规定各主体的功能，有助于明确政府的职能以及政府发挥作用的机制，从而可以在实践中，从统筹规划、查漏补缺、优化改进这三个阶段指导政府充分发挥作用。具体来说，在统筹规划阶段，可以帮助政府明确并规划其在产业集群创新活动中的任务。除了发布政策进行引导以外，还包括营造创新环境并保障各类组织机构对企业的服务作用，从而达到激活创新的效果。在查漏补缺阶段，政府可以根据创新体系中的创新主体关系评估和发现是否存在部分服务或基础设施没有中介服务机构负责，是否有部分需要政府引导的联系互动机制没有形成，国家及地方政策和法律体系是否有利于为相应的产业营造创新的环境。在优化改进阶段，如果政府没有出现明显的失职问题，可以根据创新体系中各类主体互动机制的强弱，考察是否存在政策不力的情况而导致创新活力的缺失，帮助政府全方位地思考如何运用更好的方式，来改善目前存在的不足。比如，不是单一地依靠投资补贴和扶持来刺激创新，也可以考虑加强主体之间的合作联系以及提供较好的平台及服务。考虑企业的外部性问题，引导企业研发投入的方向。考虑资源配置的问题，不是将重点放在某个单一企业，而是将企业创新体系作为完整的系统考虑。

2. 结合产业情况调整相应政策

产业集群创新体系有很多种类，一些学者根据产业集群的类型和成长阶段对产业集群创新体系进行了进一步细分，根据其特征调整政策的方向和重点可以更好地指导产业集群创新活动的实践。具体来说，首先，不同的成长阶段产业集群的组成和效应不尽相同，创新主体的类型规模以及互动联系的紧密度不同，政府在其中发挥作用的大小和侧重也不同。在这种情况下，可以参考相应的创新体系，根据具体情况调整政策。比如初始阶段政府可以加强引导，将重心放在基础设施和中介服务机构的建设和配置上；而产业集群体系相对成熟的时候，政府干预过多反而会抑制创新，此时更多的应该起到促进创新主体之间联系，注重创新环境和文化的培养，做好服务保障方面的工作。其次，不同的产业集群类型具有不同的特征，创新体系要充分考虑产业集群在创新活动中的重点难点，帮助政府在对具体产业制定相关政策时从相应的地方入手激活创新。比如对于技术密集型产业，由于生命周期较短，相应的创新体系就要考虑和外部的互动，帮助其在集群衰退时期通过引入创新源或促进科技成果转化引导集群转换升级，降低不必要的风险和损失。

二、协同创新加强产业集群效应发挥

1. 加强不同主体之间的联系和合作

产业集群创新体系通过建立和维护各主体之间的关系网络，指出了激发产业集群创新的核心，即加强不同创新主体之间的联系和合作。通过建立良好的关系网，有助于创新主体之间知识和信息的流动，从而加强产业集群效应的发挥，促进创新活动的产生和开展。具体来说，一方面，从产业集群的创新动力方面考虑。产业集群创新体系建立以后，可以促进企业之间的正式或非正式的活动，在此过程中建立的信任关系会促进企业之间达成更有效的合作。在企业的信息交换和知识学习中，产业集群中存在的学习创新效应、合作竞争效应会得到进一步加强。另一方面，从产业集群体系的整体功能考虑。产业集群创新体系可以保障企业和其他机构之间的联系，其中的中介服务机构可以促进创新主体之间，如企业和科研机构以及高校的合作，也可以参与资源配置、组织协调、绩效评价、成果分配等工作，避免外部性和公共资源的不当处理带来集群内部的孤立，保障产业集群体系正常的运行并形成良性循环。

2. 结合不同类型产业的特征设计相应的模式

考虑到产业的特征、规模和结构以及产业集群内部的知识含量和联结关系等呈现出的不同类型，所展现出的问题和面临的约束也复杂多样。在面对变化的环境和市场时，产业集群本身的机制可能受到了限制，外部力量也难以及时作出反应，比如针对各类具体问题制定及时有效且全面的政策是难以实现的。这种情况下，产业集群创新体系可以通过协调各类创新主体和相关机构的关系，促进内部创新主体的自主创新，从而突破产业所面临的局限和困境。具体来说，对于创新型产业集群来说，技术创新作为该集群的重点内容，可能在相似技术集群中出现企业知识和技术产权保护与知识扩散和共享的矛盾，在大企业和小企业实力差距较大的集群中出现资源分配不均衡的问题。对于资源型集群来说，可能由于内部主体连接仅限于结构简单的供应关系，企业之间缺少学习创新的效应，在相似度较高的集群中弹性专精效应受限，可能造成资源约束和环境污染等外部性问题。创新体系实际上是一个动态演变的系统，在维持其正常运行的情况下，这些问题会有内在的机制自发地改进，形成良性的循环，从而避免出现被动模仿，内部分割或恶性竞争导致创新不足的情况。

三、建立机制促进产业可持续发展

1. 提升企业核心竞争力

产业集群创新体系通过设定目标并配套相应的创新机制，可以激发产业集群内的创新活动，形成良好的创新氛围，有助于企业提升核心竞争力。具体来说，可以分为三个方面。第一，通过互动学习机制和激励机制，企业以信息和知识的交流，形成了良好的学习氛围，并通过正式交流和非正式交流学习其他企业的技术创新、管理创新和产品创新等。第二，通过动力机制和竞争合作机制，企业可以及时地发现问题并挖掘需求，形成强劲的创新动力，增加研发投入，主动地探求新的创新方式和创新方向。第三，通过产学研联合机制，企业可以借助科研机构和各类高校的理论参与创新活动，改善中小型企业在创新能力方面先天的劣势，避免被动模仿等"搭便车"行为带来的不良影响，避免造成创新体系动力缺失以致陷入停滞状态。

2. 推动区域经济发展

产业集群创新体系有助于产业集群提升创新能力，从而促进了产业集群的优化升级和可持续发展。同时，产业集群创新体系的各类机制保障了产业集群效应和优势的充分发挥，提升了资源利用的效率和效果。在此情况下，区域经济就会向高效和高质量的方向发展。具体表现为，产业集群在创新体系设立的目标指引监督评价下，不断通过探索和创新更新升级，形成大企业带动小企业，各类企业发挥自己优势的良性循环。产业集群内部，各类企业、科研院所和中介机构通过合作，充分利用资源，加强企业创新，寻求市场机会，满足消费者需求。

第三节　相关理论基础

近年来，产业集群成为拉动地区经济增长的有效方式。通过产业集群可以集中资源，促进知识的共享和创新行为的产生，进而提高产业竞争优势。但从产业集群的发展来看，我国产业集群仍存在隐患，主要体现在尚未形成完善的创新体系，从而使得产业集群的发展难以实现可持续性。其中，产业集群创新体系是指与创新全过程相关的组织、机构、创新机制和实现条件所组成的运行系统。对于产业集群创新体系的探索不仅可以对原有的产业集群研究进行补充，而且对我国产业集群的实践具有重要指导意义。因此，本书首先就与产业集群创新体系相关的理论进行梳理，以掌握产业集群和创新体系的内在机制，为后续研究奠定坚实基础。

一、产业集群理论

产业集群理论作为产业集群创新体系研究的研究对象，我们对其相关理论进行梳理，便于把握其特点，为后续研究奠定坚实基础。本章将针对四部分内容展开，首先按照时间顺序，选取了与产业集群理论密切联系的四大阶段，分别为新古典经济学派、经济地理学派、新经济地理学派以及产业集群理论的发展，按照流派对其观点进行整理，并对其进行简要分析；其次类比企业的生命周期理论，介绍了产业集群的生命周期；再次就产业集群理论的三大类型及形成机制进行了简要总结；最后分析了产业集群理论对研究的支撑意义。

（一）产业集群理论的发展脉络

1. 新古典经济学派

新古典经济学派的主要代表人物为马歇尔，其在《经济学原理》中提到的产业区理论被视为产业集群理论的起源，并提出了地理邻近、知识外溢、产业联系等思想，这些思想观点均成为后人产业集群相关研究的重点。

产业区是指产业集聚的特定区域，新古典经济学派对产业区形成的原因进行了详细论述，其认为自然资源的不平均分布仅仅是导致产业区形成的起始原因，而当产业集聚产生的外部性发挥作用时，其原因便演变成为对集群所带来的集群效应的追求。集聚外部性包括技术外部性和金融外部性。其中，技术外部性主要是指由于集群内部企业的技术外溢而产生的产业空间，即产业集群内部企业之间通过交流实现技术的扩散与共享，从而提高产业集群整体的收益，进而促进产业空间的集聚发展。而金融外部性则强调产业的空间集聚促进了中间品和劳动力市场的形成，使得集群内部交易成本下降，进一步提高了劳动力和中间品供给的效率。

2. 经济地理学派

经济地理学派将经济学和地理学两大学科进行了整合，代表理论主要包括韦伯的工业区位论和克里斯塔勒（Christaller，1933）与勒施（Lösch，1940）的中心地理论，这两个理论分别探究了企业对地理空间选择的影响因素及产业集聚发展的方向。

韦伯（Weber）从微观层面站在企业的角度对产业集聚的原因进行了解释，大致归结为一般原因和特殊原因。其中，一般原因是企业在生产经营过程中需要不断调整的因素，如劳动力和原材料成本优势等；特殊原因是指企业一旦确定选址后便很难在短时间内改变的因素，如公共设施的健全程度等。韦伯将企业与产业进行了类比，认为产业选址思维与企业选址思维大致相同，在产业选址过程中，特殊原因对其影响更加明显。即一般原因可通过产业的不断集聚而内部消化，但特殊原因无论对企业还是对产业区而言均是很难改变的。

中心地理论对产业集群与集群之间关系的演变过程进行了研究，其核心在于集群整体对市场份额的抢夺。产业集群形成初期，各个产业集群与其他区域集群之间的关系表现为以自我为中心的圆形圈层；产业集群形成中期，基于利益或利润最大化假设，各个产业集群不断扩大生产规模，使得圆形的圈层逐渐向四周扩展，转变为更大的圆形圈层；产业集群形成后期，其开始对圆形圈层之间缝隙处的利益进行抢占，最终使得产业集群变为最终的六边形网络结构。

3. 新经济地理学派

新经济地理学派在经济地理学派研究的基础上进行了延伸，叩响了主流经济学的大门。其中，克鲁格曼（Krugman）作为新经济地理学派的主要代表人物，另辟蹊径，对产业空间集聚的原因作出了自己的见解。

产业集聚的形成原因可归结为两类：一种是集聚前绝对优势和比较优势的促进，另一种是集聚后自我增强效应的吸引。前者强调与其他竞争者相比，产业集群或企业本身的优势，不仅包括自然空间等的绝对优势，也包括成本优势等比较优势；而后者则表明了产业集群能够长久存在的原因。即某个或某些偶然因素的出现促使产业集群产生，集群产生后集群内企业与企业之间的密切联系，使得资源实现共享，并进一步进行创新发展，从而不断循环累积，像滚雪球一样不断持续下去，整体呈现出极强的自我增强效应。

4. 产业集群理论的发展

在前人研究的基础上，学者们对产业集群理论进一步丰富和发展，主要包括"新产业空间"学派和集群学派。

"新产业空间"学派的核心观点为产业集群外部环境的动态性。一方面，产业集聚所形成的生产协作网络和中间品市场等，使得产业集群相较于单个企业而言，更具灵活性，风险应对能力更强；另一方面，集群内部企业可通过自身区位能力改变外部环境，而非仅仅表现为对外部区位条件的被动适应。

集群学派的主要代表人物为波特（Porter），主要贡献为形成了影响产业发展的菱形钻石体系。其继承了前人的观点，认为地理上的集中是产业集群得以发展的必要条件，地理集中带来的优势会形成压力，从而进一步提高其余竞争者的创新能力，进而促进整个国家竞争优势的形成。波特还表明了产业集群的主体：垂直方向的产业链主体、水平方向的同类型企业、对供应链起支持作用的支撑服务平台。

（二）产业集群理论的生命周期

与企业发展阶段类似，产业集群的生命周期也包括以下四大阶段，见表1-1。除衰退阶段，从产业集群的组成来看，其主体数量逐渐增多，企业规模或实力也呈现逐渐增大或增强的趋势，配套企业也趋于成熟；从生产方式来看，由起初的野蛮式生产逐渐演变为标准化、大规模生产；从协同效应来看，协同效应随产业集群的逐渐成熟而愈加明显；从集群所获得的产值和市场占有率而言，其产值逐渐增多，市场占有率不断增大，但需要注意的是随着竞争的逐渐加剧，可能导致利润下降，此类集群往往会进入第四个阶段，即衰退阶段。

表 1 - 1 产业集群的生命周期

生命周期阶段	组成	生产方式	协同效应	产值	市场占有率
形成阶段	几个生产同类产品或服务的、经营规模类似的中小企业	生产过程未标准化	不明显	不高	低
成长阶段	十几或几十个乃至上百个较具规模的中型企业	初步形成产业链；产业集群初具规模	明显	提高	开始提升
成熟阶段	几个或十几个龙头企业，上百或数百家同类中小企业	拥有成熟的配套企业群；标准化、大规模生产	非常明显	高	较高
衰退阶段	集群中企业大量退出	由于国家政策、区域规划、产品灾难性缺陷、产业信誉及金融危机影响，导致产值降低，市场萎缩，利润空间下降，产品线整体需要改造或迁移等，集群中企业大量退出			

资料来源：王乙伊. 我国产业集群模式及发展战略研究 [D]. 中国海洋大学, 2005.

（三）产业集群理论的类型及形成机制

我国的产业集群根据集群内部企业间网络联系的差异可分为三类：寄生型产业集群、共生型产业集群和外生型产业集群。

寄生型产业集群是最常见的产业集群类型，指由实力强大的企业主导，其余企业依附所形成的产业集群。在该集群内，主导企业拥有绝对的话语权和控制权，其余企业由于实力等的限制，将围绕主导企业生产经营。对小企业而言，依赖于大企业可以帮助其快速获得稳定利益，但会使其降低独自创新和识别风险的主动性，当核心企业出现经营问题，整个集群或将面临灭顶之灾。

共生型产业集群是指一些实力相当的中小企业，由于地理空间的集聚所发展形成的产业集群。与其他类型的产业集群相比，其分工协作所形成的协同效应更明显，更容易形成独特的产业集群竞争优势。

外生型产业集群是指以外来投资企业为主导形成的网络联系，集群里企业之间的联系主要表现为资本联系。在这类产业集群发展的过程中，企业与企业之间的互动较少，协同效应较低。当外部环境发生改变或企业的生产经营出现问题时，集群很可能由于外来投资企业的退出而解散，因此外资企业的"根植性"是不容忽视的一大难题。

（四）产业集群理论的支撑意义

产业集群作为一种产业集聚现象或组织形式，是"产业集聚创新体系"这一课题的重要研究对象。一方面，众多文献表明产业集群可以促进创新行为的形成，对产业集群理论进行梳理有利于对研究对象进行整体了解和掌握，为研究产业集群促进集群内创新的内在机理奠定基础。另一方面，对产业集群理论的梳理，便于掌握产业集群的特点和一般规律，有利于与其他理论相结合进行系统分析。

二、创新体系理论

作为产业集群创新体系研究的核心研究问题，对创新相关理论进行梳理，便于掌握创新的形成机制和一般规律，为产业集群创新体系研究提供了强大的理论支撑。本章将针对两部分内容展开，首先就与创新相关的主要理论进行简要分析，然后阐释了以上创新理论对产业集群创新体系研究的支撑意义。

（一）创新体系相关理论介绍

1. 熊彼特创新理论

1912 年熊彼特在《经济发展理论》一书中提出了创新理论，系统地阐述了经济进步与创新之间的关系，并强调了创新在经济进步过程中的核心作用。

首先，经济进步的重心不应一味放在提高静态效率上，而应更加关注由于创新引发的动态过程。即从产业集群整体来看，如果一个系统内仅存在资源的循环流转，那么系统是不会发展的；而只有当集群中出现创新行为时，经济体系中的这种均衡状态才能被打破，然后形成更优的均衡，这一过程循环进行，最终表现为经济的不断进步。

其次，熊彼特将经济发展定义为实施"新的组合"，将创新看作新的生产函数，并强调了企业家在其中的重要作用。对已有或新引入的生产要素重新搭配，从而形成"新的组合"。企业家基于其判断和对利益最大化的追求，会在自身企业中引入"新的组合"，最终实现创新这一过程，而创新的频繁出现会引致经济的不断发展。

最后，熊彼特针对创新过程和它的实现路径进行了进一步探究，并先后提出了两种创新模式，见图1-1和图1-2。在图1-1中，熊彼特将科技发明看作外生变量，企业家在科技发明的刺激下进行创新投资，从而形成新的生产模式，并对市场结构进行调整，最后从中获益。其中，企业家活动是企业创新活动进行的起点。在图1-2中，熊彼特不再简单把科技发明看作外生变量，他认为科技发明可以推动企业内部产生内生创新，从而对经济发展产生影响。

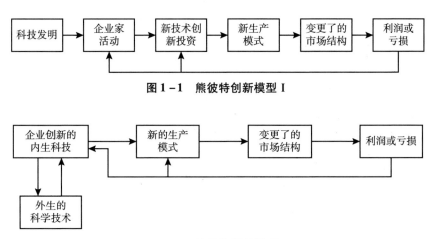

图1-1　熊彼特创新模型Ⅰ

图1-2　熊彼特创新模型Ⅱ

2. 技术创新扩散理论

类比物理学中"扩散"的概念，熊彼特提出了技术创新扩散理论，并将其定义为技术创新被大规模模仿的现象。之后众多学者围绕技术创新扩散展开了大量研究，并给出了不同的解释，但从整体看来，其大都认同扩散的意义大于创新本身。即技术创新本身的作用是非常有限的，只有在其被大规模推广后，其经济和社会价值才能得到充分体现。而创新扩散的速度不仅与该创新的相对于原有技术的优势、技术的复杂性、创新结果的可视性和可观察性相关，还与相容性密切相关。其中，相容性创新是指符合社会价值观、道德规范等的创新。

熊彼特还指出创新扩散理论可通过知识溢出效应与产业集群理论相

联系。其中，创新扩散理论是研究知识溢出效应的理论基础，产业集群是创新扩散的重要载体，知识溢出效应是知识扩散的主要途径。马歇尔的产业区理论指出产业区内存在一种创新氛围，它将产业区内的思想、技术等在集群内部传播扩散，这就是集群内知识的外溢效应。他可以帮助企业获得所需的各种知识，有利于提高创新速率，建立产业集群竞争优势。

3. 技术创新理论

20 世纪 60 年代起，对于创新的研究开始聚焦于技术层面，探索技术变革和创新对企业的影响。技术创新理论将技术创新定义为技术变革的组合，并将其视为通过不断解决问题，最终使得新思想得到实际应用的复杂过程。

1982 年弗里曼发表《工业创新经济学》，并在书中总结了技术创新成功的企业的十大特征。从研发方面来看，技术创新成功的企业一般从事基础性或相近研究，具备一支具有极强研发能力的创新团队，能够在短时间内研制出新成果，并懂得用专利保护自己；从人员方面来看，企业决策者应具备与创新相适应的企业家精神，敢于尝试或想象新鲜事物，愿意为之冒高风险；从支持方面来看，技术创新成功的企业一般规模足够大，由于创新存在众多不确定性，这便要求企业应具备长期资助研发的能力；此外，企业还需保持自身与外界之间的联系，不仅包括与消费者之间的联系，还包括与科学界的联系，以保证技术创新的价值性。

4. 制度创新理论

20 世纪后期，制度创新理论开始逐渐发展起来。与技术创新理论相比，技术创新理论将研究视角放在技术变革本身，而制度创新理论则以制度的形成、变更为视角，探讨了制度与经济二者之间的关系。前者更强调技术创新推动经济发展，而后者则更强调制度安排引致的需求变动，从而刺激企业进行技术创新，即一种"需求拉动"。学者们就"技术推动"和"需求拉动"展开了激烈的讨论，并促进了创新系统理论的发展。

5. 创新系统理论

创新系统学派是在技术创新系统和制度创新系统的基础上发展起来的，按照研究范围从大到小依次包括国家、区域和产业创新系统学派。

国家创新系统学派从国家层面出发，站在制度设计的角度对国家创新系统进行了研究。其中，国家创新系统以促进新技术的启发、引进、改造和扩散为目的，是由私营部门和公共部门中各种组织相互联系所构成的网络系统。国家创新系统学派还强调了政府在创新系统中的重要作用。其认为政府应建立适应科学技术创新的制度安排，因地制宜、因时制宜地对其进行调整，培养技术创新社会环境，并使创新资源在社会范围内高效流动，从而促进创新。

区域创新系统理论的研究主要集中于区域创新系统的要素结构、演化和运行三大方面。其中，区域创新系统的要素结构是研究其演化和运行规律的基础。知识扩散和知识外溢是区域创新系统演化的实质，是通过组织和个人在新知识的开发和使用过程中逐渐形成的。从区域创新系统的运行过程来看，产业集群内各创新主体在协同创新机制下实现系统化创新。其能够加速知识的螺旋上升过程，提高知识共享效率，有利于区域内部创新的形成。

产业创新系统指以某一特定的产业为基础，由生产一组特定产品的组织所构成的系统，这些组织均围绕该产品开展生产经营活动。产业内部的组织创新以及与该产业相关的所有创新均可纳入产业创新系统的范畴之内。产业创新系统与国家和区域创新系统存在明显差别，前者的划分以产业为依据，不强调地理位置的集中；而后两者则强调区域的集中，其在区域或国家创新系统中大多包含多个产业。

（二）创新理论的支撑意义

作为"产业集群创新体系"这一课题的核心研究问题，对创新相关理论的研究显得至关重要。通过对五大创新理论的分析，不仅对创新的动机、过程和影响因素等进行了深入了解，还挖掘出产业集群与创新之间的内在联系，即集群内知识等的共享促进了系统创新的形成，便于抓住产业集群创新体系研究的切入点。此外，通过对创新理论的研究发现，集群是提高创新效率的有效载体，这从侧面也印证了"产业集群创新体系"这一课题的研究是有价值的。

三、企业能力理论

（一）企业能力理论的核心内容

企业能力理论主要包括资源基础理论、核心和动态能力理论、知识基础理论三大理论，这三大理论分别就企业能力作出了自己的解释。资源基础理论认为资源是构成企业能力的基础；而核心和动态能力理论认为，企业能力不仅仅是获取和整合资源的能力，更重要的是组织的学习能力和应对环境变化的动态能力；知识基础理论与前两者相比，强调企业是由知识组成的知识体系，隐性知识在其中发挥着重要作用，如果将隐性知识外显化，促进知识在组织内的螺旋上升，则企业就会建立起强大的竞争优势。

（二）企业能力理论的支撑意义

企业能力理论为解释企业竞争优势的来源提供了独特的视角，类比企业能力理论，可将集群能力视为集群竞争优势或集群绩效的重要基础。集群能力是产业集群创新体系的核心，通过对企业能力理论的分析，可进一步探讨集群能力和集群所拥有的资源、学习能力、应对外部环境变化的能力、知识交流能力之间的关系。

四、社会网络理论

（一）社会网络理论的核心内容

创新系统理论使得企业与企业之间的关系由原始的线性关系转变为网络化联系，在产业集群内部，企业之间的联系更加密切，其网络联系也更加复杂。社会网络是指由个体与个体之间的社会关系相联系所构成的网络系统结构，包括关系要素和结构要素两部分。其中，关系要素描述的是个体与个体或组织与组织之间关系联系的强弱，而结构要素则更关注个体或组织在社会网络中的位置。

社会网络理论主要包括强弱联结、社会资本、结构洞三大核心理论。作为网络研究的基础，其中强联结主要发生在经济特征相似的个体之间，而弱联接则与之相反。相比而言，弱联结因为跨越了不同信息源，所以更有利于资源的有效整合和新知识的产生；而强联结内部交流的信息大多为重复信息。社会资本理论主要强调了"企业社会资本"的概念，具体是指通过强弱联结获取稀缺资源的能力，社会资本的数量直接决定了其在社会网络中的地位。结构洞理论与强弱联结和社会资本理论密切联系，它为中间人提供了获取信息利益和控制利益的平台，是一种典型的弱联结。而结构洞的数量越多，表示其拥有的社会资本越多。

（二）社会网络理论的支撑意义

产业集群作为一个与环境相互作用的复杂系统，存在系统内组织之间的相互联系，以及系统内组织与系统外组织之间的联系，从而形成了一个相当复杂的社会网络，因此对社会网络理论的研究，为探究产业集群内部各组织之间的关系等提供了理论支撑。

五、其他相关理论

（一）交易费用理论

科斯认为，企业作为市场的替代物应运而生，通过形成一个组织来管理资源，节约了市场运行成本。进而，在企业外部靠市场价格机制协调控制生产，在企业内部，由于交易被取消，市场交易的复杂过程和结构将由企业内部的管理者来代替控制生产，这些都是协调生产过程的不同方式，其本质是一样的。在科斯之后，威廉姆森将交易费用分为事前交易费用与事后交易费用，提出交易费用的增加是源于环境的不确定性、小数目条件、机会主义以及信息不对称等，而企业的相对集中可以增加交易频率，降低区位成本，有助于降低环境的不确定性，改善小数目条件，减少机会主义行为和信息的不对称。大量相关企业集聚一地，通过专业化分工可以提高劳动生产率，特别是新经济时代，生产超分工（既有垂直又有水平分工）与整合并存，平等合作下的网络管理模式使企业集中资源专攻价值链中某些环节，提高专业化水平、改善产品质量和服务、促进产品不断创新，增强企业竞争力[①]。

（二）外部经济理论

最早研究产业集群现象是经济学家阿尔弗雷德·马歇尔。马歇尔认

---

① 魏守华、赵雅沁. 企业群的概念、意义与理论解释 [J]. 中央财经大学学报，2002 (3).

为，产业区内企业获得外部规模经济主要表现为企业在产业区中获得了巨大的劳动力市场、专业化分工机会增加，以及专业化知识、信息的扩散。除此之外，企业发展动力还来自社会、文化、政治因素，包括诚信、商业习惯、社会关系等。他指出，这些外部规模经济本质上是空间的外部性，是经济主体之间接近后形成的具有双边影响的结果。他将经济规模划分为两类，一类是与产业的地区性集中有很密切联系的产业发展的规模，另一类则取决于从事工业的单个企业的资源、组织以及管理的效率。第一类的经济规模被称为外部规模经济。第二类的经济规模被称为内在规模经济。马歇尔认为产业集群是因为外部规模经济所致。企业内部的规模经济一般比较容易被人们所认识，厂商也会尽可能扩大生产规模。而企业外部的规模经济却易被忽视。实际上，当产业持续增长时，会出现专业化的劳动力市场和先进的附属产业，或产生专门化的服务性行业，以及改进的铁路交通和其他基础设施。而产业规模的扩大，会引发知识量的增加和技术信息的有效传播。产业集聚带来的外部经济包括外部规模经济和外部范围经济。外部规模经济是指地缘上临近的众多企业通过规模经济使企业生产成本处于或接近最低状态。外部范围经济一方面指在一定区域里相关产业的企业集聚或企业数量增多时，企业可以通过垂直关联实现与供应商、客户之间的业务沟通，另一方面，企业可以通过水平关联借助二级单位的生产能力控制二级单位的产品质量等。后来，克鲁格曼将劳动市场共享、专业性的附属行业和技术外溢作为解释产业集群的三个关键因素。

（三）积聚经济理论

产业区位理论的创立者阿尔弗雷德·韦伯从工业区值理论的角度阐释了产业集群现象。他认为，企业可以通过集聚获得分散状态下难以取得的经济效率，聚集产生的系统功能也大于在分散状态下各企业所实现功能的总和。韦伯将产业集聚划分为两个阶段。第一阶段是由于企业自身的简单规模扩张而引起产业集中化，为产业集聚的低级阶段。第二阶段主要是源于大企业以完善的组织方式集中于某一地方，并引发更多的同类企业聚集。这种规模性生产的显著经济优势就是有效的地方性集聚效应。韦伯又将区位因子区分为地方因子和集聚因子。地方因子导致产业对区域进行选择，如追求运费最低廉或劳动成本最小等，而集聚因子促使产业集中或分散，如相互分工协作或地价上涨等。韦伯认为确定合理的工业区位应当在地方因子决定了工业企业的区位后，再根据积聚因子进行调整。韦伯还把产业集群归结为四个方面的因素。第一个因素是技术设备的发展。随着技术设备专业化的整体功能加强，技术设备相互之间的依存会促使工厂地方集中化。第二个因素是劳动力组织的发展。韦伯在一定意义上将劳动力组织也看作是一种可以促进产业集群化的设备。第三个因素是市场化因素。集群可以大幅度地提高批量购买，扩大出售的规模，得到成本更为低廉的信用，甚至"消灭中间人"。第四个因素是经常性开支成本。产业集群会引发基础设施的建设，从而减少分散布局带来的额外投资和经常性的开支成本。

胡佛认为，所有产业都存在三种不同层次的规模经济，即单个工厂、商店等的规模经济，单个联合企业体的规模经济及产业集群的规模经济。他在1948年出版的《经济活动的区位中心》中，将聚集经济视为生产区位的一个变量，并把企业集群产生的规模经济定义为某产业在特定地区聚集体的规模所产生的经济。

（四）新竞争优势理论

迈克尔·波特则是从竞争经济学的角度去研究产业集群问题。他认为产业集群能提高企业的竞争力，使企业更好地接近专业化的劳动力市场和公共物品以及相关机构的配套服务，并且有利于企业创新和产品出口[①]。波特的产业集群包括对竞争起作用的、互相联系的产业和其他市场组织，其成员包括提供零部件等上游产品的供应商、下游的渠道与顾客、提供互补产品的制造商以及具有相关技能、技术或共同合作的其他产业或企业，从侧面还扩展到提供专业的培训、教育、信息、研究与技术支持的政府或非政府机构，如大学、质量机构、智囊培训机构以及商业、贸易协会等。进一步分析认为，产业集群对区域竞争和产业集群内的企业竞争都是至关重要的，这可以使产业集群内的企业更好地接近劳动者和公共物品以及获得产业集群内相关机构的服务。他还认为，产业集群与竞争的关系表现在三个方面：第一，产业集群内的企业通过在群

---

① 徐康宁. 开放经济中的产业集群与竞争力 [J]. 中国工业经济，2001（11）.

内的生产力对群外企业施加影响；第二，集群内的企业通过采取低成本地进行技术创新为将来的发展奠定了基础；第三，集群的环境有利于新企业的产生和集群规模及影响的扩大①。

（五）新经济地理学理论

保罗·克鲁格曼用新经济地理学理论来解释产业集群，认为企业的规模报酬递增、运输成本和生产要素的流动在市场上相互作用导致产业集群的产生。产业集群在共享劳动力市场，降低生产成本方面更具优势。克鲁格曼也是第一位把产业集聚与国际贸易因素紧密联系起来研究的知名经济学家。克鲁格曼认为，产品的贸易活动能间接地起到生产要素贸易的作用，无论生产要素最初如何分配，通过贸易活动，总会使某些产品的生产集中于某些工业区。产业集群中的外部规模经济因素是各个国家产业选择和取得优势的决定性因素。

（六）新经济增长理论

新经济增长理论强调主导企业的技术创新对产业集群有着关键性作用。内生技术进步的经济增长在地域空间上表现为区域经济增长的不平衡性，聚集产生的技术外部性和货币外部性使要素边际收益递增，从而引起经济活动的空间聚集②。

（七）产品生命周期理论

还可以用产品生命周期理论间接解释产业集群问题。产品生命周期理论一般将生命周期划分为创新阶段、成长阶段、成熟阶段、标准化阶段和衰退阶段，由于创新产品具有非标准化特性，生产技术不成熟，生产者、供应商、消费者之间必须加强联系与沟通，最好的方法就是在地理上接近。生产创新产品的企业需要与有相似技术和劳动力需求的企业建立水平的联系，还需要具有相当技术水平的熟练劳动力市场，这两类需要可能引起企业聚集；生产衰退阶段产品的企业重视生产成本，基础设施完备、交通便利、劳动力价格较低的区域可能会吸引大

① 周兵，冉启秀. 产业集群形成的理论溯源［J］. 商业研究，2004（14）.
② 王步芳. 世界各大主流经济学派产业集群理论综述［J］. 外国经济与管理，2004（1）.

量此类企业①。

（八）非均衡发展理论

非均衡发展理论主张各产业不是静态、平均的发展，应首先发展一类或几类带动型产业，通过这几个产业的发展带动其他产业的发展。非均衡发展理论主要以循环累积因果论、不平衡增长论、增长极论、中心——外围理论、梯度转移理论、倒"U"型理论等为代表。产业集聚能够拉动区域经济增长，与此同时，产业集聚在一定程度上导致区域间经济发展不平衡，且由于劳动力跨区转移效应，区域间差异随之不断拉大，同时还会带来区域工业化差异和福利效应差异等问题。

（九）新产业区理论

新产业区是指以特定的地方劳动力市场为基础的由社会劳动分工紧密联系在一起的企业所组成的本地化网络，强调由专业化分工的灵敏企业动态集成，区内的企业根植于本地不断创新的社会文化环境，在互相竞争的同时互相联系、互相协作和补充，区域作为一个集体，其生产具有灵活性和多样化。

六、总结

本节针对产业集群创新体系的理论基础进行了梳理。首先，本节将产业集群相关理论按时间顺序和流派进行了整理，并就产业集群的生命周期、类型及形成机制进行了总结，对产业集群理论的梳理有利于对研究对象进行整体了解和掌握，为研究产业集群促进集群内创新的内在机理奠定了基础。其次，对创新体系相关理论进行了梳理，作为"产业集群创新体系"这一课题的核心研究问题，对创新相关理论的整理有助于挖掘产业集群与创新之间的内在联系及形成机制。最后针对与产业集群创新体系相关的其他理论进行了介绍，主要包括企业能力理论和社会网络理论，其中企业能力理论为集群能力促进创新提供了新思路，社会网

---

① 李勇，史占中，屠梅曾. 促进发展中国家企业集群形成的政策选择［J］. 经济问题探索，2004（3）.

络理论对于探究产业集群内部各组织之间的关系等也提供了重要理论支撑。

第四节　国内外研究综述

一、国内研究综述

产业集群体系创新是经济地理学与创新领域的重要结合，是推动区域经济高质量发展与区域创新能力提升的基础性理论。为推进集群研究的工作，努力推动经济地理学和区域研究中的"制度转向"，已有研究针对集群理论动态演化与集群的治理模式展开了翔实的论述。为此，本文概述了一个分析框架，解释产业集群的演化特征及影响因素，为工业化经济体系发展提供相关的参考。接下来本文将从产业集群、创新体系与产业集群创新体系的三个方面展开论述。

（一）产业集群的源起与发展

自 20 世纪 80 年代波特提出"产业集群"概念以来，它已被视为创新、创业和科技产业的一个重要因素。产业集群是经济发展战略的核心，同时，影响产业集群效应的因素很多，各因素之间存在相互作用，这使得研究产业集群的动态复杂系统具有重要意义。同时，产业集群引起了地理学、社会学、管理学等多个领域的思考与探究，学术界从不同的研究视角与层面对产业集群展开讨论，多数学者采用地理和产品专业化定义的集群概念，并围绕着地理特性、知识要素流动、企业与供应链上下游企业间的合作等多个方面进行论述。集群是"企业的部门和地理集中"。关于集群争论的出发点是，企业不会孤立的创新和增长，它们广泛依赖外部知识来源。地理位置密集的集聚企业往往享有某些优势，地理集聚促进创新活动。早期对产业集群概念的界定聚焦于企业的生产联系特性，而相对忽视地理接近性。如熊彼特在其早期研究中，正式提出"产业集群"概念并指出："企业生产活动并非完全独立，同时生产速率也并非是均匀的，事实上，它们趋于集群。或者说，企业的生产活动呈现群体性特征，这种生产上的非均匀现象多是由于，部分先导企业在取得创新性产品与令人瞩目的生产效益后，这些积极的信号会传导到周围较为灵敏的企业，并引发周围企业的效仿行为，形成生产上的集聚。其次，生产行为在产业间也并非均匀分布的，而是倾向于集中在部分生产特性邻近的产业与部门"。① 在过去的几年里，已经有数百篇关于产业集群的文章发表。学术界对集群的兴趣与日俱增，这反映了经济政策制定方法朝着繁荣和增长的微观经济基础发生了更广泛的变化。学者王缉慈（2004）对产业集群、产业的地理集中、创新性集群、产业链以及工业园区等概念进行了辨析。此后，关于产业集群研究迎来了"百花齐放"的繁荣景象。魏江和夏雪玲（2004）聚焦知识密集型服务业的生产型与服务型特征，系统分析了集群创新体系的比较优势，提出产业集群形成的条件包括人力资源素质、技术知识、资本、完善的基础设施和技术基础及企业家精神等方面。魏江和王江龙（2004）以瑞安汽摩配产业集群为样本，从理论上论证了产业集群创新过程的三大特征。王秀山与刘则渊（2004）分析了基于混沌的技术创新集群机制，从产业层面解析了产业集群的功能、优势与特征。

国内有关产业集聚理论的系统性论述，聂鸣（2001）以中国光谷为例，针对产业集群的特点、内部链接与创新绩效的关系进行了分析，并指出，所谓产业集群是基于生产活动建立合作关系的过程与空间样态。陈铧和谢蓓（2002）基于产业集群理论和创新系统线相关理论，总结出产业集群具备的三大要素：网络化生产结构、组织制度创新以及"产学研"一体化，进一步通过梳理学界有关产业集群的定义，指出企业实体在地理上的邻近、生产上的集聚以及实体间的知识学习、合作是产业集群的本质特征。李帅帅等（2020）对国内外产业集群研究进展进行评述，发现国外产业集群研究可划分为萌芽、反思和深化三个阶段，国内产业集群研究可划分为模仿和调整两个阶段。除此之外，国外研究在集群认知、理论来源、研究焦点、研究方法、研究范围等方面均发生转变，而国内产业集群研究还存在原创性不足、概念界定混乱等诸多问题，与国外研究相比还存在较大差距。齐宇和刘汉民（2022）从政府角色演变的视角切入，针对产业集群数字化治理提出了政府－核心

---

① 赵婷婷. 中国产业集群对区域创新能力的影响研究 [D]. 长春：吉林大学，2020.

企业－非核心企业三方协作的理论框架，在产业集群数字化治理的不同阶段政府担任的角色存在差异。胡雅蓓（2022）以产业集群生态系统为切入点，分别以组织共治、环境共治、价值共创和生态共生为主题构建了产业集群生态系统未来研究的五重螺旋理论框架，并据此探讨了引入异质性产业情景、探索创新网络重构等未来研究方向。

（二）创新体系理论进展

在社会学、经济学、政治学、经济地理学和区域研究中，集群被研究为创新和促进经济增长的相互关联的企业的组合。在这些研究中，人们关注的是产业组织的替代模式，以及"集体效率"等新概念的发展。这些研究进一步引发了关于知识外部性和溢出效应的争论，以及创新所需的互动学习的动态性质。许多研究将集群视为创新和经济增长的主要温床。

随着创新理论与创新体系理论发展逐渐成熟，学者们将社会网络与创新体系理论相结合，用于解释集群企业间错综复杂的联系。蔡铂等（2003）基于社会资本视角，认为企业对市场变化的反应取决于其在创新体系中发挥的作用，同时，企业在集群中的地位和创新体系的治理结构、管理制度和企业文化，以及政府政策和监管制度等方面息息相关。换言之，企业和其他企业的行动和反应是由创新环境中的制度安排决定的。朱英明（2003）指出集群中企业的创新活动涉及众多互补性、专业化的知识与能力的结合，其比较优势主要体现在互动的学习过程和优越的学习能力上，进一步来讲，产业集群的优势需要借助地方环境的孵化作用、知识技能的扩散机制与跨国公司的催化作用来实现。魏江和朱海燕（2006）通过对一个证券类应用软件产品的创新历程的实证解剖，厘清了产业集群创新过程的演化特征。同时发现，大企业有能力将技术、生产资源和明确定义的组织结构结合起来，因而，大企业处于创新体系和产业集群的核心位置，同时分析高技术产业集群创新过程存在的局限性。产业集群的空间关联特征将集群现象与创新体系紧密连接，导致学术界多是对关于"产业集群－创新"的单一路径进行研究。李永刚（2004）认为产业集群是实现技术互补、溢出效应的协同体系，同时定义创新体系为一个本地化的网络或地理上可识别的类似、相关或互补的企业或生产者的构成的集合，是一定区域内企业在创新活动中有意识地结合形成的集聚体。这些企业通过正式和非正式的沟通和对话手段进行知识交流与共享，并面临类似的竞争和机会，通过在体系内部之间的纵向和横向联系，将互补性知识结合在一起。陈瑶瑶和池仁勇（2005）聚焦创新体系中的资源聚集与优化过程，认为创新体系有助于企业通过创新体系内部模仿、替代学习、快速采用新知识，进而引起自身的技术变革，系统阐述了创新体系内部资源的集聚效应。于晓媛和陈柳钦（2008）将创新体系描述为"区域化"过程的产物，并指出创新体系是一个通过投入各类创新资源促进一些地方性工业集聚的形成。冯楚建和蒋艳辉（2014）应用嵌入性理论，将在线社会网络嵌入原有的以政府、企业、学界为主要研究对象的创新体系中，实现了创新理论中"用户"角色的明确界定与计量。申通远和朱玉杰（2018）基于企业创新应该处在国家创新体系之下考虑企业与其他企业、大学和研究机构的关系，明确了以创新合作社会网络中上市公司节点的中心性特征代表企业在创新体系中的关键地位与其他创新者的外部联系。

（三）产业集群体系创新进展

产业集聚是一个"社会－领土"实体，其特征是在一个由自然和历史决定的地域范围内，一个社区的工业企业群体积极共存，从事同质产品或服务的不同阶段和不同生产模式。产业集群的关键定义特征是企业之间的互补性，由大量正式和非正式制度与契约共同塑造和维系。企业的邻近性和集群中创新体系的存在有助于协调和增加信任，同时提升企业的组织灵活性。产业集群与创新体系的内涵存在诸多共同之处。因此，创新领域的学者试图将产业集群与创新体系相结合，提出产业集群体系创新的概念。周虹（2008）基于经典区位理论认为，产业集群体系是由运输成本最小化和关键区位特定投入的最佳组合所驱动的。集群或工业区内企业的共同选址旨在通过从知识溢出、知识扩散与合作模仿获得利益来确保其竞争优势。邵云飞等（2010）的研究表明，产业集群内企业之间在增加交流与学习机会的同时，也迫使企业与集群内的其他企业进行更激烈的竞争，从而为集群企业的创新提供了激励。企业不断增加的创新会在集群内外产生新的市场和需求，导致新企业的出现，从而扩大集群规模。

随着实证主义的兴起，关于产业集群体系创新的实证研究逐渐增多，研究主题也逐渐广泛。魏江和郑小勇（2012）将文化嵌入引入集群创新研究中，指出集群的扩张和增长可以导致企业进行更具凝聚力的活动，并表现为横向或纵向一体化。扩张和增长也可能是全球价值链向上移动的基础。在集群的演化轨迹中，向价值链上游移动绝不是必然的。市场一体化程度的提高给集群创新体系外部带来了新的压力。吴福象等（2013）应用社会网络分析理论，分析了产业集群创新网络结构演变特征，并指出企业不会孤立的创新和增长，它们广泛依赖外部知识来源，地理位置密集的集聚企业往往享有某些优势。周朴雄和陶梦莹（2014）基于对产业集群创新的知识过程与知识螺旋的分析，提出集聚内部企业嵌入在企业和其他经济主体的广泛网络中，具有协同行动的集体能力，并由正式和非正式的机构管理，以促进新的流程、产品和组织形式的产生、吸收和扩散。除正式结构外，集群还具有不太正式但同样重要的结构，这对促进不同参与者之间的互动和学习至关重要，创新的扩散得益于地理位置的接近和正式、非正式安排，通过集群内部知识交流、在社交网络中持续对话和"边做边学"，企业将从中获取更大的创新利益与绩效。张应青等（2018）以知识流动为研究视角，将集群创新过程中的知识溢出、吸收能力内生化，构建包含三种创新模式下的产业集群演化模型，发现了集群在其结构特征上存在很大差异，集群是由历史和构成其行为和互动的机构塑造的。于飞等（2018）指出集群是动态的实体，学习和创新过程具有很强的基于地点的特征，而制度被视为结构性现象表现在不同层次的相互关系、治理规模以及政治经济的不同领域。

（四）文献述评

在经济资源快速流动、资本自由化和信息传递便利化的形势下，新的竞争形式成为全球竞争的趋势。注重持续创新与企业集群发展，加强知识管理，可以使企业保持竞争优势，集群内的技术溢出效应有利于企业新技术和新知识的形成。然而，产业集群效应受到多种因素的影响。已有研究从人力、技术与市场流动等多个角度探讨了产业集群体系创新的特征、影响因素与经济效应，关于产业集群、创新体系已取得丰硕成果。但有关产业集群创新体系的政策研究需要更加密切地关注导致集群出现和维持的因果关系。集群内企业间关系的动态变化是对市场需求、政府行动和技术变革等环境因素的响应。产业集群可以理解为一个相互关联、相互依存的企业群体通过自身行动组织起来的协同体系。集群的绩效与集群所处的治理模式密切相关，产业政策的成功取决于它如何有效地通过集群发挥作用。因此，深入理解集群内部成员行为和认知、集群内部成员交互行为在产业集群创新体系中的作用，仍然是未来研究的方向。

二、国外研究综述

（一）产业集群创新网络研究

产业集群是当今世界的普遍现象，已经成为区域经济组织的一般形式。产业集群发展与区域经济增长的相互作用可以表现为：产业集群发展将推动经济增长，并推动区域创新体系的形成。当集群的参与者建立更紧密的关系时，他们的创新和生产力的提高将促进当地经济的发展。产业集群是技术创新的重要平台，是核心企业和相关机构在某一区域内逐渐聚集而形成的有组织的联合体。在一定的规律下，核心企业可以通过产业网络和社会网络构成一个完整的创新活动体系，这个系统被称为创新网络。在知识经济时代，随着环境的变化和创新复杂性的加深，个体创新难以满足创新需求。此时，网络条件下的协同创新越来越受欢迎。同时，创新过程呈现出复杂的知识网络特征。因此，由大学、企业、科研机构等知识主体连接起来的知识网络成为创新活动的核心平台。知识主体通过建立正式和非正式的关系，对资源进行整合和深度合作，获取和共享嵌入于其内部和外部网络中的知识和信息资源，最终达到创造新知识的目的。随着创新驱动战略的实施，集群创新网络已成为一种新的应对创新的模式和机制。强大的集群协作可以增强创新能力，并允许组织实现其无法单独实现的目标。集群创新网络作为知识流动的重要载体，是集群创新网络内部和外部创新主体适应创新复杂性的自组织涌现，主体的伙伴选择行为影响创新网络结构的演化。网络结构是促进知识溢出和加强交流合作的关键因素，因此，在创新网络中，知识转移与网络结构之间存在着复杂的关系，许多研究对此进行了深入的探讨。

随着全球价值链的扩张，产业集群的技术能力因地区而异。在多数国家，产业集群的发展现在侧重于创建创新网络和提高技术能力。何等（He et al.，2005）认为产业集群创新网络主要包括产业多样化集群驱动创新和产业专业化集群驱动创新。多年来，世界各地涌现出许多创新集群，这些产业集群被构造成网络，企业在网络集聚效应下实现合作创新和快速发展。集群创新越来越受到政府和学术界的关注，巴普蒂斯顿等（Baptistden et al.，1998）认为产业集群是创新发展的驱动力，并将创新的长期发展归因于产业集群的力量。施泰尔（Steiul，2002）将集群创新行为视为一种网络创新，认为在这种情形下创新优势更加明显。山崎（Yamawaki，2002）通过实证研究表明，产业集群中的成员关系以网络的形式存在，集群内网络连接的权重大于区域间或国际联系。黄（Huang，2004）以发展中国家为研究对象，探讨产业集群与创新的关系，认为产业网络关系的建立有利于实现区域创新。李丹等（2019）的研究指出增强创新网络内主体间的互动关系与创新网络的柔性，促进集群企业的信息共享与知识流动，从而促进产业集群创新绩效的增长，应当注重区域创新氛围的培育，加强产业集群企业的合作，促进其形成良好的信任与合作关系。王欢芳等（2021）认为创新环境网络的建立有利于产业集群获得来自政府、金融机构、中介服务机构的持续支持，降低交易成本，促进网络内创新主体协同创新，提升产业集群的核心竞争力。因此，创新网络是产业集群中企业创新和产业创新的关键。许多研究显示了知识转移与网络结构之间的表面关系，部分学者采用定性分析的方法研究了集群演化中的网络结构与知识转移。此外，许多学者也意识到多智能体集群合作网络的复杂网络和自适应系统特性，运用现代多智能仿真方法，分析了创新网络中知识转移过程的深层机制和动态演化规律。

目前对产业集群创新网络的研究有两个趋势。一是社会嵌入性与新经济地理学之间的整合。现有研究表明，产业集群通过网络优势获得的竞争力大于个体优势，这一观点反映了产业集群的网络性质。二是从静态角度转向动态角度。为了突破传统理论，如路径依赖、锁定、产业生命周期等，学者们深入探讨了产业集群的演化阶段和影响因素。然而，对于网络与演化的结合，即产业集群创新网络的构建与动态演化的研究却很少，内部因素对产业集群演化的影响在很大程度上被忽视了。

（二）产业集群对创新的影响

产业集群与区域创新能力的互动关系是可持续发展的重要驱动力。因此，产业集群对绿色创新的影响路径成为学术界关注的热点。王和侯（Wang & Hou，2007）区分了产业集群的集中度，并观察了人均技术开发支出，他们发现高度集中的产业有更大的研发支出。胡和焦（Hu & Jiao，2008）以油气资源行业等典型行业为实证对象，分析了产业集群与区域创新能力的关系，发现生产能力具有区域集中性的行业在自身创新活动中也表现出区域集中性。目前关于产业集群对创新的影响主要分为两种观点。一方面，多数学者认为产业集群促进创新发展。产业集群通过信息传递、知识传播、技术共享等，推动创新发展，对创新是一个持续影响的过程。产业集群有利于不同企业多部门合作，分享先进管理经验，发挥知识和技术的溢出效应。同一产业链的产业集群能够降低信息转换、产品运输和人力成本，减少产品在产业链中的过渡流转，使产品缩短与消费市场的距离，形成成本优势，快速占领市场，节约资金用于研发投入，实现产业转型和设备升级。另一方面，也有学者认为产业集群对创新的影响存在一定负向作用。研究发现，产业集群为抢占市场设置技术壁垒可能会加剧企业间竞争，不利于整体创新发展。集群发展也会对当地资源环境造成一定压力，尤其是工业产业承接产业转移的地区对能源消耗更大，虽然提升了当地经济水平，但环境污染严重，抑制了绿色创新。有学者估计了产业集群与创新投入之间的马歇尔外部经济效应，发现产业专业化集聚对区域创新效率的影响呈"U"型曲线（Fritsch et al.，2010）。李丹等（2019）的研究指出增强创新网络内主体间的互动关系与创新网络的柔性，促进集群企业的信息共享与知识流动，从而促进产业集群创新绩效的增长，应当注重区域创新氛围的培育，加强产业集群企业的合作，促进其形成良好的信任与合作关系。王欢芳等（2021）认为创新环境网络的建立有利于产业集群获得来自政府、金融机构、中介服务机构的持续支持，降低交易成本，促进网络内创新主体协同创新，提升产业集群的核心竞争力。总的来说，现有研究关于产业集群和创新的研究较为丰富，但研究结论尚未形成统一、产业集群和创新发展之间的关系有待进一步发掘。

集群不是由简单的地域集聚构成，而是具有空间特征和社会文化结构的创新、知识共享、研发、教育等活动产生的集聚。产业集群包含一系列广泛的社会问题，包括企业关系、资产关系、习惯、规范和信任以及人才集聚。因此，由于潜在的社会依赖关系、文化结构差异、知识共享、技术创新等原因，产业集群可能表现出不同模式。产业集群可以分为地域集聚、产业集聚和社会网络。然而，社会网络过于复杂，无法表达不同的概念，如集群、创新、信任和社会资本、面对面的关系，而地域集聚和产业集聚则可以在空间上表现上述关系。

现有研究从理论和实证等多方面验证了产业集群主要通过规模经济、技术溢出、人才与资本流动等效应促进创新效率提升。关于产业集聚模式与创新的关系先后产生了三种观点：一是马歇尔外部性，以马歇尔为代表的产业专业化集聚，即单一产业集群通过专业人才共享和知识转移提升创新水平；二是雅各布斯外部性，以雅各布斯为代表的产业多元化集聚，即不同产业形成地理上的集群，通过优势互补推动创新水平提升；三是波特外部性，以波特为代表的行业竞争模式，即产业集群会加剧竞争，企业为了满足消费者的不同需求，加快创新和产品时代步伐，通过企业间竞争合作，有利于发挥知识技术的溢出效应。相关研究发现，在全国范围内专业化集群和多元化集群更有利于区域经济的发展，同时，产业竞争与创新产出之间存在非线性倒"U"型关系。长期以来，学者将产业集群产生的不同外部效应作为影响因子，积极探索产业集聚模式与区域创新能力的关系，认为其产生的外部性对区域创新的影响会因时间序列、空间布局、行业差异等不同因素而产生不同的溢出效应。有学者研究发现，技术密集型产业在地理优势作用下能够促进产业内的知识溢出，并且知识外溢是影响技术密集型企业局的重要因素（Klaesson，2020）。还有学者认为技术水平相对较低的产业集聚更有利于知识溢出（Beule et al.，2012）。李宇等（2019）的研究表明以创新型企业为核心的产业集群，通过企业衍生和技术衍生活动对集群创新绩效产生促进作用，进而揭示产业集群中有意识的知识溢出对创新绩效的影响。

（三）产业集群创新面临的困境

产业集群是一种空间形态，大量事实表明集群内外的核心结构日益呈现模块化特征，相同产业或不同产业汇聚在同一空间，形成模块集群。虽然一般集群是指许多企业通过复杂的分工网络形成生产合作，但实际上它们在本质上是不同的。供应商在产品设计上有充分的自由，但承包商根本没有这种自由。产业集群为创新创造了良好外部环境，使集群具有较强的竞争力。集群作为周边企业及其相关机构的聚集地，具有创新优势，通过长期贸易构建共同文化，形成企业间的信任机制，在集群内有效地实现知识传递。然而，有些企业发展不遵循市场规律，加之企业诚信缺失和相关法律不完善，导致企业信用缺失。在企业间交流合作过程中，过于注重眼前利益，未考虑长远发展，彼此间表现出竞争大于合作的态势，因此难以形成双赢的创新机制。集群中知识溢出对创新的影响存在差异，一方面，集群中知识溢出可以提高整个集群的创新能力；另一方面，监管的不利和信贷创新企业盈利的不足导致了赤字，这就产生了集群的创新迟缓。随着市场竞争压力的增大，企业内部组织结构需要创新来摆脱创新困境。当集群专业化分工发展到一定程度时，集群内企业的每一次创新都不是单独决定和完成的，而是上下游企业协商的结果。但非标准化生产的交易成本大，创新谈判成本高，特别是创新成果的利益分配难以事先解决，从而影响整体创新效率。部分地区的产业集群还处于初级发展阶段，各类产业发展较为缓慢，仅仅是在空间上形成地理集聚，但这种集群规模较小，未形成有效规模集聚，与大规模集群创新相比其创新能力较弱，难以形成创新竞争力。产业集群大多是低端产业链集聚，竞争大于合作，未能形成合力，不仅不能推动创新发展，还可能抑制技术创新。丰富的自然和社会资源是形成产业集群的基础，不考虑发展实际，盲目引进产业形成集聚，会对交通和公共基础设施带来巨大压力，因此完善基础设施建设是形成产业集群，推动技术创新的基础。

（四）文献述评

综上所述，国外关于产业集群对创新的研究已经取得丰硕成果。产业集群创新网络是学者们关注的重点，研究也已相对成熟，产业集群从本质上讲是在一定区域内不同企业出现集聚现象，它不仅表现为地理集群，更是以产业关联的形式出现。产业集群有利于知识和技术溢出，企业间加强交流与合作，促进区域创新水平提升。产业集群主要包括专业化产业集群、多样化产业集群和行业竞争集群，不同模式产业集群对创新的影响效果不同，产业集群可能使企业集中优势力量对创新产生积极影响，但竞争模式下的集群则可能抑制区域创新，因此在未来研究中要关注产业集群的两面性。上下游产业集群会缩短产业链，降低企业运输成本和人工成本，同类型企业集群会加剧企业竞争，破坏产业链完整性，抑制创新发展。鉴于此，未来关于产业集群对创新的研究，要充分考虑产业集群对创新的多样性影响，探讨产业集群创新相关机理，从理论和实证等方面探究产业集群对区域创新的作用效果。

第五节 产业集群的发展现状

一、我国产业集群的发展现状

我国产业集群的雏形具有悠久的历史，早在 1400 多年前形成的景德镇就是一个早期的陶瓷产业集群。产业集群地在我国的真正发展是改革开放以后的 20 世纪 80 年代初，随着广东省的对外开放，广东一些市县如深圳、珠海、中山、顺德、东莞等利用优惠政策吸引本地在海外的众多亲朋回乡开展"三来一补"业务，并以此为基础，逐渐形成了一些专业品镇，如中山市古镇的灯饰集群、东莞市虎门镇的服装业集群、南海市的布绒玩具集群等。浙江省的义乌市在 1982 年率先向全国开放小商品市场，使义乌小商品市场建设获得先行之利，产生先发效应，义乌市依托繁荣的市场"裂变"出 1 万余家各类工业企业，形成富有竞争力的 8 个产业集群，小商品市场的建设，打通了中小企业与市场便捷的联系渠道，有效地积累了资金，汇集了信息，这些都为义乌产业发展提供了良好的基础。目前，义乌已形成了服装、饰品、针织、印刷包装、文具用品、家具、毛纺、拉链等在全国具有最高市场占有率的八大优势行业，其中义乌袜业行业年产销规模达 40 亿元以上，占全国袜业产量的 33%，成为全国袜业系列生产基地。

同时，由于改革开放政策的激励，伴随着大批科研人员和大学教师纷纷走出原单位，在一些高校与科研单位集中地区周围创办企业，形成了一些高技术产业集群。其中，发展得较好并具有代表性的是北京的中关村 IT 产业集群。1980 年 10 月中关村诞生了第一家高技术企业，到

1987 年底中关村 10 平方千米的地面上聚集了 148 家高技术企业，其中 97 家为电子信息技术企业，占中关村企业总数的 66%（杨荣兰，2000）。其后，随着国家有关创办高新技术产业区政策的出台，被确定为"北京市高新技术产业开发试验区"的中关村面积扩大到 200 多平方千米，而企业数则由 1987 年底的 148 家科技企业激增到 2021 年 3 月份的 22000 多家高科技企业，并脱颖而出了联想、小米、百度、紫光等一批在国内市场居领头地位的大型高科技企业。

20 世纪 90 年代中期以后，我国产业集群进入了快速发展时期。1999 年的浙江省温州市，制鞋企业达到 5000 多家，产值 250 亿元，市场份额占全国的 20% 以上；制笔企业 150 多家，占全国市场份额的 1/3；打火机 260 多家，占世界市场的 70%。目前，全国多个省份都有产业集群，如北京市、上海市、天津市、重庆市、江苏省、福建省、辽宁省、河北省、四川省、河南省、山东省、云南省等，但主要集中在广东省与浙江省，尤其浙江全省范围内处处皆集群，而广东省的产业集群则主要分布在珠江三角洲地区。据浙江省委政策研究室的调查，截至 2004 年，浙江拥有年产值亿元以上的产业集群区 601 个，年产值超过 6000 亿元。平均每个县有 3 个产业集群，这些集群的产业不是全国行业最大就是最强。① 据国家统计局 2001 年的有关统计，全国 532 种主要工业最终产品的产量，浙江有 336 种进入前 10 名，占总数的 63%；56 种特色产品产量占全国第一；109 种特色产品居全国第二；154 种特色产品居全国第三。如温州市区的打火机占世界总产量的 70%；嵊州的领带产量占国内市场的 80%，占全球市场的 30%；苍南铝制徽章的国内市场占有率高达 45%，并出口至欧美各国；诸暨山下湖镇的淡水珍珠占全国总产量近 90%。同时，在广东珠江三角洲的 404 个建制镇中，以产业集群为特征的专业镇占了 1/4，如南海西樵（纺织印染）、盐步（内衣）、石湾环城（童装）、张搓（针织）、中山沙溪（休闲装）、东莞虎门（服装生产和贸易）、大朗（服装）、云浮罗定（针织）、佛山石湾（陶瓷）、南海南庄（陶瓷）、云浮云城（石材）、顺德三镇（伦教、龙江、乐从）（家具）等。2002 年由中国纺织工业协会牵头，对全国的纺织业集群进行全面的深入调研，表明目前我国至少有 38 个纺织业

---

① 邬爱其. 集群企业网络化成长机制研究［D］. 杭州：浙江大学，2005.

集群，其中的 10 个被中国纺织工业协会确定为全国 10 个纺织产业基地市（县），29 个被确定为特色城（镇）（其中，江苏省常熟市既是十大产业基地之一，又是 29 个特色城之一，故产业集群总数为 38 个）。总的来看，通过推动中小企业的发展，我国已形成了规模不等、分散在不同产业中的诸多个产业集群，带动了经济总量快速增长，使经济实力迅速提高。①

我国产业集群通过集群效应的释放，有效地提升了本地产业竞争优势，尤其是那些产业链较长、迂回生产方式复杂的产业，如浙江省有 56 种工业产品居全国第一，就是通过产业集群来获得这种竞争优势的。通过集群的方式来提升产业竞争优势，促进产业集群的发展，拉动地方经济增长，有力地推动了我国农村工业化与城镇化进程。现阶段众多的产业集群充满活力，不仅本地居民就业充分，而且还吸引着大量的外来劳动力，拉动了地方经济的强劲增长。例如，截至 2020 年底东莞市虎门镇户籍人口仅 16.8 万人，而外来人口却高达 67 万人；2020 年实现地区生产总值 644.56 亿元，而作为支柱产业的服装服饰业，2020 年年产值超过 410 亿元，各项财税收入 88.15 亿元，多年来虎门镇一直稳居全国乡镇排行榜前列。昔日的小集镇，如今成为一座美丽的现代化海滨新城。②

二、我国产业集群发展中存在的问题

我国产业集群发展中存在的问题，既有宏观环境方面的制约，又有微观主体自身的局限性。主要表现为：

（一）对产业集群认识陈旧、重视不够。我国产业集群的形成与发展虽然极大地促进了经济发展，但对于产业集群的机制及效应，我们一直未能清晰地认识，直到 20 世纪 90 年代中期，随着浙江省地方经济的迅速增长，学术界才注意到了这一独特的经济发展方式，最近几年，对产业集群的研究开始丰富起来。

（二）产业集群机制不够完善、集群效应不够明显。一个产业集群

---

① 周明. 我国产业集聚的地区差异性分析—兼论中部地区制造业发展 ［D］. 南京：南京航空航天大学，2009.

② 吴闫. 城市群视域下小城镇功能变迁与战略选择 ［D］. 北京：中共中央党校，2015.

因其独特的生产组织方式而获得集群效应，在产业集群效应中，产业集群的最大效应是行动主体的共同行动，它是一个产业集群内企业达到最佳规模时而产生的经济外部性，它是一种主动的、动态的、持续的效应。在发达国家中，一个经过十年发展的产业集群才趋于成熟，而成熟的产业集群是以获得较强的共同行动效应为特征的。我国目前的多数产业集群，技术水平很低，企业往往选择的是"模仿式"发展，这就导致了产业结构上的趋同性，形成同类种群同向高速增长的拥挤效应以及低水平、平面式分散的数量扩张，从而导致恶性的过度竞争局面，制约了集群效应的发挥。另外，现阶段我国相互支援、相互依存的专业化分工协作的产业网络尚未形成，网络内很多高技术企业尤其是关键性的技术还需要从国外进口，内部企业之间在业务上的关联较弱，造成集群链条的断裂，许多企业之间并没有形成真正的专业化分工，也没有形成基于共同地域文化背景之上的相互认同和协作关系；此外，"产学研"合作机制不完善。我国大多数拥有相当的研究开发能力的大学或研究机构，由于缺乏良好的合作机制和合作氛围，除了中关村等少数高校区外，这些大学或科研机构并未较好地成为高新区创新的重要外溢来源和科技创新始发性资源的重要供应源；同时，由于有效的风险投资机制尚未完善，风险投资机构并未真正进入各类企业，难以扶持缺乏资金的优秀项目，阻碍了技术特别是高新技术集群效应的实施；总而言之，由于很多地方政府对产业群机制没有认识，或知之甚少，通常对一些正在成长的或者正在出现的产业群视而不见，没有加以正确引导，有些地方甚至陷入盲目发展的误区，使产业集群缺乏活力，集群效应几乎完全丧失。纵观我国的产业集群，虽然经过了 20 年左右时间的发展，但目前能获得以共同行动为主要集群效应的产业集群寥若晨星，基本上还只能获得初步的、被动的集群效应。

（三）现阶段我国经济发展不均衡，中西部地区的产业集群绝大多数集中在传统企业，科技含量低，产业集群重复着低水平发展。东部地区即使完成了原始资本积累并超越资本约束，绝大多数集群企业仍然没有进入"结构论"所设想的升级路径，而是继续保持着低成本要素搜索、低档品市场扩张的行为模式①。

---

① 黄宾，于淑娟. 产业集群理论研究新发展及其实践启示［J］. 技术经济与管理研究，2017（10）.

（四）虽然已经有了关于产业集群发展的长远战略规划，但还没有形成完美的产业集群可持续发展的创新体系和创新机制。作为经济发展的一种战略模式，产业集群并不需要消极地等待其自发形成，而是可以有意识、有目标地"自上而下"地培育出来，通过创新机制的实施，维持其可持续发展的竞争优势。产业集群不仅可用来提升产业竞争优势，拉动地方经济的增长，推动农村工业化与城镇化进程，而且还可以成为促进中小企业发展，构建区域创新系统的战略方式，并且还可以作为"大企业病"的有效解决方案，但必须建立在产业集群持续发展的基础之上。作为拉动地方经济增长和推动农村工业化与城镇化的一种战略方式，只要解决了产业集群的创新机制及其可持续发展问题，产业集群在我国社会就会有广阔的应用前景。作为提升产业竞争优势的一种战略方式，产业集群实际上是把产业发展与区域经济，通过分工专业化与交易的便利性，有效地结合起来，从而形成一种有效的生产组织方式。作为一种有效的生产组织方式，产业集群最适合的是那些产业链长、中间产品交易量大、迂回生产方式明显的产业，众多的产业如汽车业、装备业等都具有此特性，如果各地方政府充分重视产业集群的作用，建立科学的创新机制以维持产业集群的可持续发展，利用产业集群来发展地方经济是大有潜力的。

第二章

产业集群模式理论研究

　　马歇尔（1920）最早对企业集中于某一区域的现象进行了研究，提出了产业区的概念，并探讨集群与外部经济之间的密切关系。经过漫长的发展，波特明确提出了产业集群的概念，认为产业集群是指在某个特定领域内相互联系的、在地理位置上相对集中的若干公司和机构的集合（陈剑锋和唐振鹏，2002；Porter M E，1998）。然而随着互联网技术的发展，出现了新的类型的产业集群——虚拟产业集群。虚拟产业集群是指建立在互联网技术的基础上，突破地域限制的一种产业空间组织形式，它通过现代信息技术将各个企业和相关组织机构联系在一起（Tapscott D et al.，2000）。

　　喻登科等（2012）根据产业集群内部不同产业之间所处的主导与辅助关系将产业集群发展模式分成了单核发展模式、多核发展模式和星形发展模式。单核发展模式是指产业集群内部只有一个占主导地位的产业，其他产业都围绕着该产业开展活动。多核发展模式是指产业集群中存在着多个处于相同优势地位的领导型产业，多个领导型产业对其他产业以及相互之间都存在着主导作用，它们的共同主导和均衡性发展为战略性新兴产业集群提供了一种动态平衡型的发展模式。星形发展模式，也就是在产业集群中没有产生一个占据绝对领导地位的优势产业，此时产业集群内部企业间的协同性较差。陈继海和唐翌（2003）根据国家干预在产业聚集过程中作用的强弱程度以及市场机制和政府作用的互动程度将产业集群发展模式分成了三种类型：市场主导型产业集群发展模式及政府扶持型产业集群发展模式、计划性产业集群发展模式。政府在这三种发展模式中扮演的作用逐渐增强，市场力量逐渐减弱。

上述发展模式大多是以地理集中为特征，而互联网的发展创造了一种虚拟空间，在此空间内也产生了产业集群。因此根据产业集群是基于地理邻近还是组织邻近将其分成了实体性产业集群和虚拟性产业集群两类（罗胤晨等，2016）。

以上这些关于产业集群发展模式的研究大多是在静态环境下对产业集群发展模式的分类，而随着时代的发展，产业集群发展面临的外部环境不断发生变化，因此从时间维度观察产业集群的动态发展模式受到越来越多的关注。如，有学者通过对发展中国家的产业集群发展历程进行总结，得出产业集群发展一般经历数量和质量扩张两个阶段的结论（Otsuka & Sonobe，2011）。阮建青等（2014）基于上述模型，通过对濮院羊毛衫产业集群的发展演化进行总结，进一步提出产业集群的发展除了经历前两个阶段，还要经历品牌创新阶段。陆小勇（2017）指出，上述产业集群发展演化理论都是基于有形产业集群得出的，而不能有效地指导虚拟产业集群，因此其进一步讨论了在互联网背景下虚拟产业集群的发展演化并得出其发展演进的三个阶段：平台驱动、形成社区和发展成无边界的产业生态体系。

随着外部环境的不断变化，产业集群的发展模式正在经历深刻变革，具有一些新的时代特征。因此本章考察了产业集群发展都面临着什么新的背景，这对产业集群发展产生了什么样的影响；进而在新的发展背景下，产业集群发展应从哪些方面进行创新，以实现产业集群的高质量可持续发展。

第一节　产业集群发展面临的现状

（一）新冠肺炎疫情与逆全球化

在 21 世纪初，经济全球化进程迅速发展。特别是在中国加入世贸组织之后，中国企业迅速融入全球生产链。然而，中国公司融入的方式在之前和之后都发生了变化。在中国加入世贸组织之前，公司更多地依赖个体劳动，通过从跨国公司的大买家订购订单直接嵌入全球价值链；

在加入世贸组织后，企业开始加入当地制造业集群，并将整个制造业集群融入全球价值链（刘志彪，2020）。

但是，随着美国和中国之间的贸易摩擦的出现以及新冠疫情的暴发，经济全球化进程受到严重打击。疫情暴发后，中国和外部生产的不相称性和中断，阻碍了原材料、原料等在生产链中的流动，而全球价值链也面临着广泛的分离和断裂问题。特朗普要求在美国生产一些重要产品，如药品、医疗用品、医疗设备等，不需要考虑成本，而是由政府补贴。这在某种程度上动摇了基于相对优势和规模经济的产品内部劳动分工的基础，并表明了内部劳动分工制度的脆弱性，以及支撑这种制度的纯粹经济思维的不可靠性。即使在疫情过后，跨国公司出于对供应链的安全和可靠性的考虑，供应链也可能发生改变和调整，甚至无法完全进入内部供应链，而不是像过去那样把供应链集中在一个国家或一个地区，而是将在分布更广泛的国家或地区开展工作。

因此，仅凭成本优势将自身整合在全球价值链中不能构成地区产业集群的绝对竞争优势，而中国产业集群的进一步发展在全球价值链的劳动分工方面面临新的机遇和挑战。

（二）新一代信息技术的发展

在 21 世纪初的 20 年里，互联网技术的发展已经改变了世界。谷歌、阿里巴巴等互联网公司迅速发展成世界巨头。云计算、人工智能和大数据等新一代信息技术的发展，大大减少对地理距离的限制和对信息不对称的影响，这些深刻影响着工业的重组和变革，并为我们在产业集群和生态系统组成方面的转变提供了新的动力（朱桂龙等，2018）。

面对新的信息技术环境的重大变化，我们面临着产业集群发展方面的新挑战，传统产业集群发展模式发生了重大变化。在工业经济时代，公司的竞争优势源于它们拥有的不同资源。但是，在信息网络环境中，公司的力量不仅在于它们创造不对称资源和价值的能力，还在于它们吸收内部和外部资源、知识的能力，以及在企业平台上建立生态环境竞争优势的能力。在工业时代，创新更侧重于加强其技术能力，而在互联网环境中，虚拟的网络渠道帮助公司获得集群内部的信息和知识的快速流动，激励着集群的创新，并将创新转化为生态和相互依存的创新生态系统模式。此外，虚拟性产业集群使先进的互联网基础设施能够实现规模经济和增强技术的间接影响；促进相关机构和集群外组织参与公司活动，并使得公司拥有提供个性化服务的能力（汪明峰和李健，2009）。

（三）产业集群创新能力不足与品牌意识薄弱

全球化为发展中国家提供了发展机会，但同时也带来了巨大的风险。特别是美国次级抵押贷款危机引发的世界金融海啸，在经济全球化的背景下，直接袭击了实体经济。在全球金融海啸的冲击下，中国的产业集群发展面临困境，这主要是由于中国的经济模式造成的，由于缺乏核心技术和品牌，导致自身没有能力应对市场风险。中国沿海产业集群的发展仅仅成为世界上的一个制造中心和服装、鞋类、家用电器等产品的生产基地，这是世界上设备齐全的国际劳动分工生产链的最底层环节，也是跨国公司制造工业产品的基地。发达国家没有将自身产业集群转型升级的核心技术转移到发展中国家，中国的沿海产业集群只处理生产链最低端的初级生产要素，缺乏独立知识产权的核心技术，也缺乏独立商标的全球战略，这是产业集群缺乏竞争力的关键因素。

因此，中国产业集群的发展面临着加强产业集群创新能力和品牌建设有关的问题。在核心技术和独立知识产权的基础上制定品牌战略，对于在逆境中生存和发展，以及在国际竞争中始终保持核心竞争力至关重要。

（四）绿色发展的要求

由于内部一些成员之间的激烈竞争和外部市场环境的变化，产业集群往往生命周期相对较短，难以实现可持续发展。此外，大多数产业集群仍然停留在传统工业发展模式，资源、产品和废物等方面仍然是单向线性发展，忽视了集群内部企业之间的协同发展，忽视了物质、能源、信息传递等在社会、经济和自然生态系统之间的流通规律，导致了资源枯竭和环境恶化。

此外，中国实现节能和减排目标的形势非常严峻。根据《2020年世界能源统计年鉴》的数据显示，中国能源消费增长占世界增长量的3/4，而煤炭消费在能源消费结构中仍然占主导地位，2019年的煤炭消费量占全国总能源消费量的57.7%。以煤炭消费为基础的能源消费结构和能源的大量消费使得我国长期维持了"高能耗、高排放、高污染"的粗放型经济发展模式，给生态环境造成了巨大压力。

因此，为了解决产业集群资源消耗严重、环境破坏问题突出、内部企业缺乏协同联系和激烈竞争等严重问题，促进建立一个资源节约型和绿色型社会，必须加快产业集群向绿色发展模式转变。

第二节　产业集群模式理论研究综述

一、国内外关于集群模式的研究

目前，国内的集群研究尚未把"模式"这个点深入下去。现有的关于集群模式的研究大多是在研究集群的形成和优势之前，对集群做一个简单的分类。

陈继海等根据国家干预在产业集聚过程中作用的强弱程度以及市场机制和政府作用的互动程度，将产业集群划分为市场主导型、政府扶持型和计划型[①]。市场主导型集群在形成的过程中，政府的作用被限制在一定的范围之内，企业与市场的互动起主导作用；政府扶持型集群是自上而下，通过国家和地区的干预扶持政策，与市场机制相配合而促成的；计划型集群是社会主义国家通过中央计划经济的力量、迅速转移和调配资源、扶持重点产业而迅速形成的。

钱平凡根据产业集群的形成方式，将其划分为诱致性培育型、强制性培育型与引导培育型的产业集群[②]。其中，诱致性产业集群是"由下而上"的自发性产业集群，即先有企业的自发聚集，当产业集群进入成长阶段时，政府开始介入并主动承担应负的责任；强制性培育的产业集群是"由上而下"的人为性产业集群，即政府通过明确的规划，从关键性企业的催生开始介入集群的培育活动；引导培育的产业集群是"上下结合"的产业集群，即政府通过观察发现了产业集群的雏形后，即时

---

① 陈继海，唐翌. 中国产业集聚模式的动态考察 [J]. 当代财经，2003 (10).

② 钱平凡. 产业集群：经济发展的一种战略方式 [N]. 中国产业集群网，http：//www. oyjqw. com.

介入产业集群的培育与指导。

张冬丽等（2014）按照集群概念特性对集群进行分类，称为 STIW 四维分类法。其中从空间维（S）来看，按经济地域划分为发达地区集群、比较发达地区集群、中等水平地区集群、欠发达地区集群、不发达地区集群；按地域的行政等级类别划分为省（直辖市）属集群、城市属集群、县（区）属集群、园区集群。从结构维（T）来看，将集群分为以纵向产业链为主导的链条模式、以竞争合作互动为主导的齿轮模式和以公共性投入和生产要素共享为主导的松散模式。从产业维（I）来看，按产业层次划分为行业集群、子行业集群、产品类集群、产品集群；按集群对地区产业贡献程度，可以将集群分为本地域龙头产业集群、本地域支柱产业集群、本地域主要产业集群、本地域一般产业集群。从网络维（W）来看，按关系嵌入模式可以划分为强联系主导型集群、弱联系主导型集群、混合联系主导型集群；按结构嵌入可划分为强嵌入集群和弱嵌入集群[①]。

另有学者从中小企业的角度对集群进行了划分。仇保兴（1999）认为，按照中小企业集群的结构来分，其形式主要有：企业群落内部企业之间关系是以平等的市场交易为主，各生产厂商以水平联系来完成产品生产的"市场型"中小企业集群；以大企业为中心、众多中小企业为外围而形成的"椎型"（也称中心卫星工厂型）中小企业集群；以信息联系为主而不是以物质联系为主，以计算机辅助设计和制造业的柔性生产方式来进行生产的"混合网络型"中小企业群落。陈雪梅、赵珂（2001）在对中小企业形成的内外部原因进行分析后认为，中小企业群形成的方式有：由区域的地理环境、资源禀赋和历史文化因素影响形成；由大企业改造、分拆形成；由跨国公司对外投资形成等原因。

还有学者经过对特定区域和产业的研究后，对集群模式作了划分。李新春（2000）根据对广东企业集群不同发展形态的观察，将企业集群描绘为三种形式：历史形成的企业集群、沿全球商品链形成的企业集群以及创新网络企业集群。王缉慈（2001）通过对新产业区的研究将企业集群分为五类：一些沿海外向型出口加工基地；一些智力密集地区；一些条件比较优越的开发区；一些乡镇企业集聚而形成的企业网

---

① 张冬丽，王晨，康凯. 基于集群概念特性的 STIW 四维分类法 [J]. 科技管理研究，2014（34）.

络；由国有大中型企业为核心的企业网络。

此外，较为常见的模式分类还有：按照集群的产业性质可以分为传统产业集群、高科技产业集群以及资本与技术结合型产业集群；按集群内企业所属的领域可划分为生产型产业集群和流通型产业集群；按照集群区域内企业市场导向可划分为出口导向型产业集群以及内销导向和出口导向相结合型产业集群；按照集群的优势来源可以分为低成本型产业集群和高新技术型产业集群；按照集群在生命周期中所处的阶段可以划分为新兴的产业集群、成长中的产业集群、成熟的产业集群以及衰退中的产业集群；通过分析知识流动，可分为知识净输出型产业集群、知识净输入型产业集群和知识自给自足型产业集群。

从国外来看，对于产业集群模式已有较为系统和深入的研究。联合国贸易和发展会议（United Nations Conference on Trade and Development, 1977）把企业间合作模式分为：群、网络和战略伙伴，探讨了不同合作模式对企业能力和竞争的作用，并从政府、企业、中介机构的层次提出了政策建议。亚历克斯·霍恩（Alex Hoen, 1997）从理论角度对群进行分类：即微观层（企业群）、中观和宏观群（产业集群）；群内企业通常通过创新链和产品链进行连接。

彼得·克罗林格（Peter Knorringa）和约格·米尔·斯达姆（Jorg Meyer Stamer）在对发展中国家的产业集群的研究中，将产业集群分为三类：意大利式产业集群、卫星式产业集群和轴轮式产业集群①，具体见表 2 - 1：

表 2 - 1 发展中国家产业集群分类

	意大利式产业集群	卫星式产业集群	轮轴式产业集群
主要特征	以中小企业居多；专业化性强；地方竞争激烈，合作网络；基于信任的关系	以中小企业居多；依赖外部企业；基于低廉的劳动成本	大规模地方企业和中小企业；明显的等级制度
主要优点	柔性专业化；产品质量高；创新潜力大	成本优势；技能/隐性知识	成本优势；柔性；大企业作用重要

---

① 陈剑锋，唐振鹏. 国外产业集群研究综述［J］. 外国经济与管理，2002（8）.

续表

	意大利式产业集群	卫星式产业集群	轮轴式产业集群
主要弱点	路径依赖；面临经济环境和技术突变适应缓慢	销售和投入依赖外部参与者；有限的诀窍影响了竞争优势	整个集群依赖少数大企业的绩效
典型发展轨迹	停滞/衰退；内部劳动分工的变迁；部分活动外包给其他区域；轮轴式结构的出现	升级；前向和后向工序的整合，提供客户全套产品或服务	停滞/衰退（如果大企业衰退/停滞）；升级，内部分工变化
政策干预	集体行动形成区域优势；公共部门和私营部门合营	中小企业升级的典型工具（培训和技术扩散）	大企业/协会和中小企业支持机构的合作，从而增强了中小企业的实力

资料来源：Peter Knorringa, Jorg Meyer Stamer. New Dimensions in Enterprise Cooperation and Development：From Clusters to Industrial Districts. 1998（10）.

林恩·马特卡和富尔维亚·法里内利（Lynn Mytelka & Fulvia Farinelli，2000）基于产业集群的内在关系把产业集群分为三类：非正式群、有组织群和创新群，并探讨了如何在传统产业中培育创新集群，建立创新系统，从而使传统产业保持可持续的竞争优势[①]，具体见表2-2。

表2-2　　　　　　　　基于集群内在关系的分类

类型	自发的产业集群		
	非正式集群	有组织集群	创新型集群
例子	加纳库马西（Suame Magazine）汽车零部件集群	尼日利亚（Newi）汽车零部件制造集群、巴基斯坦锡亚尔科特外科手术器械集群	丹麦日德兰半岛家具业集群、意大利（Belluno）眼镜产业集群
关键参与者参与度	低	低到高	高
企业规模	个体、小	中小企业	中小企业和大企业
创新	几乎没有	有些	持续

① 陈剑锋，唐振鹏. 国外产业集群研究综述［J］. 外国经济与管理，2002（8）.

类型	自发的产业集群		
	非正式集群	有组织集群	创新型集群
信任	几乎没有	高	高
技能	低	中	高
技术	低	中	中
关联	有些	有些	广泛
合作	几乎没有	有些，不持续	高
竞争	高	高	中到高
产品创新	几乎没有	有些	持续
出口	几乎没有	中到高	高

资料来源：Lynn Mytelka and Fulvia Farinelli（2000）根据 UNCTAD（1998P8）改编。

马库森（Markusen，1996）按照群内企业的联系，将集群划分为马歇尔产业区、中心—辐射区、卫星产业区和国家主导产业区。马歇尔产业区（Marshall industrial districts）是指小企业、地方性私人企业占优势的商业结构，以区域内买卖双方间交易、本地买方和供应商之间的长期合同和委托为主，与区域外企业的合作或联系程度较低；中心—辐射区（hub‑and‑spoke districts）是指供应商围绕着一个或几个大型垂直一体化企业形成的商业结构，核心企业与区外供应商和竞争者保持重要的联系，以优势企业与供应商之间的区内交易、长期合同和委托为主，与区域内外企业的合作或联系程度较高，与大的竞争者之间在分担风险、稳定市场、共享创新成果的合作水平较低；卫星产业平台（satellite industrial plat forms）内买方与供应商之间区内交易规模小，与本地供应商缺少长期委托，与区外企业特别是母公司有较高程度的合作与联系，与竞争者之间在分担风险、稳定市场、共享创新成果的合作水平较低；国家导向产业区（state anchored industrial districts）是指供应商和客户围绕着一个或几个大的政府机构形成的商业结构，以主导机构和供应商之间的区内交易为主，与区域外企业的合作或联系程度较高，与本地私人企业在共担风险，稳定市场和共享创新成果的合作水平较低。

二、国内外关于集群战略的研究

从已有的研究来看，主要是从集群政策的角度对集群战略进行了阐述。在国外，集群政策有两种叫法：一种是集群政策，另一种是基于集群的政策。从他们各自的相关研究来看，这两种名称的内涵相差无几，概括来说都是由政府或其他公共主体制定和实施的，以集群为服务对象的各种政策和措施的总和（刘恒江、陈继祥，2004）。一般而言，集群政策是某国或地区产业政策、科技政策和区域发展政策等的综合和延伸，其作用是保持和促进集群的健康发展，并发挥集群对繁荣当地经济的牵动效应。鉴于产业集群发展对一国的重要性，集群政策也成为国内外学者研究的热点。从研究现状来看，学者们更多地关注于集群政策和战略的以下方面：

一是对集群政策与战略目标的研究。学者们大都认为，调节集群自身的"系统失灵"是集群政策的目标。"系统失灵"是在相互关联的机构、组织或交易规则之间出现不协调或不一致时才会发生，它是指在组织制度设计上的缺陷不能为技术创新提供有效的激励，或者系统的技术能力与需求不匹配，从而限制了创新潜力的发挥（Metcalfe，1995）。集群内公共机构与私人机构创造知识、产品或服务方面的方式和目的有所不同，在经营理念和发展愿景方面也存在差异，在个体利益最大化的驱动下，各企业、机构之间相互独立，形成一种松散的无组织集聚现象，导致冲突时常发生。而且集群企业之间的网络关系和集体行为的"锁定"可能阻碍集群的创新，从而难以发挥相应的集群整体效应。因此，有必要在集群内部建立相互协作的有机组织系统（Nelson & Romer，1997）。制定集群政策就是为了避免集群过多浪费时间和能量，在集群发展初期，特别需要政府的干预来制定和实施适当的规则，为集群培育市场力量和集群自组织力量，并创造价值（刘恒江、陈继祥，2004）。创新型产业集群的设立会强化地方政府在产业创新发展中的政策激励，作为试点建设主体的政府会主动将创新型产业集群建设纳入产业发展规划或战略目标（王欢，2002）。从产业集聚到创新型产业集群，随着发展阶段的不同，创新集群政策数量、政策重心、政策颁布机构表现出了明显的差异性，因此需要针对不同的集群发展阶段进行政策工具的更新升级，政府从引导推动者向服务者角色转变，通过培育集群社会资本、增强集群创新能力、创造和培育集群生产要素、促进集群内外部网络化体系等方面增强集群活力（张爱琴、郭丕斌，2018）。

二是对优化集群动力机制和改善集群环境的政策研究。布伦纳（Brenner，2003）在波特钻石模型的基础上，将集群的成功归因于七种动力机制的作用，具体包括人力资本积累、非正式接触引起的信息流动、公司间相互信赖、公司间合作、当地资本市场、公众舆论和当地政策，其中前六种机制属于集群的内生动力机制，当地政策是集群的激发动力机制。而国内有学者则认为，一个产业实现成功的集群或一个典型的产业集群的形成至少需要三个条件：第一是产业内的资本在某一区域内较快地集中，以及劳动力和产业技术充分自由地流动，并实现与资本的自由组合；第二是市场的充分供给；第三是当地的制度（包括政府的政策、商业习惯和竞争文化）允许并鼓励这种集群现象①。

三是对具体国家和组织产业集群政策和战略的研究。如迈克尔·彭纳德（Michael Peneder，1997）针对澳大利亚的产业集群政策进行研究后指出，认为"群"的分析方法对微观层次的系统反馈机制所反映的需求非常敏感，有助于最优政策工具的确定。迈克尔·彭纳德还强调，消除制度障碍和制度扭曲对于发展集群有着重要作用。联合国经济合作与发展组织（OECD）对以下国家产业集群进行了实证分析：丹麦、芬兰、瑞典、比利时、美国、英国和荷兰，并在此基础上提出了有待深化的问题：如何使产业集群更有竞争力；重要知识问题的确认；产业升级优化战略的设计；如何从传统的竞争走向战略协作和差异化竞争。而国内学者刘恒江、陈继祥（2004）的研究则指出，由于集群规划目的、集群类型、集群参与者等各种因素的影响，OECD各国所采用的集群政策有着显著的不同，决策者认为在此方面没有"最好"的政策，即不存在能够满足所有集群及集群内企业需要的单一政策，各种政策工具需要组合使用，以促进集群的健康发展。陈劲等（2014）研究了中关村创新集群的发展历程、规模、创新能力、国际化和辐射带动能力，指出中关村应进一步加强创新集群的规划和管理，加快重点高端产业的集群

---

① 徐康宁. 开放经济条件下的产业集群及其竞争力［J］. 中国工业经济，2001（11）.

发展，同时协调做好科研院所与产业园区的规划与布局，形成各园区优势互补、协同发展的格局，不断推动科技成果产业化和产业结构升级。陈肖飞等（2019）以奇瑞汽车集群为例，提出政府对奇瑞产业集群的政策支持和集群内部自身关系资产的维持共同导致了集群网络呈现平稳合理的变动趋势，政策和关系资源虽有延续性，但随机性较大，而保障集群网络合理发展的关键路径是促进转移企业由"轻资产"向"重资产"转变，进而实现地方嵌入。

四是对集群政策的分类研究。托马斯等（Thomas et al.，2004）对世界各国的集群政策归为五类：经纪人（或中介机构）政策、需求方面的政策、培训政策、国际关系促进政策、框架（或环境）政策。而杰·米特拉（Jay Mitra）在对2001年欧洲中小企业集群调查的基础上，对欧美国家20世纪后期以来的集群政策分类为：企业导向、增强集群吸引力、服务设施建设、信息、培训与研发、鼓励协作。另有学者和机构还从集群生命周期（Tichy，1998）、地域级别（欧盟委员会，2003）政府干预程度（王业强、魏后凯，2009），供给侧、环境侧和需求侧（余川江等，2021）等方面对政策进行了分类研究。

总体来看，产业集群战略的相关研究已取得较为丰硕的成果。而且，许多研究结论已经成为许多国家制定产业政策的依据，并取得了非常好的经济绩效。但是，现有的研究更多是从发达国家集群发展的角度展开分析，而从现状来看，发展中国家的产业集群也呈现蓬勃发展之势，并显现出与发达国家集群的不同特点，因此，研究发展中国家产业集群政策，尤其是探讨不同国家如何根据自己的特性来制定自己的产业集群政策，就成为集群政策研究需要特别注意的问题。

第三节　国外产业集群的模式比较

一、轴轮式产业集群

轴轮式集群是指众多相关中小企业围绕一个特大型成品商形成的产

业集群①。轴轮式集群内有一个处于中心地位的企业和许多相关配套的小企业，共同生产某种产品。在这个大企业进行原材料采购、产品设计、生产和销售的带动下，各小企业一方面遵循其要求，为其加工、制造某种产品的零部件或配件，或者提供某种服务，另一方面又完成相对独立的生产运作，取得自身的发展。这样，在总体规模上形成了统一和谐的以大企业为轴心的模式。意大利的百能顿与日本的丰田汽车城是轴轮式集群的典型代表。

1965 年诞生的百能顿是从事时装纺织的巨型企业，在其周围有很多中小企业为其工作，公司 80% 的产品都是由中小企业完成的。20 世纪 90 年代初，围绕它进行运作的中小企业就有 500 多家，人数超过 3 万。百能顿公司只掌握和从事关键性的工序，如色彩研究、款式设计以及计算机裁剪、洗染、质量检验。流程上，它还要负责产品订货、组织加工制作和运输销售，周围的小企业一般就按照它的要求进行某一种产品或一道工序的加工。②

日本以丰田命名的汽车工业城是在丰田汽车公司发展的带动下形成的，在世界汽车制造业中占有重要位置。在这个集群中，丰田公司是核心企业，其他的配套企业依附于它，配合其进行专业化生产。丰田公司的 250 多个供货商中，有 50 个把总部设在了丰田城，其余 200 多个也聚集在半径为 5 小时车程的范围之内。所有的供应商都紧紧地围绕着丰田，形成一个整体。丰田要求供货必须准时，货到后不进库房，直接按计划时间上线，即时作业。这套标准化流程是连续花 3 年时间，集合 250 多个供应商不断开会、讨论、训练而形成的。标准化生产链保证了产品的质量，同时把成本降到了最低。③

轴轮式集群的主要特点在于：第一，有一个大型企业构成集群的核心，带动周围的中小企业发展；第二，核心企业凭借自身雄厚的技术支持和强大的品牌优势，掌握着整个系统的运转，并给周边企业以指导；第三，整个集群的运作以核心企业的生产流程为主线；第四，众多小企

---

① 钱平凡. 产业集群：经济发展的一种战略方式［N］. 中国产业集群网，http：//www. cyjqw. com.

② 邓国军、全裕吉. 意大利中小企业集群网络模式及其组织研究［J］. 湖南经济管理干部学院学报，2002（4）.

③ 周瀛. 吉林省产业集群的网络结构、绩效测评与升级战略研究［D］. 长春：东北师范大学，2015.

业能够提供比集群外企业更低的运费，更符合要求的配套加工产品。

二、多核式产业集群

多核式集群是指众多小企业围绕三、五个大型成品商形成的产业集群。这种模式在形成初期，往往只有一个核心企业和一些相关配套企业，随着产业的发展，出现多个核心企业，形成同一集群内多个主体并存的局面。

在美国的底特律汽车城，有通用、福特和克莱斯勒三大汽车公司，这三大全球知名企业带动了众多规模不同的汽车企业。全美有 1/4 的汽车产于底特律城，全城 400 多万人口中有 90% 的人靠汽车工业谋生。①

这种集群模式的主要特点在于：①以几个企业为核心进行运营；②围绕不同的核心企业形成了多个体系，同一体系内部密切合作，体系间又存在着明显的竞争；③集群中的竞争，一方面表现为核心企业之间的竞争，即选择外围合作企业（如供货商、服务机构等）和争取顾客，另一方面表现为生产同类产品的配套企业间的竞争，即外围企业竞争更有利的核心企业。

三、网状式产业集群

网状式集群是指众多相对独立的中小企业交叉联系，聚集在一起形成的产业集群。集群内的企业相互之间较少有分工与合作，在市场有限的情况下竞争比较激烈。这种模式在意大利比较广泛，如马尔凯大区佩扎罗省的木器家具产业。第二次世界大战后，意大利一片废墟，百业待兴，这时佩扎罗地区出现了一些家庭作坊式的家具企业。当时，由于生产力水平有限，生产的产品和生产工具大多比较简单，所以企业比较分散，各自可以独立完成生产，很少相互联系，基本上不存在专业化分工与合作。20 世纪 50 年代后期，意大利和周边国家经济形势的迅速好转，家具需求的日益增长，为佩扎罗地区的家具企业迅速增多和分化提供了条件。20 世纪 70 年代的世界经济危机也促进了家具企业的进一步

---

① 武文光. 汽车整车和零部件产业共聚的理论及实证研究［D］. 上海：上海社会科学院，2015.

专业化和分工协作的发展。各企业间相合作的主要方式是统一销售，它们根据联合销售机构统一的技术质量要求独立制造某一种产品，然后使用同一种商标，由联合销售机构统一进行销售①。

网状式集群的主要特点是：①集群中企业的规模基本上都很小，雇员的人数很少，企业的类型大都属于雇主型企业；②由于生产工艺较为简单，流程较少，企业能够独立地完成，所以相互之间较少有专业化分工和合作；③生产经营对地理因素的依赖性较强；④生产的产品具有明显的地方特色，大多是延续传统生产方式形成的；⑤供应商和顾客群比较一致，竞争较为激烈；⑥在对外销售方面具有较强的合作性。

四、混合式产业集群

混合式集群是由多核式与网状式混合而成的产业集群。集群内部既存在几个核心企业及相关的小企业，又存在着大量没有合作关系的中小企业。例如美国的硅谷、宁波服装产业集群和印度的班加罗尔软件工业园。

位于美国加利福尼亚州中部圣弗朗西斯科以南半岛上的硅谷，是长70千米、宽15千米的条状地带。在硅谷这一特定地区集中了众多在业务上相互联系的半导体或计算机企业及其支持企业，形成了硅谷高新中小企业集群。在这里既有着惠普、网景、英特尔、苹果、Sun微系统等世界领先的大公司，也有许许多多微小的软件研发公司。20世纪80年代，硅谷约有3000家电子公司，员工人数超过1000名的公司只占2%，85%的公司的员工少于50名。截至1999年3月，人员不超过50人的公司占科技公司的80%，约有4800家。20世纪90年代，硅谷企业的平均雇员只有350人。在高科技集群中，大学和科研机构起着重要的推动作用。企业与研究机构的密切合作有助于将科研成果迅速转化为生产力。硅谷特有的文化氛围是鼓励创新，勇于冒险，宽容失败；崇尚竞争，开放平等；知识共享，善于合作②。宁波服装产业集群是国际知名的服装产业集群，是我国重要的服装生产和出口基地，是以衬衫、西服

---

① 姜胜利. 意大利发展中小企业的模式、措施及启示 [J]. 国际经济合作, 1999 (4).

② 罗良忠, 史占中. 从美国硅谷小企业集群看上海高科技园区的发展 [J]. 当代财经, 2003 (3).

为主，包括羊毛、针织皮革等服装生产的产业集群。宁波服装产业集群以宁波市为集聚区，在辖区内又集聚了各具特色的区域群落，如奉化以西装、衬衫为主；北仑、象山和宁海以针织服装为主。宁波服装产业集群地处长三角南翼的浙江省东部沿海地区，区位优势明显；一些大中型骨干企业相继引进了国际上先进的自动化生产线，技术发展领先；产品特色明显，产业集聚度高。但也存在科研费用投入较低，新产品产值率有待提高，企业之间协同、协作关系较弱，集群网络优势有待提高，集群内大型企业相对独立，自成体系，集群内企业的协作优势发挥不够等问题，集群处于发展升级关键阶段。针对宁波服装产业集群混合型本地网络集群的特点和现状，集群在创业升级中既支持焦点企业创业，发挥品牌优势，带领集群升级，同时也鼓励中小企业开辟营销渠道。①

混合式集群的主要特点是：①相当于多核式与零形式集群并存；②核心企业不仅带动了配套企业的发展，也为散存的中小企业提供了机会；③核心企业与配套企业依靠品牌为核心竞争力，散存的中小企业主要以低成本为竞争优势；④技术创新是集群中企业生存和发展的关键。

五、无形大工厂式产业集群

无形大工厂模式的集群是由诸多在生产流程上相连接的小企业所构成的产业集群，如普拉特的毛纺织集群。

意大利托斯卡那州的普拉特地区聚集着大量以毛纺织产业为主体、生产服装、纺织产品的中小企业，构成了无形大工厂式的产业集群。19世纪的普拉特是以产供销一条龙的大中型企业为特色的毛纺织生产基地。第二次世界大战以后，生产的急速扩大和国内外需求的锐减，迫使普拉特地区全工序的大中型毛纺企业开始了分散经营战略，将部分工序交给家庭承包生产，衍生出了许许多多的小规模的企业。在这个初步形成的集群内存在着进行产品设计、营销策划、销售渠道构建、产品销售的最终企业，也存在着大量向最终企业提供中间制品和服务的专业化的中间企业，以及提供原材料和生产设备的供货商企业。这些中小企业专业化程度高、应变迅速，以经济企业或工序不全的毛纺企业为核心，向

---

① 姚刚，蔡宁，蔡瑾琰. 复杂网络理论在产业集群升级中的应用［J］. 云南社会科学，2017（1）.

其供货，由其统一生产成品，形成了实际上的"无形大工厂"。当地有一个被称为茵巴瑙托（Impanotore）的著名商业中介，负责包括销售、市场策划、产品设计、制定生产计划、采购原材料和组织中小企业生产。此外，还有众多的时装设计商、咨询机构在这个柔线性的集群中发挥着重要的作用。[1]

这种模式的特点主要有：①规模较小，但有弹性，由于小企业生产和家庭生活连成一体，当订货增加时，家庭成员转化为工人，企业的职工人数和工作时间自动增加，反之，当订货减少时，企业职工又恢复为家庭成员，因而形成了一个可伸缩性的生产体系；②商业中介和服务组织较为活跃，发挥着重要的作用；③专业化程度较高，分工较为明显，企业间的合作较为密切；④整个集群犹如一个巨大的工厂，其中各个小企业相对独立的经营共同维持着整个体系的运转。

第四节　国外先进模式的启示及其借鉴

产业集群不同的模式有不同的优势，也有不同的经济、技术、组织、社会等一系列结构体制变化的国际背景，不同行业不同地区应当根据各自的优势，结合世界成功的典范，创造性地建设有特色的产业集群，而不能追求统一的模式。将国外模式与我国现有模式进行比对，可以得到以下启示和借鉴。

一、高科技产业集群的模式取向将成为主流

近十几年来，现代科技革命和社会经济的飞速发展，加大了产业集群中高科技的含量，高科技核心的产业集群在发达国家占据越来越多的比例，而且日趋成熟；在我国，典型的高科技产业集群是北京的中关村。中关村虽然拥有众多的软件公司，但缺乏硅谷那样鼓励冒险的氛围，企业与科研机构的合作不到位，大多数只挂牌子不出成果。各企业为了避免知识外溢，不与同行交流合作，同时也封住了自己的窗口。此

---

[1] 池仁勇. 意大利中小企业集群的形成条件与特征 [J]. 外国经济与管理，2001（8）.

外，还存在一个不容忽视的问题就是融资困难，缺乏完善的融资政策和成熟的融资环境。

因此，要发展我国的高科技产业集群，需借鉴发达国家成功的经验，最关键的是：①发展混合式的集群模式，鼓励中小企业的成长，同时注意塑造具有带动性的知名企业；②鼓励勇于创新勇于冒险的科研精神，建设积极的创新氛围；③加强科研机构与企业的密切合作；④在融资政策上，给予中小企业大力扶持。

二、以轴轮式集群为基础，引导企业特别是国有大型企业组建产业集群

国外产业集群发展模式的分析可以看出：企业规模效益的形成，产业的竞争优势及其整体效益的取得，和产业集群的发展、集群模式的选择有着密切的关系。这对处于改革困境中的我国的国有企业提供了可借鉴的经验，特别是为大型国有企业的进一步改革发展提供了一条思路，那就是化大为小，以轴轮式集群为发展的基本模式。国有大型企业由于历史原因，机构的重复设置和效率低下致使企业失去活力。如果能够分析出与之相配套的小企业，形成以精简后的企业为核心，众多小企业与之合作配套的模式，不失为一个给国企减负的策略。此种选择的关键，在于注意不断拉长产业的链条，培育关键的价值链环节，以此不断提高企业和产业的竞争力。

长期以来，国有企业人员过多，大大超过了生产实际需要，造成效率低下，人浮于事。下岗和解雇不是解决问题的根本办法，剥离富余人员是国有企业改革的一个难点。国有企业缺乏微观效率，无法及时抓住战略机遇进行以信息技术为主导的现代高新技术赶超，而以国有企业为核心建设产业集群，将人员分配到相关的配套企业中去，不仅在减轻国企负担的同时不会造成失业压力，而且富余人员就业于相关的企业，仍可以发挥已有的专业技能。

三、混合式产业集群对中小企业集群发展的拉动影响

无论是美国硅谷的软件产业群还是印度班加罗尔的软件产业群，都

由许多家与软件相关的中小企业组成。这些中小企业在产业内大企业的带领之下，得到了极大发展，在促进企业自身效益提高的同时，也增强了产业集群的竞争优势。目前我国许多颇有特色的中小企业产业集群主要集中在广东和浙江的农村和小城镇，以生产居民消费品为主，一般技术含量不是很高，所需要的资金投入也不是很多。大多数小企业都是以家族为背景建立起来并聚集在一起的，形成了网状式的集群模式。这种模式在特定的时期有其优势，但从长远来看，随着技术的不断进步，企业之间的合作要求日益凸显，促使这种模式会向着两个方向转化，一个是无形大工厂模式，另一个是混合式，因为原来的网状式模式已不能够适应企业寻求合作、协调发展的要求了。建立为中小企业提供策划、设计、销售服务的中介机构则显得非常重要了。

四、注重品牌建设

品牌建设是产业集群取得成功的关键。一个强大的品牌可以使集群具有强大的凝聚力，在竞争中处于领先地位，持久不衰。我国品牌设计和经营尚处于初级阶段，缺乏国际化的运作。产业集群的品牌建设有两条途径，一是凭借核心企业的优势，围绕核心企业的品牌进行，使原有的品牌美誉度进一步扩大化；二是众多相对独立的企业以产业优势为依托，以地方特色为旗帜，共同塑造区域品牌。可以断定，没有品牌优势，既难以出现轴轮式的集群，因为没有领头羊，谁也不会盲目跟从；同时也难以形成网状式集群模式，因为没有品牌的产品，只能各自赶集式地摆地摊，不可能共赢。

五、注重区域创新体系的建设，加快传统园区向集群经济的转变

无论何种集群模式，之所以在一个区域能够持续发展，其共同关键因素在于该区域注重了区域创新体系的建设。一群有相互关联的企业在地理上集中，可以形成产业集群，但并不是简单地把企业集中在同一个地方就能形成产业集群。世界著名的产业集群大都经历了较长的建设时期，有的甚至历经几百年。一哄而上，试图在短短的几年内建设产业集

群，只会形成单纯以价格竞争为生存手段的批发市场。更可怕的是，一些经济欠发达地区，在各种园区建设中，饥不择食地乱拉项目，最终很难形成真正的集群优势。只有统筹规划，有所为有所不为，才能依托自身地理和产业优势，形成分工有序、相互协作、各具特色的产业群发展格局。

六、营造良好的产业群发展环境

一是按照区域经济一体化的发展思路，打破条块、区域分割，统筹功能布局，共建各种网络平台，做到公共设施的尽可能共建共享，真正以市场规律配置各类要素资源。二是重视软环境建设，在企业文化创新、企业信用建设、公平公正公开执法等各个方面，为企业群成长提供优质服务。三是在区域内通过各种中介服务、政策服务，尽可能降低企业交易成本，不断提升企业群的整体竞争力，从而增强对国内外资本的吸纳力和区域竞争力。

第五节　我国产业集群的发展思路

在对我国产业集群典型模式的分析基础之上，可以发现现有的模式还存在着诸多缺陷，这些缺陷构成集群发展潜在或现实的障碍。构建我国产业集群的发展战略，旨在通过政府适当的引导，增强集群的凝聚力，共同应对各方面的挑战，以谋求长期的可持续性发展。

一、集群战略的目标定位

解决我国产业集群发展中存在的"市场失灵"和"系统失灵"问题，优化我国产业集群发展的动力机制，改善产业集群发展的内外部环境，推动我国产业集群快速、健康发展，从而以产业集群的发展增强区域的创新能力、带动区域发展，进而推动我国的经济增长和可持续发展。

二、集群战略框架设计的基本原则

基于产业集群发展战略的目标定位，在战略框架的设计过程中应坚持以下几个指导性原则。

（一）市场调节为核心的原则

市场是经济运行的有效手段，产业集群的发展依然要依靠市场本身来进行主要的调节，政府职能作为指导者和协助者。在构建产业集群发展战略的整个过程中，都应坚持以市场为核心，在市场中建立机制、在市场中运行机制、在市场环境中检验机制实施的利弊及效果，让市场成为产业集群创新体系的平台，从而为集群内部企业提供良好的创新环境。

（二）政府扶持为支撑的原则

同宏观的市场经济体系一样，企业在市场中自主形成和发展的集群，也存在"市场失灵"和"系统失灵"的问题，这突出表现在群内同类企业的恶性竞争与不公平竞争、"柠檬市场问题"、集群自封闭与创新动力不足等问题上。因此，企业集群在发展过程中，需要政府的干预。但是，这种干预更多地表现在政府对产业集群的扶持与指导，以及提供相应的优惠条件和发展环境上。尤其是，政府的作用不是在集群发展过程中过渡性地进行行政干预，而是在遵循市场规律和充分调查的基础上，提供发展集群的可行性意见，为集群的发展创造一个宽松的制度环境，支持一切有创业能力和愿望的人创业，确立能够保证公平竞争和优胜劣汰的市场环境，鼓励技术创新，维持企业主之间的信任和承诺，努力营造宽松、自由和创新的文化氛围，提供行业前沿信息等，从而促进有竞争力集群的形成和发展。

（三）集群发展的开放性和创新性原则

制约产业集群各种模式发展的普遍问题就是集群发展的自封闭型和创新动力不足问题。这两者是紧密相连的两个问题，集群系统越封闭，越缺少与群外企业的竞争与信息交流，集群的创新能力就会越弱；集群的创新能力越不强，适应外界环境变化、及时作出自我调整的能力就会越差，从而导致集群系统越封闭。因此，政策应推动集群发展的开放性并增强集群的创新性。

（四）集群政策的连续性与动态性原则

从产业集群的发展来看，集群存在着创建期、成长期、成熟期以及衰退期四个不同的阶段。在每个阶段中，集群内在的动力机制、风险问题以及外在环境都是相异的，因此，政府的集群政策就要作出动态的调整，既不能频繁地变动政策，要保持集群政策的连续性，又要注意灵活地对政策做出动态调整，以使政策能较好解决各个阶段的问题，更好地推动产业集群的发展。

（五）渐进性发展和长远性目标实现的原则

构建产业集群发展的战略框架旨在建立长期的可持续发展的竞争优势，不仅要考虑近期实施的需要，更要考虑集群经济发展、地方经济发展、群内企业发展的可持续性要求，通过螺旋式上升的创新过程，阶段性地调整、提高集群的竞争实力，以保证产业优化升级和国民经济结构调整长远目标的实现，因此要采取渐进式阶段性推进产业集群的发展模式。若只是着眼静态、短期的成分本优势，将会伤害整个产业的创新与活力。

三、集群战略的框架构想

（一）推动各行业、各地区选择不同的集群发展模式

产业集群的发展模式不是千篇一律的，它没有一种最佳模式；即使是同一模式也没有固定的发展思路。因此，各行业、各地区应根据自己的具体情况选择不同发展模式。但是，集群的不同发展模式也有其内在的规律性可以遵循，各行业、各地区在选择时，也应该参考下列一般情况：

就零星式产业集群而言，它主要是适应于各种传统的劳动密集型行业，且区域往往存在一定的地理和资源等环境优势。零星式产业集群往

往是自发形成的，因此它是集群发展的最低形态，对已经形成的该类集群，政府要着力推动该类集群的网络化发展、完善集群发展的外部基础设施、引导建立集群内部的市场化机制、规范不正当竞争行为，促使集群向网络化发展。

就网络式集群而言，它主要是基于中小企业，适用于传统的劳动密集型行业、规模经济要求不是太高的资本密集型行业以及技术含量要求相对较低的部分技术密集型行业。从目前全国各地的发展情况来看，网络式集群已经得到了广泛发展，尤其是江浙地区。但网络式集群的发展也是有前提的，即地区必须有适合于集群发展的根植性，这种根植性有利于创新知识和信息的传播，从而有利于集群网络的形成。在此前提下，还应具备以下几个条件：一是市场的充分供给，即该区域市场能充分接纳集群生产的大量产品；二是资本在区域内大规模的集中，以及劳动力和产业技术充分自由地流动，并实现与资本的自由组合；三是行业的进入和退出机制充分完善；四是当地的社会制度（包括政策法规、商业习惯和人文环境）允许并鼓励这种集群现象（杨丽荣，2004）。

就轴轮式、多核式集群而言，它主要是基于以大企业为核心的企业群，适用于资本密集型、技术密集型行业以及部分的劳动密集型行业。轴轮式、多核式企业集群的形成，除了要求有充分的市场供给、资本在区域内的大规模集中、劳动力和产业技术充分的自由流动外，还需要有适合大企业成长的政策和市场环境。

从目前来看，在国有企业较多且市场环境较好的区域，我们可以将轴轮式集群的发展与国有大中型企业的改革结合起来，通过轴轮式集群的发展来促进国有大中型企业的转型。长期以来，国有企业人员过多，大大超过了生产实际需要，造成了效率低下，人浮于事。下岗和解雇不是解决问题的根本办法，剥离富余人员是国有企业改革的一个难点。

（二）中央政府与地方政府合理定位

中央政府和地方政府在企业集群的形成发展过程中其作用必然是相异的。总体来看，中央政府应该担当起企业集群宏观管理者的角色。这包括制定全国性的企业集群发展计划，建立起全国的企业集群地理分布图和数据库，设计专门的企业群绩效统计指标体系，在技术创新、融资担保、土地管理与城市规划、开拓国际市场、行业专门人才培养等方面制定专门的企业集群支持政策（符正平，2002）。此外，对一些典型的企业集群，可以实行重点扶持政策，以发挥其在全国和区域经济中的示范效应。

各级政府对企业集群的扶持，应制定推动企业群发展的具体政策措施，贯彻看得见的原则，即扶持那些处于萌芽状态或已经形成的集群，而不是从零开始人为地去创造一个集群。已经出现的集群，表明其初步通过了市场的检验。在实践中，对于萌芽状态的集群，要对其能否成长为集群的潜力进行评估。如果符合集群产生所需要的需求条件、供给条件和其他条件，则应制定专门的优惠政策、建立良好基础设施等，吸引外地企业进入集群，使集群迅速达到临界规模，在正反馈机制作用下发展为一个具备自我生长能力的集群。对于已经形成的成熟型企业集群，政府支持政策的重点是帮助其实现升级改造，使企业群具备持续的增长潜力。在供给方面，各级政府应帮助集群提高创新能力，培养具有专门技能的人力资源，促进企业群的空间聚集。

（三）营造良好的产业集群发展环境

围绕产业集群的核心产业，完善产业集群创新环境，特别是配套服务体系。这就要求：

（1）按照区域经济一体化的发展思路，结合产业集群所在地区的地方经济现状，打破条块、区域分割，统筹功能布局，共建各种网络平台，做到公共设施的尽可能共建共享，真正以市场规律配置各类要素资源。

（2）采取一些措施，降低中小企业创业门槛，简便创建手续纳入，提高服务效率，如美国的高新技术企业登记不要求最低注册资金，也不要求场地和专职人员等。

（3）建立和完善各种咨询和中介服务机构（如市场调查机构、技术咨询机构、科技成果交易中心、知识产权事务中心、律师事务所、会计师事务所等）、创业服务中心以及教育培训体系，在区域内通过各种中介服务、政策服务，尽可能降低企业交易成本，不断提升企业群的整体竞争力，最终增强对国内外资本的吸引力和区域竞争力。

（4）加强软环境建设，在企业文化创新、企业信用建设、公平公正公开执法等各个方面，为企业群成长提供优质服务。

（四）加入全球生产体系

全球化意味着影响工业活动的各类市场具有更加紧密的联系，如最终产品市场和原材料、中间产品、机器、金融、技术以及在许多情况下的高技能等投入品市场。这种联系带来了许多新的变化：主要是贸易、投资、许可经营、合资企业、企业联盟、营销网络以及合同分包等活动的增长[①]。因此，加入全球生产体系是企业获得竞争优势的一条捷径。因为全球价值链可以为企业和产业集群提供产品创新、工艺创新和智能创新的途径。促使产业集群向新的、更有利可图的价值链方向移动，从而可以提升区域产业整体的竞争力。[②]

格列夫（Gereffi）认为，在发展中国家，出口型产业群如果不整合到全球客户驱动的商品链中，就不可能取得成功。一方面是由于发展中国家出口加工业的快速发展以及发达国家劳动密集型产业的空间转移，增加了生产对国外市场的依赖性。另一方面是发达国家对产品质量的高要求促进了国外客商与本地生产者的技术联系，有利于推动集群创新。全球商品链对于理解和预测产业集群的发展可能十分有用。

（五）推动创新、加快高技术集群发展

要推动创新，发展我国的高技术产业集群，最关键的是：（1）发展多核式以及混合式的集群模式，鼓励中小企业的成长，同时注意塑造具有带动性的知名企业；（2）鼓励勇于创新勇于冒险的科研精神，建设积极的创新氛围；（3）加强科研机构与企业的密切合作，建设国家及区域创新体系；（4）在融资政策上，给予中小企业大力扶持。

---

① 联合国工业发展组织．工业发展报告 2002/2003：通过创新和学习参与竞争［M］．北京：中国财政经济出版社，2003．

② 聂鸣，李俊，骆静．OECD 国家产业集群政策分析和对我国的启示［J］．中国地质大学学报（社科版），2002（1）．

四、产业集群发展模式创新路径

（一）产业集群在全球价值链分工中的重新定位及内部价值链的横向与纵向延伸

1. 产业集群在全球价值链分工中的重新定位

首先，我们必须认识到，尽管经济全球化遭遇逆流，但纵观我国发展历史，开放是通往国家繁荣的必由之路。因此，我们应当更深入地融入全球化进程，嵌入全球价值链，而不是与全球价值链脱钩。具体来说，第一，应该考虑加强与其他国家尤其是"一带一路"国家的合作，建立以中国为中心的全球价值链，推动我国产业集群向全球价值链中高端迈进（马训，程俊杰，2022）。第二，应该深耕国内超大规模市场，加强不同区域不同产业集群之间的经济联系，打通经济国内循环的痛点和堵点，建立以东部沿海地区为龙头的国内价值链（刘志彪，2020）。

2. 产业集群内部价值链的横向与纵向延伸

企业价值链中的价值增值是利润和企业竞争力的来源，企业价值获取能力的高低取决于价值增值环节的多少。同样，在产业集群内部价值增值环节越多，产业集群的价值获取能力就越强。价值链的横向延伸是同一产业或不同产业的公司之间的战略合作，而纵向扩展则形成了完整的产业价值链。横向和纵向扩展可以形成产业集群价值网络，价值网络内部拥有相互交叉连接的价值流转路径，每个路径的每个节点都能给一些公司带来附加值。而价值链的横向与纵向延伸所形成的价值网络成为产业集群发展的利润源泉，不断吸引更多的公司在集群内实现更大程度的合作，从而促进集群内的协调发展（喻登科等，2012）。

（二）产业集群的虚拟化发展

虚拟产业集群是一种新的组织模式，它以组织接近代替地理接近的方式将企业与各种组织在虚拟空间中实现集中（陈剑锋和唐振鹏，2002；吴哲坤和金兆怀，2015；计春阳和晏雨晴，2018）。相比于传统产业集群，虚拟产业集群具有以下独特优势。第一，互联网技术的发展使人们有可能发展虚拟空间的产业集群，通过组织就近扩大产业集群的组织空间，并通过组织间的网络化信息平台建立集群内部企业与其他组织机构之间的关系（Chiarvesio M et al.，2004）。第二，互联网使得在地方产业集群和外部环境之间建立了新的渠道网络，从而促进其之间的互动，及时传递技术知识信息。如果产业集群过于依赖区域环境，缺乏与外部主体的互动交流，就会使得其技术发展缺乏新的信息和观念，形成负面路径依赖；而虚拟产业集群所形成的虚拟空间可以大大扩展产业集群内部与外部主体之间的交流范围，从更广泛的区域获取技术知识和创新信息，促进资源流动与配置，形成优势互补。第三，由于市场环境总是在不断变化，因此产业集群内部也总是处在一个不断变化的过程中。与有形产业集群相比，虚拟产业集群不仅包括电商平台等线上企业，也包括物流制造等线下企业，具有虚拟与现实相结合的特征，因此可以更快地响应市场需求变化，更快地传递信息以使产品的生产、运输和销售更加灵活敏捷（Picard，2008）。

（三）产业集群技术创新体系与品牌建设

产业集群技术创新体系是指包括以企业为核心的立体系统，以政府部门为主体的政策支持系统，以高校及科研机构为主体的知识储备与人才培养系统，以及中介服务和金融支持系统，各个系统之间相互联系、相互促进（段淳林，2009；Peng Wang，2020；李洁等，2022）。在该体系中，企业是主体，主要从事研究与开发新的技术，实现新技术的商业化应用，生产新产品，满足市场需求和提高竞争力，将科技与经济紧密地联系在一起。高等院校和科学研究机构是技术创新系统的重要组成部分，技术来自知识，如学院、大学和科学研究机构，是有组织的知识储备，是知识和独立创新的源泉，也是技术创新的诞生地。政府在技术创新系统中发挥重要支持作用。集群的发展往往是在政府的支持下进行的，因此集群内的企业也往往具有产业政策方面的优势，这些政策优势主要体现在政策规划、财政支持和法律保障方面。政府通过为产业集群内企业提供政府补贴、优惠税收政策、财政支持等政策，不仅为集群内企业提供有力的资金支持，同时还具有增强相关资本的积极性，为集群内企业降低了资金成本。法律保障主要是指政府通过产权保护制度、合同契约制度以及违法乱纪的惩罚制度等相关法律法规制定的制度。产业集群内部中介服务机构是连接产业集群技术创新体系中各网络结点的"桥梁"，在创新活动中起着中间结点的作用，这类中介服务机构包括技术评估机构、金融机构等。

集群品牌本质上是产业集群内部企业和相关机构通过长期过程建立的产业集群的良好声誉，这是该产业集群与其他产业集群不同的显著标识，代表着集群的竞争力（单可栋，2015）。集群品牌在产业集群的可持续发展中扮演了重要角色。首先，产业集群品牌具有晕轮效应。集群品牌的形成会使集群在市场上形成稳定的基础，使得消费者形成品牌黏性和购买惯性，成为产业集群很难模仿的核心竞争优势。其次，产业集群品牌具有品牌伞效应。与公共商品一样，产业集群品牌具有非排他性和非竞争性特点，集群内企业可以共享，并且边际成本很低。产业集群品牌使产业集群内企业的所有产品都镀上一层漂亮的光环，成为与其他品牌相区别的显著标识，产业集群也将从品牌溢价中获得额外利润，从而获得规模经济和范围经济。最后集群品牌具有磁力效应。集群品牌不仅促进主导产业的发展，而且还能带动上下游和相关的辅助服务行业，如资本、技术、人力和其他系统外的生产要素不断流动，进一步加强集群生态系统的生物多样性，从而形成更具包容性和多样性的功能结构。

在建立区域品牌的过程中，必须建立企业的主导地位，在产业集群发展中发挥主人翁精神。通过加快产品开发、现代化和加强独立创新的能力、建立品牌并塑造著名的区域品牌。与此同时，要协调公司之间的关系，促进公司之间的合作，减少不必要的竞争，促进全面的区域竞争优势。并且要加强产业集群标准化建设，通过制定和执行标准，改进活动过程和产品的使用，提高工艺质量和产品质量，促进工业集群的标准化，以促进交流与合作，消除经济和贸易壁垒；建立国家或国际公共工程中心，将设计过程、技术创新和信息流动结合起来。此外，应促进建立产业集群品牌文化。一方面要创造一个良好的文化环境来建立一个品牌，建立产业集群品牌不仅需要物质支持，更需要一个良好的产业文化氛围。另一方面要做好集群品牌文化定位的工作，品牌存在的价值是其在市场上的位置和不可替代的特性，集群品牌文化定位是将自身品牌文化植根于目标消费者的脑海中，从而在消费者的脑海中形成一个独特的集群品牌个性。

（四）推动产业集群绿色发展

产业集群绿色发展是指从产业集群发展目标、产业集群技术发展路径、产业集群内部结构等方面推动产业集群的绿色化，以促进节能减排和低碳经济发展（姜宏，2016；魏锋等，2017；杜静，2010）。

产业集群的绿色发展主要包括三个方面：第一是产业集群发展目标多元化。产业集群的发展不应只考虑经济效益，而应以经济、社会和生态效益相统一为发展目标。第二是产业集群技术创新绿色化。绿色技术创新是指遵循绿色发展理念，注重资源和能源的节约，尽可能减少环境污染和破坏，是低碳绿色技术、工艺和产品创新的总称，主要包括清洁生产技术、废物再利用技术等（陈健，安明玉，2014）。第三是产业集群结构生态化，这要求在构建产业集群时要从整体性出发，模仿自然生态系统，构建产业集群内部的生产者、消费者和分解者，促进各成员之间的人员、原料、信息、副产品等的传递和交换，将集群内部不同产业成员紧密联系在一起，从而形成相互连接的网状资源利用系统，实现集群内资源流动不断循环。

要实现产业集群的绿色发展，应注意：促进宣传和教育，树立绿色创新理念，创造绿色创新舆论环境；促进绿色技术创新，增加对高科技产业的绿色投资，鼓励通过人才引进和创新绿色技术投资基金促进绿色技术创新；促进绿色关键共性技术创新，关键共性技术创新协同研发可以降低单个企业某些技术的研发成本，提高技术创新水平，同时能有效提高整个集群的竞争力；制定相关的绿色技术标准，通过制定相关的绿色技术标准，指导集群企业的技术创新和产业发展，应鼓励科学研究机构加强对发展循环经济的政策研究，并促进绿色技术标准的规划和制定；积极组建绿色发展协调和中介组织，建立包括绿色生产中心、绿色技术孵化器、咨询等组织机构，加强产业、大学和研究机构之间的联盟，不断提高产业集群的绿色发展能力。

五、近期促进我国集群创新发展方向及政策建议

在新的时代背景下，产业集群的发展面临着四方面的挑战：新冠肺炎疫情后的逆全球化浪潮正在重塑全球价值链；新一代信息技术的发展

大大降低了地理距离的约束和信息不对称性影响，但也使传统产业集群发展模式发生了巨变；产业集群创新能力不足与品牌意识薄弱严重制约产业集群的进一步发展；绿色发展的要求迫使产业集群向绿色发展模式转变。

（一）发展方向

基于此，本文认为产业集群的下一步发展应从在全球价值链分工中的重新定位及内部价值链的横向与纵向延伸、产业集群的虚拟化发展、产业集群技术创新体系与品牌建设、推动产业集群绿色发展四个方向寻求突破。

1. 加强整体规划和顶层制度建设

我国不同行业不同地区应当根据各自的优势，结合已有发展良好的产业集群，建设具有区域特色的产业集群，而不能追求统一的模式。因此，首先应摸清不同地区的资源禀赋、区位优势，以及地区已有产业集群的发展阶段、发展模式；其次根据地区自身条件和产业集群发展现状确定不同产业集群发展方向，以及产业集群内不同产业的发展重点，从而为政府资源投入提供依据。最后加强顶层制度建设，为产业集群的进一步发展提供制度保障，不断加快碳排放权、排污权交易市场的建设。

2. 加强基础设施建设

第一，要加强一般基础设施建设。政府应积极促进产业集群的基础设施建设与地区基础设施建设计划的共享与衔接，加强在互联网、数据存储与运算等方面的基础设施建设。第二，政府应积极改善住房、商业、教育、医疗等其他公共服务设施，并为生活和工作创造良好的环境。

3. 注重产业集群品牌建设

产业集群品牌是一种典型的公共商品，其形成与发展受到政府的强烈影响，因此政府应主动推动产业集群品牌建设。产业集群品牌建设通常有两种方法：第一，如果产业集群内部已经形成了龙头企业，则应依托龙头企业的优势，围绕核心企业的品牌，进一步扩大原有品牌的影响力。第二，如果产业集群还没有形成龙头企业，依然是拥有众多相对独立的企业，则应以地域特色为核心，共同塑造区域品牌（曹洪军，王乙伊，2004）。

4. 加强中介服务组织建设

首先，要明确行业协会等中介组织和机构的市场地位，充分发挥其在市场中扮演的重要角色。其次，应积极推进建立完善的行业协会，充分发挥其制定的行业标准和规范，引导行业有序健康发展等方面的重要作用。最后，应加强与行业协会的沟通交流，在制定与行业发展密切相关政策时应积极与行业协会进行沟通，推动国家政策和工作部署落地生根。

（二）政策建议

在发展我国产业集群的过程中，政府的产业政策应以市场为导向，根据地区产业特点和区位条件，突出创新优势在中小企业集群区内的推动作用，积极引导、规范竞争、促进合作。

1. 重视社会网络建设，营造良好的发展环境

以知识经济和加入世界贸易组织为契机，结合我国产业集群的发展，制定相关的对策，加强产业集群内外的联系，促使集群所在的社会网络的形成，为产业集群营造良好的环境。产业集群创新能力取决于知识技能的存量，在知识经济时代更取决于知识技能在产业集群内的扩散与学习效应，而后者依赖于产业集群内各主体间联系与相互作用的程度。为提高产业集群的创新能力，需要加强创新主体之间、创新主体与相关支撑机构的联系，构成密切联系且互动的知识流动网络。辅以财税、金融等相应的政策措施，加强创新支撑机构的建设，使中介组织、科技创业服务中心、技术转移机构、人才交流机构等的行为更加规范，效率得到充分发挥，促进科技成果转化、人才交流、技术转移，培育高新技术和成果，实现企业间技术联盟和知识网络的相互作用并推动创新。此外，政府要制定促进风险投资发展的政策，为创新提供有效的金融支持，通过政府的直接投资、项目和社会投入建成可以支撑不断创新的基础设施，包括图书馆、计算机网络基础、资料采集处理中心以及教育培训机构。

2. 以创新为载体促进集群内企业合作

制定相关政策，推动企业创新，加强群内外企业之间的联系。比如，对于高风险项目，单个企业难以承担投资和风险，政府可通过项目、财税、融资等手段促使企业自发变成有行业组织牵头，以共同开发、共建研发机构，共同支持项目研发，形成产业集群等形式，从互补的人力与技术资源中获得协同作用，促进企业之间的知识扩散和集聚，从而推进创新。

3. 完善信用体系、加强法制建设

一方面，既要建立信任保障机制，树立以信为本的商业道德规范，又要建立市场监督评价体系，通过行业组织，规范产品质量标准，建立质量监督体系，加强行业自律，形成自我监督、公平、有序竞争的新秩序，坚决维护地区产业信誉；另一方面，要给当地政府适当的立法自主权，使其能因地制宜地建立地方产业群保护法规，同时加强执法力度，切实保护产业群的合法权益，进一步加强对研究机构、大学的知识产权管理。

4. 建立适应集群发展的投融资体系

制定相应的投资政策，广拓融资渠道，保证产业集群创新所需资金，促进产业群资本集聚。政府应采取措施放开行业投资准入政策，通过组建股份制商业银行，推行企业财产抵押贷款，组建企业跟踪监督机构、建立专门的信用担保机制和企业债权维护机制等措施，构筑群内企业发展需要的地方融资体系。采取相应的鼓励政策，创立集群产业发展基金，拓宽融资渠道，建立"政府宏观指导、企业自主投资、银行独立审贷"的新型投融资体制，促进民间投资注入产业集群。

5. 营造良好的竞合环境，实现政策创新

在产业集群的创新体系建设过程中，大胆引入相关企业，对群内优势产业或潜力产业采取适度保护的同时，促进企业在竞争中快速发展。同时，同一个产业内聚集多家企业必然会形成企业间的竞争关系，应制定相关的政策措施，提倡在竞争的过程中进行相互间的合作，主要包括成立行业协会、专家委员会等，加强信息交流、开展合作研究开发、发展专业性基础设施，营造良好的群内外竞争合作的环境。

促进产业集群创新体系的发展意味着通过激励产业集群创新主体之间的合作与竞争，以创新机制来运行创新活动，最终实现创新的效果。产业集群创新体系作为一个整体，要实现创新效果、提高创新优势的持续发展，有关产业集群创新的政策是非常必须的，这是保证产业集群可持续发展和群内企业可持续发展的基础。

6. 重视人力资源开发与合理配置

为促进我国集群创新发展，要完善产业集群创新的人才政策，建立人才引进和培育机制,提高产业集群整体人员素质。这不仅要建立地方人才市场,吸引区外、群外优秀的专业人才加盟,更要注重培育集群内部的人才市场,构建集群内部完整的人才市场体系,通过对各类人才的专业化教育和培训,提高全体员工的专业知识与技能;另外,制定具体政策时要注重培养集群内部所有员工现代管理理念和勇于创新、团结协作的精神,创造一个激励、创新、宽容的文化氛围,激发员工的积极性和创造力,促进集群新陈代谢,保持集群的持续竞争优势。

第 三 章

产业集群与区域经济互动关系研究

第一节　产业集群与区域竞争力互动关系的理论研究

1980 年世界经济论坛上，会员对企业国际竞争力这一概念有极大的兴趣，此后又将其作为一个重要课题展开了研究。自国际竞争力提出后，国际竞争力理论与应用研究的发展较快，系统而完整地将竞争作为专门研究的是美国哈佛商学院教授迈克尔·波特，他创造性地提出了一系列竞争分析的综合方法和技巧，为以国家为单元的区域竞争力理论建设奠定了基石。1995 年，中国正式参加世界国际竞争力评价体系，发表《中国国际竞争力研究报告》，我国较早对区域竞争力理论进行系统研究的是王秉安教授，他用微观经济学的原理进行宏观经济的研究，完善了区域竞争力的概念，从国家竞争力理论和应用拓展到不同级别的区域竞争力理论和应用研究。此后张辉、赵修卫、王缉慈、陈秋月、和郑杰等学者从不同的角度对区域竞争力进行了研究。关于区域竞争力的理论现在主要集中在对区域竞争力的概念的界定及其含义上。

一、区域竞争力的概念

WEF 和 IMD 的定义：1986 年世界经济论坛（World Economic Forum，WEF）给竞争力下过这样的定义：国际竞争力是企业目前和未来在各自的环境中以比它们国内或国外的竞争者更具吸引力的价格和质量来进行设计、生产并销售货物以及提供服务的机会和能力①。经济合作与发展组织（Organisation for Economic Co - operation and Development, OECD）也有一个类似的定义：一个国家在自由公平的市场条件下提供经得起国际市场竞争的产品和服务，同时又能够长期维持和增加本国人民的实际收入②。美国《关于产业竞争力的总统委员会报告》也认为，国际竞争力是在自由良好的市场条件下，能够在国际市场上提供好的产品，好的服务，同时又能够提高本国人民生活的能力。这一类型的定义属于狭义的区域竞争力，把竞争的注意力集中到产品或服务市场的竞争上，忽略了区域之间对各种各样战略性资源的竞争。

1994 年洛桑国际管理学院（International Institute for Management Develoment, IMD）和 WEF 合作研究发表的《全球竞争力报告》（The Global Competitiveness Report）中关于区域竞争力的定义，即"国际竞争力是指一个国家或一个公司在世界市场上均衡地生产出比其竞争力对手更多财富的能力"。此类定义突出了区域经济的产出层面，其最大优势是用经济地产出来直接衡量区域竞争力的强弱。

二、国内学者对区域竞争力的界定

国际竞争力在国际上刚刚兴起，我国政府就密切关注其动态，中华人民共和国国家经济体制改革委员会体制改革学院 20 世纪 80 年代末就开始追踪国际上出现的这一新动态，并于 1994 年参加世界转型国家的国际竞争力评价，1995 年正式参加全球 44 个国家和地区国际竞争力的比较，1997 年发表了《中国国际竞争力报告 1996》，还举行了京九沿线综合竞争力研究，中国香港竞争力的比较与分析，中国台湾国际化竞争力之分析。中国人民大学还组织编著了我国八大竞争力研究丛书，福建政府发展研究中心开展福建竞争力研究，江西省政府已制定了江西竞争力战略作为该省跨世纪发展战略研究的内容之一。区域竞争力研究引起了我国理论界和政府的高度重视。国内关于区域竞争力的界定归纳如下：

（1）财富创造理论。研究者将区域竞争力定义为区域创造财富的

---

① 张辉. 区域竞争力的有关理论探讨 [J]. 中国软科学, 2001 (8).

② OECD. Technology and the Economy: The Key Relationships. 1992.

能力，他们认为，"竞争力是一个城市在国内外市场上与其他城市相比，所具有的自身创造财富和推动地区、国家或世界创造更多社会财富的现实的和潜在的能力"[①]；王国贞等认为区域竞争力指一个区域"在一定的社会经济制度和人文自然条件下，创造出比其他地区更多的有效财富增加值的能力"[②]，曹远征指出一个国家在世界市场的环境和条件下，与世界整体各国的竞争比较，所能创造增加值和发展的系统能力水平[③]。

（2）资源配置理论。研究者将区域竞争力定义为区域的配置资源能力。朱铁臻认为城市竞争力是"一种比较优势，也可以说是城市的凝聚力和吸引力"[④]，它"不完全取决于城市的大小，有多少资金，有多少建筑、土地资源，重要的是城市能否具备把关键土地等主要资源集中到管家环节、关键领域中去的能力"[⑤]；汪明锋认为区域竞争力是一个城市对外来资源（包括人口、资源、技术和资金）的吸引力的大小，"区域竞争力就是一个区域争夺大区域市场和资源的能力，或者可以说，区域竞争力是一个区域在其所属的大区域中的资源优化配置能力等。"[⑥]

这一类定义突出投入与产出层面，力求将概念立足于经济学的基本原理，经济的本质是资源的优化配置，但如何通过选择衡量资源的优化配置的指标来分析区域竞争力的强弱，是相对较难的事情。

（3）产品提供理论。研究者将区域竞争力定义为区域向大区域提供产品与服务的能力，他们认为，城市竞争力"是一个城市生产适应大区域、国内、国际市场需求的产品和服务，同时增加实际收入、改善居民生活质量和促进社会可持续发展的能力"[⑦]，是一个城市在一定区域范围内集聚生产要素，提供产品和服务的能力。类似的定义还有，"经

---

① 郝寿义，倪鹏飞 . 中国城市竞争力研究——以若干城市为例［J］. 经济科学，1998（3）.

② 王国贞等 . 河北省地区竞争力评价与分析［J］. 经济师，2002（2）.

③ 曹远征 . 中国国际竞争力研究报告（1996）［M］. 北京：中国人民大学出版社，1997.

④ 朱铁臻 . 经济全球化与提高城市竞争力［J］. 现代经济探讨，2001（4）.

⑤ 王国贞等 . 河北省地区竞争力评价与分析［J］. 经济师，2002（2）.

⑥ 王秉安 . 区域竞争力研究述评［J］. 福建行政学院副将管理干部学院学报，2003（4）.

⑦ 姚士谋等 . 城市环问题的深度认识——关于提升南京城市竞争力［J］. 南京社会科学，2001（增刊）.

济竞争力的实质就是比较生产力的竞争，主要强调一国特定产业通过在国际市场上销售其产品而反映出来的生产力"①。

这类定义最直接，由于不同区域提供相同产品给统一市场，于是就会出现竞争，因而必然产生竞争力的问题，

（4）经济实力理论。研究者用区域经济实力来定义区域竞争力，他们认为，区域竞争力是指一个地区与国内其他地区在竞争某些相同资源时所表现出来的综合经济实力的强弱程度；城市竞争力是一个城市在国内外其他城市竞争中所表现出来的综合实力，往往可以用"城市竞争力"来描述和概括。

三、区域竞争力的影响因素

区域竞争力是区域多种能力合成的结果，概括来讲影响区域竞争力因素有以下几点：

（1）产业结构状况。产业结构是一种国民经济运行层面的经济结构，表现为各种产业之间及其各产业内部的逻辑联系，是一个区域经济发展水平和素质的重要体现。各区域经济发展速度和规模、经济竞争实力和国民收入水平等差异，其根本原因就在于产业结构的不同。地区产业的发展及规模要受到其他产业的影响，又影响着其他产业的发展，如果地区各产业各生产部门在生产上相互衔接，紧密配合，并形成合理的比例，则地区资源在各部门之间将得到合理的配置，相应的为地区创造的财富就会越多，地区的经济实力就会越强，竞争力也会越强，但是，地区的自然、社会、政治、经济、技术和对外关系形成地区特定的供给结构，地区产业结构和产业组织与其相适应，则地区要素比较优势得以发挥，实现生产成本低廉，实现产品价格上升，地区产业竞争力得以提升，同时，地区的产业结构质量又适应了市场需求的变化，才能使产品的价值得以实现，产业结构的应变能力才能提高，才能向地区所需的方向调整，才能增加地区产业的吸引力，资源配置的能力越强，区域竞争力也会越强。区域经济的盛衰主要取决于该区域产业结构的优劣。

---

① 陈德宁. 区域竞争力理论的提出与发展 [J]. 广州大学学报，2003，2（12）.

产业结构对区域竞争力的作用机制可以用资源配置理论来解释。根据资源配置原理，单位资源的产出量，在各个部门有很大差别。第一，科学技术及其应用在各部门是不尽相同的。技术进步最快的部门，其劳动生产率就高于其他部门，物质消耗就会低于其他部门，因此单位成本低，单位资源的投入 – 产出率高；第二，社会需求结构的变化会引起一些部门的产品价格提高，另一些部门产品价格降低，因此会带来单位资源的产出效应的差别。正由于不同部门和行业单位资源的产出效益不同，资源配置的不同方式和结构，在资源总量相同的情况下会产生不同的总体效应，即在投入资源相同的情况下，由于产业结构不同，经济增长总量也不同。如果充分满足产出效益高的部门对资源的需求，将产出效益低的部门中滞留的过剩的资源转移出去，经济增长总量就会扩大。反之，如果单位资源产出效益低的部门中占用资源过多，而产出效益高的部门得不到充分的资源供应，经济增长就达不到应有的速度。科学技术是不断进步的，需求结构也随着经济增长的过程在不断地发生着变化，因此，各部门、行业之间的单位资源产出效益的对比是经常变换的，为了保证资源得到有效利用，获得最大的经济增长就要不断地调整资源配置的方式与结构，转换产业结构。

（2）企业。企业是区域竞争力的承担主体，区域之间的竞争归根结底是不同区域内的企业之间的竞争。企业的研究开发和创新能力、人力资本开发和吸引能力以及企业文化塑造能力，决定了区域内技术和人力资本积累水平，影响着整个区域形象，而技术和人力资本的性质又决定了产业结构的性质。提高区域竞争力关键是如何提高区域内企业竞争力和区域产业结构竞争力。

（3）对外开放程度。地区开放程度决定生产要素合理流动和合理配置的程度。地区开放程度高，生产要素流动性，企业能够有效引进、输出、迅速合理地配置生产要素，有效降低生产成本和交易成本，提高产品竞争力。对外开放加强了地区与地区之间、国际之间的联系，通过吸收和引进知识、技术、技能、制度、文化及管理，企业可以进行创新，增强竞争力。开放可以创造资源、培养新优势，扩大原有产业规模，提升产业层次，还可以发展高新技术的创新产业，实现产业的高级化度，促进资源的合理配置。

作为一个由众多区域构成的大国，中国经济的对外开放是在两个层次上同时推进的：一个是全国层次，另一个是地区层次，这两个层次开放所涉及的内容，显然不完全相同。作为整体的中国经济，对外开放仅仅涉及国际层面，属于单纯的经济国际化，但在各个区域经济层次上，对外开放则属于某种二重的进程：一重涉及国际层面，属于区域经济的国际化，另一重涉及区际层面，属于区域经济的区际化。在区域经济二重开放进程中，最终将殊途同归，达到国际、区际并重的开放格局。

（4）经济综合实力。经济综合实力不仅反映一个地区过去经济发展的成果，也反映了一个地区经济发展现状和未来潜力的重要内容。它不仅是产业、企业、对外开放多年的沉淀结果，也是地区产业、企业、对外开放程度的新起点。经济综合实力越强，说明地区产业结构越合理，产业结构的应变能力也越强，企业创新能力也越强，对未开放的层次也越高，从而地区的竞争实力就越强。区域综合经济实力是从规模、总量上衡量区域在经济、文化、科技等领域的总体和综合力量，而区域竞争力是从质量效率上衡量的竞争能力，不仅着眼于区域现实，更强调区域的发展潜力和增长后劲，两者是不同的概念。

（5）基础设施。基础设施是地区经济、社会经济的基本承载，是地区可利用的各种实际质量，包括交通、通信和能源等方面。地区基础设施的容量和负荷能力强弱决定该地区的产业规模，基础设施的类型和结构也决定着地区具体的产业结构。基础设施质量好，匹配合理，就能够节约生产、运输、交易费用，降低产品的相对单位成本，从而提高地区产品的竞争力，扩大产业和企业规模。基础设施为地区开放提供了载体和条件，先进的基础设施，使地区与区域外的交流、交往更快速便捷，从而为全方位开放和交流创造了条件。先进的基础设施，能够吸引域外的居民，使高质量的人才向该地区集中，能够创造出巨大的物质财富，增强地区的竞争实力。

总体来讲，基础设施对区域经济增长的促进效应可从两方面看：从短期看，区域基础设施的效应在于提高生产率、促进区域竞争力的提高，促进区域经济的增长；从长期看，区域基础设施的发展将增强区域的吸引力和比较优势，吸引更多的劳动力和企业流入城市，扩大区域经济规模，促进区域产业的置换和结构调整，从而实现区域经济的增长。区域基础设施存量与区域竞争力高低正相关，在一定区间内，随着基础设施的增长，区域竞争将不断提高或加速提高。①

（6）科学技术。一个地区的科学，技术和知识资源影响地区的产业结构，地区科技水平和科技综合实力是产业整体素质的技术基础，一个地区没有足够的科技力，特别是没有足够的科技成果转化能力，地区的产业结构整体技术水平不会高，提高得也不够快。科学技术和知识发达的地区，能够吸引域外的资本、人才等生产要素的流入，形成地区内产业、企业发展的强大动力，增强竞争能力，科技要素的流动必将带动其他要素的流动，科学技术的交流与合作有利于推动政治、经济、文化的交流与合作，有利于地区的全面开放。科技力为地区建立先进的基础设施提供了一定的技术支持，现代化的交通、通信技术在基础设施建设上应用，够使地区技术设施的建设、管理、保护、使用的效率得以提高。

（7）劳动力。劳动力的构成，特别是劳动力知识技术的构成影响地区的产业结构，高素质专业化人才集聚的地方，具备了产业专业化和产业高级化的条件，可以成为高新技术创新产业的集聚区。劳动力素质高和资源丰富的地区，有利于吸引外部的投资，资金、技术、管理及知识大量流入该区域，不仅促进了地区经济的发展，而且带动了地区全方位的对外开放。

（8）政府作用。在市场经济条件下，政府作为宏观经济调控者，通过财政收支、经济政策等对区域经济产生重要作用。

地区综合经济实力、产业结构、企业、开放程度、科技水平、基础设施、人力资源和政府作用构成了区域竞争力的八大影响因素。根据它们对区域竞争力作用的形式和性质，可分为直接影响因素和间接影响因素。其中企业、产业结构、对外开放是直接影响因素，地区综合经济实力、科技水平、基础设施、人力资源状况和政府作用则是间接影响因素，它们通过作用于三个直接因素对区域竞争力产生影响。为了对不同区域竞争力的各个方面进行比较，通常把区域竞争力分解为综合经济实力竞争力、产业竞争力、企业竞争力、开放竞争力、科技竞争力、基础设施竞争力、人力资源竞争力和政府竞争力。同样，产业竞争力、企业竞争力和开放竞争力属于直接竞争力因素，其他属于间接竞争力因素。

---

① 郝寿义，安虎森. 区域经济学［M］. 北京：经济科学出版社，1999.

四、产业集群相关因素分析

德林格和特克拉（Doeringer & Terkla）认为，"积极、正面的外部效应的出现可以解释集群化的过程，与此同时，每个集群具体的地理位置在很大程度上是由历史的偶然事件或者是吸引企业加入集群的一些稳定的、不可改变的要素产生的成本优势所决定的"[①]。从产业集群形成和发展的过程来考察与其相关的因素，可以发现促使产业集群形成的重要因素主要有：环境优势的吸引、降低生产成本的内在推动、专业化的劳动力市场、技术与知识的转移、供应市场与销售市场的外在拉动。

（一）环境优势的吸引

环境优势主要包括地理资源、产业环境、地方政府的导向以及服务和科研环境。

（1）地理资源。早先，最初级的产业集群的形成主要是地理因素的吸引，先天的地理优势构成了产业形成的基础，如山西的矿业、沿海一线的海洋渔业、东北的石油工业区等。尤其是在工业经济时代，生产需要消耗大量原材料，产出品往往体积大、重量大，价值相对较低，运输费用在整个生产成本中占据着相当重要的位置，因而构成产业区位选择的决定性因素。

（2）地方政府的导向。政府是社会公共权力的拥有者和主要执行者，具有推动区域经济发展的责任和权力，而推动经济发展的过程中所需的各种资源是有限的，所以政府必须将这些资源以最有效的方式予以分配，同时尽可能满足已存在和不断成长的产业的需要。一般说来，政府可以在以下方面给予支持：一是提供公共物品，包括基础设施、信息等，充分了解当地企业对资源、基础设施的需要，帮助企业了解市场的需求和变化，提供政策、法律等方面的指导。二是与地方行业协会、企业家联合会等组织合作，引导企业合理发展。三是按照区域经济一体化的发展思路，打破条块、区域分割，统筹功能布局，共建各种网络平台，做到公共设施的尽可能共建共享，真正以市场规律配置

[①] Doeringer, P. B, and D. G. Terkla. Business strategy and cross – industry clusters. Economic Development.

各类要素资源。四是重视软环境建设，在企业文化创新、企业信用建设、公平公正公开执法等各个方面，为企业集群成长提供优质服务。五是在区域内通过各种中介服务、政策服务，尽可能降低企业交易成本，不断提升企业群的整体竞争力，最终以增强对国内外资本的吸纳力和区域竞争力。

（3）服务和科研环境。某个集群区域内，除了生产企业集聚外，也汇聚了大量的服务企业以及提供研究和技术性支持的机构，如学校、管理咨询机构、技术开发机构、行业协会等。这些机构的存在加强了技术的研发、交流和扩散能力，促进了区域内企业的技术进步。

应该指出的是，随着科技的发展，环境资源的优势已变得次要了，地理资源的优势和产业环境都可以通过科技的手段改进，而政策导向和科研机构的支持属于人文环境，更是可以通过努力而创造。区域内主体间的相互依赖超越了地方自然资源禀赋，成为决定区域产业活力的关键。个别快速成长的区域其环境资源的优势作为最早期影响产业集群产生的因素之一，已经逐步退居次要位置，但是环境资源对于产业集群的影响仍然是存在的且不可忽视的。

（二）降低生产成本的内在推动

首先，企业在地理上的集中可以降低运输成本，从而降低生产的总成本和单位产品投入。其次，同一产业集群中的企业有条件使用公共设施，从而可以减少分散布局所需要的额外投资。再次，企业由于同处一行业内，通过合资、合作和建立联盟等方式进行生产运营活动，形成整体优势，在购买原材料和共建销售网络时可以大幅度降低进货成本和网络构建费用。最后，集群内部聚集的大量专业化企业可以使区域实现规模生产[1]，提高生产效率，同时还创造出一个更大的市场需求空间。

（三）专业化的劳动力市场

企业及集群的能力体现于就业者的能力，即研发、技术、营销、管理、战略等能力。韦伯把一个充分发展的、新颖的、综合的劳动力组织

---

[1]　魏守华，赵雅沁. 企业集群的竞争优势探究［J］. 财经问题研究，2002（5）.

看作是一定意义上的设备，其"专业化"促进了产业集群化。首先，专业化的劳动力市场，可以广泛吸引优秀的专业人才，为企业提供优良的人力资源贮备。其次，实行专业化分工与合作可以促使企业间加强广泛、密切的技术、商贸联系，建立起专业化分工且互相促进的产业网络体系，提高企业之间、企业和相关支撑机构之间的合作效率，推动整个区域经济持续发展。最后，新的生产技能和管理经验通过人员的流动可以扩散到集群内其他相关行为的主体中去。

反过来，产业集群又推进了劳动力市场的有效供给。集群的区域性易形成供给充足的劳动力市场，单个企业在雇用管理和技术人员时，可以根据生产经营的需要，及时调整员工的数量，减少工资开支和劳动保障方面的费用。劳动力在集群内的企业间自由流动，不断进行信息、思想的扩散和传播，加强自身的学习和素质的提高。所以，集群内劳动力工资和培训成本降低，在数量和质量上真正实现了有效供给。

（四）技术与知识的转移

技术和知识在企业发展的过程中起着非常重要的带动作用，是形成企业竞争优势的重要因素。而对于集群中的企业来说，技术与知识的自由流动更是加速了其发展。集群企业之间，通过取长补短，能迅速聚合新的资源，更快、更经济地发展新资源。所以说集群是一种能够有效实现群内企业扬长避短的途径。它能促进企业之间的技术转移，提供学习机会。首先，产业集群内部可以广泛积累市场、技术和竞争的信息，而集群内的企业可以优先获取这些信息。企业间通过生产交易关系建立起来的相互信任和企业成员在社会中建立起的个人关系又加速促进信息的传播，使集群内的企业获益。其次，同行业众多相关企业聚集在一起，使现场参观和面对面的交流变得更加容易和频繁，使工艺技术改进和产品创新的信息迅速传播，从而出现一种企业之间相互模仿、互相竞争的局面[①]。这种局面可以有力地推动整个产业的生产管理、技术装备以及产品质量的不断改善升级，同时也为创新提供了可见度更高的机会，有利于形成新的商机。同时，个体可以在面对面的接触中，通过在组织中边干边学获取到隐性知识，加之频繁流动，使得知识

①　方民生. 波特的"簇群理论"与浙江产业组织 [J]. 浙江经济，2001 (7).

在集群内得到有效传播，形成知识溢出效应。再次，部件生产和培训等服务方面的外部专家，与企业内设单位相比，通常更有成本效益和责任心，从而带动且内部的改进。最后，以技术和知识为根本，发展区域经济的关键，是使经济行为主体在其环境中和其他行为主体建立联系，促进信息和知识的流动以及新思想的创造①。在应对技术变化以及商业环境变化的交流所建立的关系，是其他地方不能模仿的关键资源。处于一个地方的企业可以相互学习和相互作用。直接和频繁的沟通有利于形成互利的思维方式和交易规则，增加彼此信任和默契。这种信任使得集群内的企业能够分享创新所带来的未来收益，而不仅仅简单地要求当期回报。

（五）供应市场与销售市场的外在拉动

企业集中布局，可以提高在投入品供应市场及产品销售市场上的交易效率，节省获取市场信息所需的费用。杨小凯认为：所有交易集中在一个地方可以改进交易效率②。在从供应市场获得原材料的过程中，企业的通常做法是要求尽可能低的价格和较高的质量以及更好的服务，而供应方则希望在一定的质量和服务的基础上要求尽可能高的价格。双方的较量跟市场行情密切相关，若供应商很多，供过于求，则买方处于有利地位，反之亦反。还有很重要的一点是，买方的采购行为在生产经营活动中是否关键。集群企业若是集中起来进行大批量购买，能够有效提高对供应商的议价能力。集群内的主导产业一般具有较高的市场占有率，可以实现大批量购买，特别在原材料的选择和要求方面，可以对质量标准、规格、型号等作具体的要求。同时集群内的配套供应商，对集群外的供应商构成替代威胁。由于企业间邻近，易建立信誉机制，从而可以大大减少机会主义行为的产生。

在销售市场方面，集群内相关互补的企业共同构建销售网络，可以大幅度地节省销售费用，有效地增强广告宣传力度。其一，集群企业的联合，能够在价格、质量、交货期限、付款方式等方面施加相当的影响。产业集群可以最大限度地提高批量购买和出售的规模，得到成本更为低廉的信用。其二，分工与市场规模之间存在相互促进的关系，市场

---

① 王缉慈等.创新的空间：企业集群与区域发展 [M].北京：北京大学出版社，2001.
② 杨小凯.经济学原理 [M].北京：中国社会科学出版社，1998.

规模越大，对分工的要求就越高，就会有厂商在产业链条的某一环节上运用专门技术，使用专用生产工具来实现规模化专业生产以降低成本；而分工越细，越是增加市场对这一生产环节的需求量，促使市场规模成长扩大。其三，企业通过集聚，利用群体效应，有利于建立更具有广泛、持久品牌效应的区域性品牌，有利于企业拓展国际市场，参与国际竞争。

五、产业集群与区域竞争力互动关系的理论研究

（一）产业集群与区域竞争力关系研究的现状

产业集群的竞争优势越来越为人们所重视，许多学者提出发展产业集群以促进经济的发展。魏后凯认为产业集群通过多种途径如降低成本、刺激创新、提高效率、加剧竞争等提升整个区域的竞争能力[①]；魏守华、王缉慈、赵雅沁则认为产业集群是一种新型的区域经济发展理论，将产业集群与以往的区域经济发展理论进行对比，认为产业集群在规模经济、社会分工和创新三个方面更有利于区域经济的发展；[②] 吴向鹏从区域创新网络的角度出发，分析了产业集群作为区域创新网络运作的机理，认为产业集群可以促进区域经济发展；[③] 广西大学商学院陆岸萍认为产业集群可以提高企业生产效率和资源的配置效率、降低生产成本、获得规模经济、增强创新能力，从而可以提升地区产业乃至整个区域的竞争力[④]；南京师范大学公共管理学院钱东平提出借鉴加州集群产业发展经验，提升江苏"县域经济""块状经济"发展层次，加快形成江苏产业集群优势，对提升江苏区域经济竞争力，具有极为重要的意义，还提出强化政府部门的公共行政服务、调整吸引外资政策、发展中介服务组织等建议[⑤]；郑杰，傅京燕以中小企业集群较为发达的挪威作

① 魏后凯．对产业集群与竞争力的考察［J］．经济与管理，2000（4）．

② 魏守华，王缉慈，赵雅沁．产业集群：新型区域经济发展理论［J］．经济经纬，2002（2）．

③ 吴向鹏．产业集群与区域经济发展：区域创新网络的视角［J］．重庆工商大学学报，2003（2）．

④ 陆岸萍．产业集群与区域经济［J］．广西经济管理干部学院学报，2003（10）．

⑤ 钱东平．产业集群与江苏区域经济竞争力［J］．现代经济探讨，2004（6）．

为例证对企业集群竞争力进行了定量分析，得出结论认为企业集群确实可以提高中小企业的竞争力①。产业集群与区域竞争力的关系研究也成为中国工业经济研究所关注的课题，由魏后凯主持的 2003 年国家社科基金项目《中国产业集群与区域竞争力提升战略研究》和由工业布局与区域经济研究室陈耀主持的 2003 年院重大 B 类项目《产业集群与区域竞争力研究》，对两者关系的研究正在进行中。

从目前所检索到的文献来看，对于产业集群和区域竞争力的关系研究仍停留在初级阶段，多数研究都是对产业集群和区域经济的关系做了泛泛的研究，因为区域竞争力是一个内涵丰富的概念，现有的研究几乎没有对产业集群和区域竞争力之间的内在联系进行系统的分析，而定量的研究则更少见。

（二）产业集群对提高区域竞争力的作用

1. 产业集群可促进区域科技竞争力

产业集群内部存在着有利于创新的机制和浓厚的创新氛围，从而在集群内部有利于新的技术、知识、组织形式和管理方式的创新。第一，企业之间的微观竞争压力和动力能够促进创新。集群中同类企业同居一地，同行业相互比较，有了价格、质量和产品差异化程度评价标尺，为了满足集群内有经验的"挑剔"顾客们的要求，企业要承受竞争压力，激励和压力并存，只有不断创新才能脱颖而出。第二，区域环境促进创新系统的形成。集群内垂直联系的企业、水平竞争的企业、中介机构、教育与研究部门、有经验的顾客在地理上的集中，为企业提供了实现创新的重要来源以及所需的物质基础。由于沟通的便捷性，使学习途径更加方便。第三，对主导产业技术路径的把握和对相关产业联动发展的先觉，使集群处于创新的中心区。产业或技术发展一般具有生命周期规律，如处于成长期的产业或技术，由于已经克服了重大的突破性创新，渐进性创新容易预测或把握，或者针对重大的需求变化，可以预见市场未来的重大机会，了解产品的发展方向或潜在的市场空间。发展具有一种路径依赖，集群内企业往往"一招领先，处处领先"，从而领导一系列渐进性技术创新。第四，集群内的生产服务

---

① 郑杰，傅京燕. 企业集群与区域竞争力 [J]. 生产力研究，2002 (4).

业更加完备、本地供应商和合作伙伴可以紧密地参与创新过程，与客户的需求一致，适应创新模式由线性模式向网络化创新模式转变，多方合作参与创新，降低了创新的风险，提高了创新的成功率。第五，产业集群有利于知识传播与扩散。技术空间扩散模式中最基本的就是近邻扩散：由中心向四周扩散，随距离衰减。集群内由于空间接近性和共同的产业文化背景，不仅可以加强显性知识的传播与扩散，而且更重要的是可以加强隐性知识的传播与扩散，并通过隐性知识的快速流动进一步促进显性知识的流动与扩散。集群内的企业可以免费获得有关上游供应商、同行竞争对手、下游客户的相关信息，可以更好地洞察市场需求、产业发展趋势、新兴市场开辟状况以及技术演变和革新的信息等。

产业集群通过其内部的创新机制成为区域技术创新的主体。从我国的实践情况来看，在产业集聚现象明显，产业集群发展成熟的区域，技术创新的资金投入、人员投入以及科研成果、申请专利的数量都明显高于其他地区。以我国八大区域科研经费投入为例，在产业集群集聚明显的地区无论是企业、政府还是研究机构，其技术创新的资金投入、人员投入都明显地高于其他地区，如表3－1、表3－2、表3－3所示。北部沿海地区是我国各区域中科技投入最多的地区，其中仅北京市就占到50%以上，其次是山东省占到30%左右。北京是我国高新技术产业最为集中的地区，其研发经费的投入一直占全国总投入的1/6以上，山东半岛尤其是沿海城市则在努力打造我国北方制造业基地，其中青岛已成为我国家电制造业最集中的地区之一，临港产业集群、机械产业集群、国际贸易仓储物流加工产业集群、新材料产业集群、高新技术产业集群、石化产业集群"六大产业集群"正在培育和建设之中；东部沿海地区科技投入居第二位，以上海为龙头，江苏、浙江两省科技投入居全国前列，这里恰恰是我国产业集群最密集的地区，特别是长江三角洲、环太湖区、浙江杭嘉湖地区、宁波温州等，在浙江，许多传统产业集群在发展过程中催生出众多的高科技企业，成为技术创新的主力军；南部沿海地区虽然居第三位，但是其投入总值与北部沿海和东部沿海相差很大，原因在于其内部结构的不平衡，该区域中广东省是科技投入的最大户，居全国前列，而其他三省远远落后。广东昆山、东莞的IT业，潮州的婚纱及晚礼服，中山沙溪的休闲服，盐步的内衣，西樵的面料及装饰布等行业在全国乃至世界都有着重要影响；长江中游地区、黄河中游地区、东北地区三个区域科技投入总额相差不多，但是东北地区三年来位次逐年上升，由 2001 年的第六位变为第四位，这与国家开发大西北的政策是分不开的。西南地区和西北地区投入则最少。这些区域是我国工业较为落后的地区，产业集群现象少之又少。

表 3－1 　　　　　2001 年我国各区域科技经费支出情况 　　　单位：亿元

区域	科技活动经费	R&D 经费支出	财政科技拨款
北部沿海地区	642.1	283.1	62.7
东部沿海地区	577.7	221.8	46.1
南部沿海地区	331.2	168.8	54.5
长江中游地区	217.3	89.7	23
东北地区	182.1	90.5	32.4
黄河中游地区	197.1	94.7	19
西南地区	179.8	83.5	23.9
西北地区	46.5	14.5	7.5

表 3－2 　　　　　2002 年我国各区域科技经费支出情况 　　　单位：亿元

区域	科技活动经费	R&D 经费支出	财政科技拨款
北部沿海地区	716.2	372.5	56.6
东部沿海地区	661.2	281.9	59
南部沿海地区	268.2	191	73.3
长江中游地区	251.7	111.5	25.7
东北地区	252	122.3	35
黄河中游地区	216.8	119.2	21.3
西南地区	208	90.4	25.4
西北地区	52.3	19.1	9.5

表 3 – 3　　　　　　2003 年我国各区域科技经费支出情况　　　　单位：亿元

区域	科技活动经费	R&D 经费支出	财政科技拨款
北部沿海地区	823.1	438.5	66.3
东部沿海地区	735.8	354.6	68.4
南部沿海地区	350.9	239.7	76.7
东北地区	320.2	143.5	35.8
长江中游地区	300.4	134.3	25.7
黄河中游地区	298.5	124.4	23.6
西南地区	269.7	115.7	27.3
西北地区	67.5	23.7	9.8

资料来源：中国区域竞争力发展报告（1985~2004），数据经处理。

所以说，产业集群作为一个整体通过其内部天然的创新机制和浓厚的创新氛围，往往成为所在区域的技术创新主体，极大地促进了区域科技竞争力水平。

2. 产业集群可提升区域开放竞争力

（1）产业集群促进吸引外资，开拓国际市场，带动对外开放。

经济界一般用对外开放度来表示对外开放的程度。一国或地区经济的对外开放度取决于该国或地区一定时期的对外贸易比率、对外金融比率与对外投资比率[1]。从我国目前的实际出发，由于我国在金融领域尚未完全对外开放，我国在外国的直接投资尽管已有所发展，但所占比例不大，因此，可将我国的对外开放度简化为用外贸依存度和外资依存度来表示。

外资流入推动了中国的对外贸易，目前外资企业已经成为中国对外贸易的重要主体。外资企业尤其是跨国中小资本投资，利用我国低廉的劳动力优势，发展劳动密集型产业，以我国为生产基地，向欧美地区出口，出口创汇能力较强，欧美地区出口占我国对外出口的比重逐年上升，1998 年达到 44.1%。据统计，中国在全球出口额中的比例，1999 年不足 2%，2000 年上升为 4%，2002 年进一步提高至 6.5%，而截至 2021 年初，已经达到近 15%，位居世界第一。[2] 这些数字的变化与外资

① 张金昌. 国际竞争力评价的理论和方法 [M]. 北京：经济科学出版社，2002.
② 罗良文，刘辉. 外商直接投资的就业效应分析 [J]. 华中农业大学学报（社会科学版），2003（4）.

在我国的发展是分不开的。同时，由于外资企业的带动和纽带作用，我国许多企业纷纷实现跨国经营，进一步提升区域对外开放。所以说目前我国现阶段来讲，各区域吸引和利用外资的数量成为衡量各地区对外开放程度的重要指标。

区域产业集群的发展能够促进区域吸引对外直接投资，扩大出口贸易，有力地带动区域经济对外开放。

经济全球化的自然发展过程要求跨国公司打破狭隘的地方观念，到全球范围内搜索资源，分配资源，组织经济活动，最大限度地利用规模经济和多元化经营的优势，构造全球经营网络来打造世界级的航空母舰。与此同时科学技术的进步促使国际分工在广度与深度上迅速发展，经济生活水平的提高导致了社会需求多样化、消费结构复杂化、产品生命周期日益缩短，这使得跨国企业的生产经营更需要地区的适应性和灵活性。跨国公司面对的产品需求越来越具有批量少种类多、当地化色彩浓厚的特点。这种与经济全球化趋势相伴而生的"区域化特色"对跨国公司提出了从大规模的流水生产线到弹性生产系统的要求。

这种情况下，产业集群所形成的地方化弹性生产系统成了跨国公司实施全球化战略投资所考虑的重要因素。在 2001 年和 2002 年的世界投资报告中都突出了这样一个新的变化：产业集群在决定跨国公司的投资地点选择中的重要性正在日益增长。在产业集聚上具有不同特色和比较优势的区域吸引着不同的国际投资。由于产业集群这种特色网络系统具有"地方根植性"的特色，跨国公司若想充分利用这种优势必须参与其中。跨国公司或者将某些业务外包给当地制造加工企业集群贴牌生产或者直接将加工制造部门迁入。集群区内分工协作，信息交流，不断创新的区域生产效率成为当代跨国公司从外部获取并加以吸收为己所用的重要竞争优势源泉。而跨国公司从这种集群区内所获得的竞争优势更不易被其他公司模仿或移植，因为这种竞争优势根植于集群区域，存在于当地的社会文化网络中，其他跨国公司要想获得这种优势必须将这种集群区域的生产链纳入自身的全球经营网络中。由于这种效应，产业集群从形成开始就具有吸引区域外资本的功能。通过和跨国公司的合资合作，集群往往成为区域进出口贸易集中的地区，有效地带动了整个区域的对外交流。

以青岛电子信息业为例，海尔、海信、澳柯玛、朗讯、LG 等几家大企业聚集青岛，带动了青岛整个电子信息业的发展，形成了比较完备的产业链，这吸引了三洋压缩机、艾默生电机、三菱等 20 多家国际原材料供应商聚集在胶州工业园边，为海尔打造了一条坚固而优质的上游产业链。海尔不仅可以采购到高质量的零部件，而且使采购成本有了大幅度降低；2004 年，TCL 白色家电宣布与青岛威士电器合资，在青岛建立电冰箱生产基地——TCL 电冰箱青岛工业园，总投资近 2 亿元，首期将建成年产 50 万套冰箱的制造基地。TCL 的目的就是充分利用青岛完备的白家电产业链资源和大批优秀的家电专业人才，整合资源，争取产品技术、质量、成本的更大优势；2005 年初位列世界 500 强的泰科国际有限公司也在青岛动工建设新厂，将雇用 2000 名员工，开展广泛的制造业。①

青岛电子信息集群正是发挥了它自身的集聚功能，吸引了大量区域外资本，不但壮大了自身规模，同时也成为青岛招商引资的资本，进一步推动了青岛的对外开放。

（2）产业集群发展到一定阶段，必然要冲破本区域的界限，以对外贸易和对外投资的形式实现对外交流。

产业集群本身具有很大的集聚作用和自我发展的功能，不仅通过自身的弹性生产体系吸引了大量的区域外企业汇集本区域，而且由于集群内部在发展的过程中，社会分工不断细化，催生出大量新的企业，集群企业的数量和规模不断增加，这两方面的作用使得集群的整体规模不断增长，随着其产品供应能力的增大，其市场必然会冲破集群所在区域，在更大范围实现资源的配置和产品的交流。这表现在产品的进出口和企业的跨国经营，实施全球战略，抢占国际市场，从而有力地带动区域对外开放，实现更大范围内配置资源。从产业集群发展的国际经验来看，集群要想获得持久的生命力，其内部企业必然会走跨国经营的道路。

以青岛为例，在 20 世纪 90 年代中后期，中国家电市场几近饱和，各企业纷纷降价，这是产业发展的必经阶段。海尔未雨绸缪，提早实施了跨国经营，在美国、欧洲等地区投资建厂，产品出口非洲、南美、东

---

① 罗若愚，王卫东．信息产业发展的新特点及对我国的启示［J］．经济问题探索，2006（2）.

南亚,目前海尔已被评为世界上最具影响力的品牌之一,海尔家电占有近6%的国际市场,这不仅是海尔战略的成功,同时也成功地带动了青岛家电产业链的国际化。①

3. 产业集群优化产业结构,促进产业结构升级

(1)产业集群优化产业布局,提高资源的配置效率。

区域产业集群的培育和发展为更有效地利用区域有限的资源提供了有效的形式和机制。产业集群本身就是大量地同相关企业的空间聚集,使得属于同一行业的生产要素、人力资源等聚集在某一区域,这样容易形成不同的产业集群,错落有致地分布于不同的区域,能有效地避免盲目重复建设以及不经济的相互比拼,使经济资源自动远离单打独斗的产业,转向产业集群集中,实现合理分工;同时产业集群内部利用专业化环境建设的扩大与集聚中形成的扩散效应,进一步推动供应增加与生产要素的质量提升,并在产业集群的专业化基础建设逐渐完备基础上,孕育全新的、有区域特色、有生命力和发展前景的产业。以浙江为例,在产业集群的基础上,浙江形成了区域性的产业结构,据王缉慈的统计(2001),温州的特色产业以鞋、服装、眼镜为主,义乌以小商品为主,绍兴以轻纺化纤为主,永康以五金为主,海宁以皮革、服装为主,余姚以轻工模具为主,嵊州以领带为主,柳市以低压电器为主,这些特定的产业结构具有专属性,上下游企业之间的关系具有稳定性,它们形成了浙江合理的产业布局,避免了"村村点火"的现象,形成一种强大的合力,使浙江省成为我国最具竞争力的省份之一。

(2)产业集群提升产业结构竞争力。

一般认为,影响产业结构的四个经济变量是:需求结构、技术水平、市场范围、国际贸易②。第一,需求结构是经济发展过程中的一个变量,它随着收入的不断提高而呈现出由以"必需品"为主向以"奢侈品"为主的变化过程,而产业结构必须与需求结构相适应,否则,就会导致一方面一些社会需求得不到满足,另一方面存在着大量无效产出,造成资源的浪费。大量的统计结果表明产业结构的变化阶段与需求结构的变化阶段是相对应的③。在人均收入低水平阶段,人们的消费需求主要是解决温饱问题,因此这一阶段产业结构以农业、纺织业占主导

① 安玉莲.产业集群与区域竞争力关系研究 [D].青岛:中国海洋大学,2005.

②③ 陈明森.产业升级外向推动与利用外资战略调整 [M].北京:科学出版社,2004.

地位。在人均收入中等水平阶段，温饱问题已基本解决，需求结构的重点转向耐用品，与此相适应，产业结构进入以耐用消费品制造为中心的基础工业和重工业的生产阶段。在人均收入高水平阶段，人们开始追求生活的高质量，从而促使了以信息咨询业等高科技产业为中心的现代服务业的发展，使产业结构迅速走向服务化。第二，技术水平提供了新的生产工具和生产方法，提高了人力资源和物质资源投入的质量，从而使生产率大幅度提高，为各产业的增长提供最重要的动力。技术进步促使产业结构的变动，主要是通过两种方式进行：一是由新技术的发明和使用导致新产业的出现和迅速增长，二是由改良技术的使用导致现有的产业改造更新和发展。① 由于技术进步在各产业部门总的不平衡分布，所以各产业发展的速度不同，技术进步快的部门，其发展速度也快，技术进步慢的部门，其发展速度较慢或者出现衰退，这样就推动了新老产业的更替和产业结构的成长。技术创新是产业结构调整和升级的动力。一个国家的创新活动和创新能力是其产业结构有序发展的核心动因。产业结构调整和升级的过程，就是伴随着技术进步和生产社会化程度的提高，不断淘汰衰退产业，扶持和引导新兴产业，提高产业结构作为资源转换器的效能和效益的过程。第三，亚当·斯密曾指出，社会分工受市场范围的限制。② 这是因为分工起因于交换能力，分工的程度要受交换能力的限制，也就是要受市场范围的限制，市场过小，就会影响分工的细化，产业结构的演进归根到底是社会分工不断深化的结果，既然社会分工受市场范围的限制，那么产业结构的演进必然也受市场范围的限制。一国内部如果区域分割严重，各区域产业陷入封闭半封闭的自我循环中，会导致市场范围的人为缩小，从而不利于产业结构的成长，相反，如果一个国家能够形成一个统一的内部大市场，就有利于产业结构的成长。第四，当一国处于开放经济条件下时，国际贸易对该国的产业结构变动起着重要的作用。国际贸易对产业结构的影响主要是通过国际贸易比较利益机制来实现的。一般情况下，各国将输入其具有相对优势的要素和产品，而输出其相对劣势的要素和产品。当国际贸易的条件和内容发生变化时，一国产品生产的比较优势发生变动，引起该国进出口结构的变动，从而带动产业结构的变动。

---

① 陈明森. 产业升级外向推动与利用外资战略调整 [M]. 北京：科学出版社，2004.
② 亚当·斯密. 国富论 [M]. 谢祖钧，孟晋，盛元译. 长沙：中南大学出版社，1999.

产业集群正是通过影响这四个经济变量进而影响产业结构成长的。熊彼特的创新理论为研究产业结构成长提供了理论依据。他认为结构成长有三个动力，一是资本积累，二是劳动投入，三是创新，[①] 前两者都受到既定生产函数的限制，只能通过资本和劳动的相互替代有限的降低产业部门的生产成本，因而对结构的成长的作用也是很有限的。根据熊彼特的观点，创新可以引入新的生产函数形成对资本或劳动的节约，极大降低生产成本，因此创新是结构成长的核心动力。第一，创新对需求结构变动的作用。创新引起新产品或新工艺的出现，而新产品新工艺的出现，一方面会引导新的市场需求，使一部分潜在的市场需求转换为现实需求，改变原有的需求结构，另一方面会使人均收入得到提高，使需求结构改变或升级。第二，创新对技术进步的作用。按照熊彼特对创新的定义，创新就是建立一种生产函数，把一种从来没有过的关于生产要素生产条件的新组合引入生产体系，创新包括引进新产品、引进新技术、开辟新市场、控制原材料的新供应来源和实现企业的新组织五种情况。[②] 因此，创新引进了技术进步。第三，创新对市场范围的作用。产品的市场范围受交通、通信条件的制约，如果交通发达、通信便利，则市场范围会相对扩大，交通、通信领域的创新或者创新向这些领域的扩散很显然会扩大经济系统的市场范围，从而推动产业结构的成长。第四，创新在国际贸易的作用。一国在国际贸易中的竞争地位主要有两个因素决定，一是该国的自然资源状况，二是该国的产业技术水平，随着经济的发展，自然资源状况的作用已成为非主要因素，而产业技术水平对竞争地位的作用愈益重要。创新能力的增强，可以迅速有效地改变国际贸易相对优势。创新可以培育一国的主导产业和优势产业，增强该国的产业竞争力，进而影响国际贸易。因此可以说，创新是产业结构调和升级的动力。

综上所述，产业集群内部形成一个创新体系，通过系统内各创新主体的互动，持续地产生激励创新的动力，形成连锁反应机制，加快创新扩散，促进集群的动态升级。推动创新从企业创新扩散到集群创新，从单个企业集群创新扩散到多个企业集群创新，集群创新通过作用于产业结构的四个变量来影响区域产业结构的调整和升级。

---

①② 熊彼特. 经济发展理论 [M]. 何畏等译. 北京：商务印书馆，1990.

4. 产业集群提高企业竞争力

（1）集群内企业生产具有成本优势。

集群内企业之间的相互分工协作，可以降低企业生产成本和交易成本。集群成员通过共同使用公共设施，减少分散布局所需的额外投资，并利用地理接近性而节省相互间的物质和信息流的运移费用，从而降低生产成本。区域内企业间劳动力的自由流动，即专业化劳动力市场的存在，一方面提高了劳动力的专业技能和素质，另一方面也实现了企业对劳动力的柔性需求，降低了企业不必要的劳动力成本支出。此外，集群内共同的产业文化和价值观，有利于企业间建立以合作与信任为基础的社会网络，使双方容易达成交易并履行合约，从而降低企业的交易成本，也使交易的不确定性所导致的风险成本降低。

（2）产业集群有利于培育企业核心竞争力。

产业集群能够创建获取专门信息和知识外溢的便利条件，市场信息的迅速反馈与传递，是企业发挥灵活机制优势的前提，市场信息可以使企业洞察市场环境的变化，捕捉有利的市场机会，以便及时调整产品结构，避免或降低因市场变动造成的损失，提升企业竞争力；同时产业集群作为一种新的产业组织形式，介于垄断和自由竞争之间，对于集群外部的企业可以发挥规模优势，具有垄断的功能；而且，内部企业之间合作与协作关系较外部企业更加紧密。所以集群内部企业可以充分发挥专业化优势，将资金、人力、物力集中于某一方面，比如科研，而将企业其他功能交给其他企业来完成，这样各企业就可以各司其职，在某一方面做专、做精，形成企业的核心竞争优势。

（3）集群内企业持续创新的能力增强。

技术创新是保持产业集群经济优势的一个持续性动力。集群通过在一定区域内营造企业网络关系，一方面加强单个企业的专业化水平，提高技术创新的动力，另一方面，更重要的是在区域范围内产生一种整体的创新环境与激励。所以集群内部企业持续创新的能力要强于其他企业。

（三）区域竞争力对产业集

区域竞争力的本质是对资源的吸引和配置能力，同时区域竞争力又是内涵丰富的概念，所以区域竞争力的强弱直接或间接关系到该区域各种资源的数量和质量，而这些因素是区域产业集群形成和发展的必要条件。

第一，开放竞争力强的地区，其资源的配置能力和范围要更大更广，与区域外的交流与合作更加紧密，这对于产业集群的产生和持续发展有重要影响。

在全球激烈竞争的今天，任何集群都不应是一个保守而封闭的系统，内生生长因素固然必不可少，但是集群所依托的产业已融入全球产业网络，区域经济发展已纳入全球框架（Dicken，Kelly，Olds&Yeung，2001）。因此地方产业集群与区域外的联系，集群对区域外知识的获取，集群间知识的交流对区域经济接轨国际市场，克服地方发展的锁定，并实现持续升级变得日益重要。比如，区域内企业通过与跨国公司合作，可将市场信息传递给该地区的生产系统，将集群区纳入全球的生产网络；外部环境的变化，市场需求的变迁通过跨国公司的需求信息反馈到地方的生产网络，促进了集群区内产业的创新和升级。在封闭的区域里，即使产生了产业集群，其最终的命运也必然会走向没落，就像美国128公路。区域对外资的优惠政策及对本区域企业对外直接投资的鼓励政策、区域经济开放程度、与区域外市场的交流与合作成为产业集群能否持续健康生存和发展的重要影响因素。所以说区域开放竞争力的大小在产业集群发展到一定阶段时，会对产业集群形成的竞争优势的保持及产业集群的可持续发展产生很大影响。开放竞争力强的地域有利于集群与外界保持持续的联系，增强集群获取知识的能力，使集群能够持续地发展下去。

第二，基础设施对人力资源的吸引为产业集群的发展提供条件。

一般来讲，区域竞争力强的地区，具有较高的经济水平，完善的基础设施，人性化的居住环境，这些条件更易吸引大量的人力资源聚集该区域，这为集群内部企业的发展提供了条件。以青岛为例，青岛在山东17个城市中综合竞争力位居第一位，拥有良好的居住环境、政策环境和人文环境；作为第一批沿海开放城市，很多跨国公司在青岛有分公司，随着开放程度的提高，未来的发展前景一片大好；青岛市政府还制定了多项优惠政策以吸引高级人才。每年都有大量的省内及省外人才流入青岛，青岛现在拥有各类人才超过70万人，超过了省会济南，人才总量居山东省第一，为企业提供大量的管理人员和研发人才，为青岛发展六大产业集群提供了高素质人才。①

---

① 李大海，朱文东，于会娟. 沿海城市海洋科学研究支撑能力评估——基于综合性国家科学中心建设视角［J］. 中国软科学，2021（12）.

第三，政府作用为产业集群的发展提供良好的环境。

政府在促进产业集群竞争力方面具有不可替代的作用。越来越多的学者意识到政府与市场作用相结合的必要性，既要坚持市场的调节作用，又必须重视政府的调节作用，一个尊重市场规律且具有较强预见性的政府，对于促进产业集群的发展具有举足轻重的作用。比如，政府可以为集群构造良好的产业合作关系。产业集群可以提高区域对潜在的特定生产活动投资者的吸引力，尤其是关注外商直接投资的作用。政府可针对推进地方产业集群内本地企业与跨国公司之间的联系纽带，提出广泛的政策框架如提供产品需求的市场信息，帮助外国机构与本地企业建立生产供应联系等，这些政策可以很好地促进产业合作关系；政府可以为产业集群的发展建立技术平台，如政府通过发展研究机构、大学等为企业提供咨询服务，对企业的研究发展与技术改造活动直接提供财政补贴等优惠政策，鼓励企业不断追求技术进步；政府还可以引导产业集群进入全球产业链体系和全球营销体系。

第二节　产业集群与区域经济发展的互动关联及其理论联系

产业集群的发展形势作为推动区域经济增长的新思路，在经济发展过程中发挥了重要的作用，显著地推动了区域经济的发展。但是随着产业集群在国内不断地实践运行，其发展过程中诸多问题开始涌现，比如集群内的恶性竞争、产品同质、技术水平低等问题。如何解决当前存在的问题，从而完善产业集群的发展形式成为当前推动区域竞争增长的关键。在解决问题之前，厘清产业集群与区域经济的相互作用机制是至关重要的，只有清晰了二者之间的关系，才能据此提出解决问题的有效措施。

目前，虽然国内外对产业集群与区域经济的研究颇丰，但是缺乏对二者作用机制的系统、详细的阐述。本节主要通过文献回顾的方法，加之自身的思考，立足于宏观层面，对产业集群与区域经济相互作用的"黑箱"进行研究。通过对二者关系的详细梳理，发现产业集群主要通过聚集效应、竞合效应、溢出效应、市场效应、关联效应、协同效应、品牌效应以及分工效应推动区域经济发展，在此过程中，产业集群创新体系发挥了重要的作用，推动着产业集群的可持续发展和区域经济的稳定增长。产业集群对区域经济存在推动作用的同时，也从两个方面表现出了非经济性，同时产业集群与区域经济在空间上具有耦合关联，但区域经济增长与产业聚集程度也存在倒"U"型关系。据此，本书提出推动区域经济增长的四条建议，分别是：建立并完善产业集群创新体系，强化集群内的监督体系，加强区域内产业集群间以及区域间产业集群的互动以及对产业集群进行整体布局规划。

一、产业集群与区域经济的相关研究

关于产业集群与区域经济联系的研究，在产业集群地研究初期，魏守华、王缉慈、赵雅沁（2002）就提出产业集群理论是一种新型的区域发展理论，能够整合区域内部的各种资源，推动区域经济的发展。

此后的几年，学者对产业集群与区域经济发展的研究主要集中在宏观的层面。总体上，多数学者认同产业集群对区域经济的积极效应，刘奇中（2004）分析了产业集群的优点，并提出产业集群能够加速推进我国的区域经济发展。孙祖荣、施萍（2006）也认为在选择合适的发展模式的情况下，产业集群的健康发展能够促进区域经济的增长。与此同时，部分学者也持辩证态度看待产业集群与区域经济发展的问题，吴勤堂（2004）将产业集群与区域经济的互相作用定义为了产业集群——区域经济发展耦合，提出产业集群与区域经济可以产生相互的正向影响，同时过度的聚集也会对区域经济产生负面效应。

近几年产业集群与区域经济的研究多落脚在中观层面，学者们多研究不同行业的产业集群与区域经济的关系、产业集群与某一特定区域的经济发展的关系，以及某一特定行业的产业集群与某区域的经济发展的关系。章立东，李奥（2021）立足传统制造业，以陶瓷制造业为例研究了传统制造业集群与区域经济发展的联系；尹鉴，衣保中（2021）结合创意产业集群的特点，研究创意产业集群与区域经济发展的关联，并提出相关建议；梅燕，蒋雨清（2020）以乡村振兴为背景，研究并总结了农村电子商务产业集群在不同生命周期阶段与区域经济的协同发展特征；胡计虎（2021）研究了长三角一体化战略下电子商务产业集群与长三角地区区域经济的协同发展。

国内外关于产业集群的研究已经较为成熟，而且关于产业集群与区域经济的研究也正在不断的发展，逐渐从宏观落脚到中观层面。当前学者们对产业集群与区域经济理论联系的研究较为广泛，但是产业集群与区域经济之间相互作用的"黑箱"却很少系统研究。只有明确了产业集群与区域经济相互作用的机制，才能据此得出促进经济发展的优化措施。本节主要分析产业集群与区域经济相互作用的机制，探讨其理论联系，并在此基础上，提出推进我国区域经济增长的建议。

二、产业集群助推区域经济发展

产业集群是指在一定的区域内，具有关联性、在空间位置上相对集中、能够产生竞争与合作的相关企业、供应商、各种相关机构等的组合体，其研究与应用为推动区域经济的增长提供了一个新思路。由于不同产业集群的核心企业所处行业的差异，其所在产业集群推动区域经济发展的具体路径会存在细微的异质性。本节主要立足于宏观层面，从产业集群生命周期的三个阶段、八个效应分析产业集群如何推动区域经济增长，同时需要说明的是，产业集群自产生起，便处于不断的发展进步中，溢出效应、竞合效应、市场效应等效应存在于产业集群的整个生命周期，并在不同的阶段发挥着不同程度的作用，本文只对产业集群生命周期三个阶段的主要效应进行分析。分析框架如图 3-1 所示。

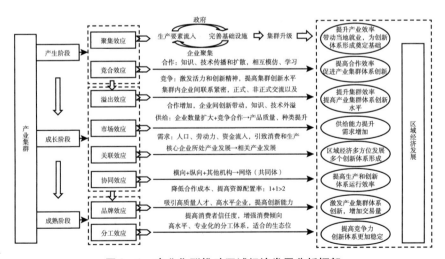

图 3-1　产业集群推动区域经济发展分析框架

　　产业集群的产生阶段，聚集效应与竞合效应发挥主要作用。①聚集效应。一方面，产业集群规模较小，且配套设施不够完善，市场占有率低，但是这些企业的向好发展不断地吸引着处于观望阶段的创业者的进入，随着集群内企业数量的增多，产业集群首先表现出人口在地理位置上的集中，劳动力资源加之更多的资金和其他生产要素的流入，给企业的生产活动提供了便利，提高企业的生产效率，同时能够带动当地就业。另一方面，企业的聚集发展使得政府等相关机构不得不加强基础设施的投入，为产业发展提供良好的"硬环境"，提高企业活力，便利企业的生产生活。完善的基础设施、大量的生产要素资源的存在，又会吸引更多企业、中介机构、科研机构等相关机构的进入，使产业集群内部结构不断升级，为产业集群创新体系的建立奠定基础。②竞合效应。随着集群内企业数量的增多，企业间的竞争与合作是必然的。集群为企业带来了空间位置上的邻近，能够加强企业间的联系，在正式交流的同时增加企业间的非正式交流，便利知识、技术的传播以及互相学习。不仅如此，地理距离的缩短还能减低企业获取信息、处理信息的成本，提高企业之间的合作效率。企业在合作的同时也会存在相互竞争，良性的竞争能够激发企业的活力，提高企业的创新精神和技术水平，不断推进行业的发展和进步，从而推动产业结构的转型升级，促进产业集群创新体系的形成，从而推动区域经济的发展。

　　通过初期的发展演化，产业集群内企业数量增多、发展进步，基础设施不断完善，产业集群基本成型，开始逐渐从初期进入成长阶段。①溢出效应。企业间不断地合作、交流，加速企业间的知识溢出、技术传播，同时，一个企业的创新能够带动其他企业的竞相模仿学习，从而提高整体的创新水平和生产运作效率，进一步发展产业集群创新体系。溢出效应很大程度上取决于产业集群内合作精神以及集群的文化，乐于分享的企业联系在一起能够形成一个团结进取的产业集群，能够享受较高的溢出效应。②市场效应。企业的不断聚集不仅给集群带来了大量的人口、劳动力、资金等，引致出较高的消费和生产需求，带动当地的市场需求，而且也使得更多的企业参与集群内的生产经营活动，促进产品质量的提升和种类的增加，使得供给能力提升，从而推动经济增长。③关联效应。处于复杂多样的当今社会，每一个产业都不是独立存在的，产业的高效率运转需要多方的配合，比如电商的发展需要物流企业的配合，旅游业的发展需要客运等交通运输业的配合，方便食品的发展需要包装行业的配合等。一个行业的发展壮大能够带动其互补行业的发展，所以，产业集群在促进本行业的发展的同时，也会推动其相关行业的发展，为区域内多个产业集群创新体系的形成奠定基础，从多个产业层面促进区域经济的发展。④协同效应。产业集群缩短了企业间的空间距离，为增加企业间的非正式组织提供了条件，邻里式的社会关系能够加强企业间的信任，提高合作效率。集群内横向的竞争合作企业，纵向的供应链网络和培训、金融等其他相关机构，使得集群成为一个企业间联系密切的共同体，同时，由于集群的发展，配套设施的不断完善提高了资源配置效率，相比于单个企业，集群内企业的发展效率更高，总体竞争力、抗风险能力更强。而且协同效应的发挥也会使得产业集群创新体系的运行更加高效。

成熟阶段的产业集群逐渐形成了品牌效应、分工效应，并与区域经济相互协同发展。①品牌效应。随着产业集群的不断完善、发展，内部产业结构的转型升级，成熟阶段的产业集群逐渐成为推动区域经济增长的强大力量，甚至成为地区的著名园区，如美国的硅谷、北京的中关村等。一方面，区域品牌能够吸引更多高质量人才、高水平企业的加入，给创新增添新的活力，完善产业集群创新体系，提高整体竞争力；另一方面，品牌能够增强人们对产品的信任，带动大众的消费热情，激发购买欲望，提高交易量。品牌效应能够通过以上两个方面助推区域经济增长。②分工效应。集群内企业通过长时间的竞争与合作，在集群这样一个生态系统中不断调整自己的生态位，形成了高水平、专业化的分工体系。产业集群就像一张大网，每个企业都是一个有着明确定位的节点，专业化的分工体系使这张大网更加稳定，使区域经济更具有竞争力。

三、产业集群的非经济性

产业集群的非经济性主要表现在两个方面。一方面，当产业集群从成熟阶段继续不断发展、壮大时，过多的企业进入集群，会使得区域内企业密度过高，土地、配套设施以及能源等资源相对稀缺，工作舒适度日益降低，也会导致道路拥挤等问题，降低产业集群的生产效率；另一方面，产业集群规模的高程度扩张会减弱原有的竞合效应、溢出效应、协同效应、分工效应等，降低产业集群的稳定性，同时不利于集群体系创新，对经济的增长产生不利影响。

四、区域经济拉动产业集群发展

产业集群的发展需要经济的配合和支持。一方面，区域经济能够为产业集群提供完善的基础设施以及相关配套设施，为产业集群的发展提供舒适、便利的环境。另一方面，区域经济能够为产业集群的发展提供资金支持，缓解集群内企业的资金压力，同时，区域可以利用自身的经济优势吸引更多的高素质人才和相关机构（中介机构、教育机构、科研机构等）加入，为产业集群提供高质量的人力资本和发展环境，为产业集群体系创新增添新的活力。

五、产业集群与区域经济协同发展

产业集群与区域经济在空间上具有耦合关联，二者是相互依存相互发展的。产业集群的稳定发展能够促进区域经济的增长，而区域经济的高水平能够拉动产业集群的发展。在产业集群创新体系不断完善发展以支撑产业集群可持续发展的条件下，二者在循环作用中不断上升到新的层面，如图3-2所示。随着不断的循环上升，产业结构保持稳定的升级、演化，区域经济也得到稳步增长。

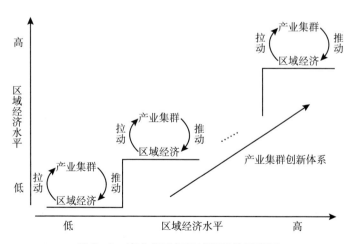

图3-2 产业集群与区域经济协同发展

同时，产业集群的企业聚集程度与区域经济增长存在倒"U"型关系，如图3-3所示。在产生阶段，产业集群的规模较小，集聚程度较低，对区域经济增长的推动作用较小；而随着产业集群不断发展成熟，其对区域经济的推动作用逐渐增强，直至与区域经济协同发展，相互促进；此后，产业集群的规模过度扩张或企业过度集聚，会对区域经济的增长产生负面影响。

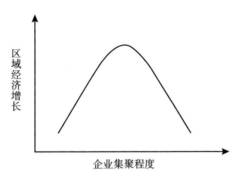

图3-3 产业集聚程度与区域经济增长的关系

六、总结建议

（一）总结

产业集群在其生命周期的三个阶段，主要通过八个效应推动区域经济的发展，在此过程中，产业集群创新体系的发展、完善发挥着重要的作用。同时产业集群也会存在非经济行为，主要从企业过度集聚、集群规模过大两个方面对区域经济产生负面影响。

而区域经济主要是通过完善基础设施、提供资金支持、帮助招商引资、吸引并留住更多的高素质人才、相关机构（中介机构、教育机构、科研机构等），为产业集群体系创新增添新的活力等拉动产业集群的发展完善。

产业集群与区域经济之间存在空间耦合关联以及倒"U"型关系。在产业集群创新体系支撑产业集群可持续发展的情况下，产业集群与区域经济的发展存在滚雪球效应。同时，由于产业集群非经济性的存在，产业集群内的集聚程度与区域经济增长呈现倒"U"型关系。

（二）建议

提升区域经济的发展，需要大力推动产业集群的经济性，并有效控制产业集群的非经济性。

（1）建立并完善产业集群创新体系。通过上文的分析，产业集群创新体系是产业集群可持续发展并保持竞争优势的强力支撑，建立并完善产业集群创新体系、提高产业集群的创新水平是拉动区域经济增长的有效途径。

参考曹洪军老师对产业集群创新体系组成部分的阐述，提出以下3点建立产业集群创新体系的建议。①在产业集群内营造一个良好的创新环境和创新氛围，为企业提供支撑创新的基础设施，完善配套设施，打造一个环境优美、设施完备、利于发展的产业园，吸引科研机构、培训机构、中介机构等相关机构进入产业集群，为产业集群创新体系的建立奠定基础。②倡导企业间建立乐于合作、敢于竞争的良性发展关系，并为集群内的生产经营活动制定相关准则，比如制定政策制约恶性竞争、奖励创新企业、激励企业间合作交流、倡导大企业帮带小企业、鼓励专利发明并简化专利申请流程等，激发企业的创新活力。③完善产业集群内的监督机制，成立行业协会、集群委员会、质量监管机构等，监督产业集群地生产生活以及创新计划的执行。

完善产业集群创新体系。①在原有的基础上大力推进"产学研"一体化，加强企业与科研机构、研究型高校的交流、合作，为企业的创新注入新的力量。②为产业集群内的企业进行分布规划，对于较大的集群，使各类型企业交叉分布，便于企业间的合作，以降低由于地理位置的疏远而造成的不便，对于较小的企业，可以使各类型企业集中分布，便于企业间的交流。③健全投融资等服务体系，减轻创新型企业的资金压力，推动其创新活动的开展。④建立并完善人才引进制度和集群内的员工培训机制，为集群内的各个阶层岗位提供高素质的员工，提高集群内单个企业的质量。⑤培养员工的合作精神、良性竞争意识、创新精神，形成一个包容、开放、创新的集群文化，逐步完善产业集群创新体系。

（2）强化集群内的监督体系。成熟的产业集群会产生一定的品牌效应，从而推动区域经济。但是品牌效应在给集群内企业带来竞争优势的同时，也会扩大不良影响。一旦集群内有不良品的流出，就会使客户失去对整个集群产品的信任。所以要强化集群内的监督体系，维持品牌名誉。

（3）加强区域内产业集群间以及区域间产业集群的互动。区域内产业集群间的良性互动能够加速生产要素的流动，提高区域内资源配置效率，增强区域整体的生产效率。同时集群间的交流互动能够带动信息的流动和技术的传播，互通有无，共同发展进步，推动区域经济。

不同的区域其优势产业会有所不同，优势产业的互动可以互相学习生产、管理经验，增加合作的机会，与优势产业的合作能够给企业带来更高的效率；而且区域间的交流能够对不同区域内的产业集群进行合理规划，减少产品同质带来的低效率等问题，推动整体经济发展。

（4）对产业集群进行整体布局规划。为了有效控制产业集群的非经济性，需要对产业集群进行布局规划，控制产业集群内的企业数量，避免出现过度集聚的情况；同时根据产业集群的核心企业类型、所处行业等特点制定出最有利于产业集群发展的规模，保持产业集群以及集群创新体系的稳定性。

第二部分
产业集群创新体系实证

第四章

浙江中小企业集群的实证分析

第一节　浙江中小企业集群概况

　　浙江是我国产业集群最集中的地方。据浙江省委政策研究室的调查，截至 2021 年，浙江已形成产业规模超 100 亿元产业集群 108 个，超 1000 亿元产业集群 17 个，其中占全国产业规模比重超过 10% 的制造业集群 8 个。在 21 世纪初，温州市区生产的打火机占世界总产量的 70%，嵊州的领带占国内市场的 80%，占全球市场的 30%①。绍兴的化纤和轻纺工业每年的销售收入超过 20 亿元，总产量占全国的 10%；海宁的皮装产业集群，其年销售额达 20 多亿元。2000 年浙江最具成长性的国际特色产业集聚区如表 4 - 1 所示。

表 4 - 1　　　　　浙江最具成长性的国际特色产业集聚区

地区		产品	企业数量（个）	市场份额	产值（产量）
温州	市区	鞋业	5000	20%	250 亿元
		服装	2000	10%（西服）	200 亿元
		眼镜	500	80%	—
		制笔业	150	33.3%	65 亿支
		打火机	260	70%（占世界）	3 亿支（出口）

---

　　① 钱平凡. 我国产业集群的发展状况、特点与问题 [J]. 经济理论与经济管理，2003 (12).

地区		产品	企业数量（个）	市场份额	产值（产量）
温州	金乡	标牌包装	—	60%（商标）	—
	桥头	纽扣拉链	750（纽扣）	75%	亿元
	柳州	低压电器	1000	33.3%	28 亿元
金华	义乌	小商品	2.6 万	—	175 亿元
	永康	五金	2300	—	56 亿元
绍兴	绍兴	轻纺原料	822		166 亿元
	大唐	袜子	6.8 万台袜机	40%	90 亿元
	嵊州	领带	1000	80%	80 亿元
嘉兴	海宁	皮革	400	全国最大	37 亿元

资料来源：2000 年浙江省人民政府经济体制改革办公室发布《浙江最具成长性的国际型特色产业集聚区》，表中的"产值/产量"数据为 1999 年数据。

第二节　零星式集群实证分析

浙江由众多中小企业构建起的产业集群，主要为零星式和网络式两种模式。

由于结构简单，零星式集群在形成初期很常见，应用于生产日常用品、小商品和技术简单的农产品等。

就目前我国广大农村来讲，乡镇企业集群大多还是零星式集群结构。不少村镇正是通过发挥资源优势和传统手工技艺迅速致富。主要建立于资源禀赋和低成本要素基础之上的竞争优势是零星式集群得以发展的主要动因。比较优势理论认为，某一地区的要素禀赋决定该地区适合于发展什么样的产业，尤其是那些生产条件受自然资源约束的行业。因而零星式适宜于具有自然资源优势的村镇发展经济。

浙江省发展较好的零星式产业集群数不胜数。诸暨珍珠市场截至 2020 年 10 月实现珍珠产业产值 433.6 亿元，同比增长 15.6%，线上交易额达 118.5 亿元，增长 18.5%，仅"双 11"期间线上交易额就高达 2 亿元，市场辐射欧美、东南亚等国家和地区。诸暨是全国最大、国际知名的珍珠生产、加工、销售基地，被命名为"中国珍珠之乡"。全市珍珠养殖面积达 8 万亩，年产珍珠 250 吨，占全国淡水珠产量的 60% 左右。中国麻鸭之乡——缙云，有 4 万鸭农到全国 29 个省区市养鸭，年饲养量超过 1500 万羽，产值 20 亿元。他们提供的蛋制品占了当地 90% 以上的市场份额。浙江磐安有中药材 1055 种，70% 的农户是药农，中药材生产遍及全县 20 个乡镇，种植面积 4.5 万亩，药材产值 2 亿元。白术种植面积占全国的 20%，元胡占 30%，天麻规模和产量居全国之首。[①]

虽然这些集群现在都取得了非常好的经济效益，但零星式集群内企业的竞争基本上还是处于规模、价格等的低层次竞争，由于大多数企业没有自己的核心竞争力，仅仅依靠成本和价格优势，只能赚取工业利润，难以赚取商业利润，区域生产效率低下。尤其是零星式产业集群存在着较为严重"市场失灵"和"系统失灵"问题，下面就以永康保温杯集群的案例来说明。

浙江省永康市的五金手工业可以溯源到宋朝，是闻名全国的"五金之乡"和"百工之乡"。打铜、打铁、打锡、打银、铸锅、钉秤、泥木、制陶、皮革等以五金为主的手工业门类不下百余种。永康的五金工艺由工匠们父子相传，师徒相授。

直到 1995 年 4 月，永康生产保温杯的企业还仅有几家，生产批量也很小。由于利润空间的吸引，1995 年 5～6 月，生产厂家开始逐步增加，入秋以后，由于供销渠道畅通，制造成本与市场销售价之间的利润差额急剧增加（高峰期销售利润高达销售价格的 50%），大量五金制品企业纷纷转产进入保温杯的生产行列，零星式集群很快就有了雏形。1995 年 11～12 月的高峰期，全市从事保温杯生产的厂家达 1300 多家，保温杯生产线扩张到 2000 多条。1995 年一年仅保温杯单项的产值就达 15 亿～17 亿元。但是，1995 年 12 月后，产量却开始急剧萎缩，1996 年 2 月的月产值仅为高峰期的 1/8。[②]

永康保温杯集群的失败，原因在于以下方面：

第一，由于零星式集群是由众多相对独立的小企业组成，大都依赖

① 蒋亮智. 我国珠宝评估及珠宝产业发展的经济学研究 [D]. 北京：中国地质大学北京，2015.

② 金祥荣，朱希伟，叶建亮. 浙江省永康地区企业发展与产业集聚研究 [J]. 产业经济评论，2006，5（01）：44－61.

于比较优势发展起来。这种低层次优势，由于很容易被竞争者效仿，所以往往就演化为价格竞争，而过于激烈的价格竞争容易对企业盈利能力和竞争环境造成破坏性后果①。钱平凡（2005）认为，目前我国绝大多数的产业集群规模较小、档次偏低。由于缺少必要的规模，技术整体难以升级，只能生产一些低档产品，难以形成一定的品牌。一些所谓的"名牌"也大都是短期内在周边地区享有较高知名度，并不容易持续。大多数企业都生产同一产品，各企业独立完成每一道工序，没有创新，重复生产，最终导致恶性竞争。而"柠檬市场"问题，就是其恶性竞争所产生的后果之一。所以零星式结构有助于集群的形成，但并不是集群长期发展的合理模式。永康保温杯集群昙花一现的案例可以说明零星式集群存在过度竞争的问题。

第二，集群中的大多数企业都是小型民营企业、家族企业，往往具有封闭性和保守性，重要岗位上基本上是自己的亲属或亲信，很少引入新的管理人才，难以形成良好的企业文化，企业基本上保持初建模式，生产效率难以有实质性的提高。对于企业的长期发展没有合理的规划，片面追求价格优势导致产品质量不过硬，对于市场信号反应迟钝，不能够正确应对。

第三，因为集群内的企业都在生产同一类产品——保温杯，产品同质化严重，虽有规模效应，但当需求下降，市场出现较大波动时，由于集群内部专业化程度不高，导致集群抗风险能力下降。

从以上分析可以看出零星式集群是一种依赖于优势资源的较为初级的模式，在其基础之上发展起来的网络式集群与之相比具有明显的优势。

第三节　网络式集群的实证分析

当条件具备时，零星式模式的集群可以向网络式模型转化。浙江的中小企业集群从零星式集群演变为网络式集群，大致分为三个阶段：第一阶段，集群内生产同种产品的企业更加专业化，企业间的合作开始加

---

① 王乙伊. 我国产业集群模式及发展战略研究［D］. 青岛：中国海洋大学，2005.

强，分工开始明晰；第二阶段，专业化进一步渗透到产品生产流程的生产工艺当中；第三阶段，出现生产服务配套企业，专业提高产前、产中和产后的服务，网络模式开始初步成型。

大唐袜业集群就是一个成功转型的例子。[①] 1998 年被命名为"中国袜业之乡"的大唐镇位于浙江省诸暨市中西部，是浙江省综合经济实力百强镇，全镇国内生产总值的 90% 由袜业及其相关产业创造。在集群形成初期，大唐只有 100 多家作坊式的织袜企业，当时所采用的机器主要是原始的手摇袜机，织袜工艺也都是师傅带徒弟式的模式在亲戚朋友或者私营小企业内推广。成本低廉的产品具有较强的价格优势，产品开始销往其他省市。当织袜行业开始出现越来越多的小企业时，行业内开始出现分工，工艺更加专业化，竞争促使新机械、新技术被采用，服务性配套企业也开始出现，这时，集群开始走向网络化。

2001 年底，大唐已有上万家织袜企业，1000 家原料生产企业，400 多家原料销售商，100 多家定型厂，300 多家包装厂，200 家机械配件供应商，600 多家袜子营销商和 100 家联托运服务企业，40 余条丙纶涤纶丝生产线（年产 1 万余吨），50 条氨纶包覆丝生产线，各类加弹机 1200 余台（年产 6 万余吨），橡筋机 800 余台（年产近 5000 吨），成为目前国内规模较大的丙纶、涤纶高弹丝、橡筋线生产基地。集群内存在大量专门从事一道或少数几道分工工序的小型企业。原本就不复杂的生产链在这里得到极其充分的细化分工，织袜、缝头、卷边、印染、定型、包装、运输等 10 个环节，分别由相应的部门完成，同时配以机械配件供应商、袜子经销商、联托运服务商等，使得生产有序进行。在龙头企业的带动下，产业链逐步向两头延伸。如诸暨袜业已从单一织袜向为袜业配套的抽丝、加弹、包覆发展，派生出了化纤加工业和电脑袜机、加弹机等机械制造业。大唐袜业从手摇袜机开始，仅用了 20 年时间就在技术装备上赶上了国际先进水平，几乎所有的高级袜子都能在这里生产出来。产品组合也日渐丰富合理，目前已形成多个系列 300 余个品种的袜子产品，能够满足不同层次的市场需求。近年来，国内轻纺行业持续低迷，大唐袜业却依然保持了强劲的发展势头，1996 年以来年

① 朱华晟，盖文启. 产业的柔性集聚及其区域竞争力实证分析——以浙江大唐袜业柔性集聚为例［J］. 经济理论与经济管理，2001（11）：70 - 74.

均增幅一直保持在 20% 以上，市场不断扩展，投资需求旺盛。[①]

下面来具体分析大唐袜业的产业网络结构和其集群内存在的问题。

1. 大唐袜业的产业网络结构

大唐袜业有一些令人深思的经济技术特点，如产业群内没有举足轻重的核心大企业，但在整体上已经是国内最大的袜子生产基地；缺乏知名品牌，但国内外许多拥有知名品牌的企业都在这里加工生产，并且大唐袜业本身已经成为一个整体品牌；没有独领风骚的专有技术，主打产品也是最普通不过的袜子，但围绕袜业形成的完整的产业链和专业化分工网络，却是难以复制也难以模仿的（王祖强等，2004）。也正如大唐袜业研究所的蔡朝晖（2000）指出的那样，是大唐袜业网络化的生产组织模式在支持大唐袜业的高速增长。

（1）纵向交易联系。

从袜业生产来看，主要包括原料供应、织袜、印染和定型四个环节，因此，以下就从这四个方面来分析大唐袜业集群中企业的垂直联系。

原材料供应方面，虽然 2008 年全国已有 300 多家原料企业在大唐袜业设有经销点，500 多家跨国公司在大唐设有代办处，[②] 但鉴于袜业用料的品种繁多、变化较快的特点，袜业生产企业往往与一批数量较多、类别不同的原料供货商保持着较为稳定的业务联系。这种稳定的供货关系有利于保持原料质量和价格的稳定，不但节约了企业的生产成本，还有利于降低市场中的交易成本。

织袜方面，袜业生产商大多采用织袜外包的形式，以降低生产成本和经营风险。袜业生产商往往都建有涉及专业加工户重要信息的数据库，在接受订单之后，根据客户要求从中选择适当的加工户。袜业生产商通常通过以下几种形式控制加工户的产品质量，并在这个过程中实现了信息与知识的传递：一是，加工户每次根据既定的工艺要求，先制成样本，经确认后，才正式建立加工业务关系；二是，通常生产商向加工户提供袜业用料和技术指导，并派专门人员现场监控，及时处理生产过程中的问题，待生产状况基本稳定，跟单人员才撤出；三是，一般要求

---

① 史永隽．中国与意大利产业集群的差异比较分析［J］．学术研究，2007（07）：36－41．

② 王祖强，虞晓红．分工网络扩展与地方产业群成长——以浙江大唐袜业为例的实证研究［J］．中共浙江省委党校学报，2004（02）：55－60．

加工户每天交付已经完成的产品，并接受质量检查，不合格的产品需要及时处理（朱华晟，2003）。出于集中控制加工质量的目的，生产商往往选择临近或分布集中的加工户，或经过多次合作后建立起稳定业务关系的加工户。

除少数规模较大的生产商有自己的印染、定型厂外，大多都选择固定的印染或定型厂。在印染厂方面，由于近几年地方政府开始注意环境保护，一些规模较小的印染厂被关掉，现存的印染厂大多是规模较大且注意治理污染的中型以上厂家。由于区内印染厂家数目有限，袜业生产商有时候也往往根据需要选择区外的印染厂家，如浦江或义乌。在定型方面，质量要求不高的产品，多在本地定型，高质量产品的定型，多是外包给群外的一些定型厂。

（2）横向生产联系。

大唐袜业群内，同类企业间保持着良好的合作关系。朱华晟（2003）对大唐袜业群内 27 家企业的调查结果显示，有 17 家企业（63%）经常与同行联系，并且认为这种联系对本企业非常重要；有 4 家偶尔与同行联系，6 家基本没有联系，并且这 10 家认为，同行间的联系并不重要，甚至认为"同行是冤家"，相互间根本不可能真正建立长期稳定的合作关系，然而他们也承认，即使如此，同行间在技术上的交流仍时常发生。

当然，同类企业仍存在着普遍的竞争。由于市场机制的日益成熟，总体来看，企业间的竞争处于良性循环的状态，尤其是群内大企业更注重提高质量，注意塑造产品品牌，并且大多都拥有一批比较稳定的客户群，因此对竞争的看法他们也都持肯定态度。当然，规模较小的企业没有稳定的客户，没有长期的发展目标，为了短期内订单和销量，往往以价格竞争为手段。

（3）动态网络效应。

群内企业不但存在着较为稳定的横向和纵向联系，而且存在着更多的非稳定联系，从而使得大唐袜业群形成较为严密的网络结构。这种网络模式使集群具有很强的柔性，下单周期短，交货快，减少成本，降低风险。发包商能够随时随地集中大量机台，在很短的时间内完成生产任务，及时将产品交付于区外客户，在降低生产成本和库存成本加速资金周转的同时，还保证了产品的时效性，减少市场风险。网络使得群内的中小企业不仅可以直接支配利用自身所拥有的资源，而且可以相互共享更多的资源，扩展其利用资源的边界，在竞争合作中提高自身的竞争能力。

2. 大唐袜业群内存在问题

（1）企业规模与品牌缺失问题：在大唐袜业群内，企业规模普遍偏小，尤其是家庭工厂的数量众多，在当地较有影响的企业不仅数量少，而且市场集中度也较低，家族制和作坊式的特点仍然比较明显。尤其是，大唐的袜业企业多以"贴牌"生产为主，缺乏在全国的知名品牌，整体的品牌优势不突出。企业规模与品牌问题的出现，是与网络式集群的内在缺陷分不开的，要解决这一问题，需要由当地政府出面，引导企业扩大有效规模，帮助其改善管理，以及加强大唐袜业整体的对外宣传力度，帮助企业打造区域品牌。

（2）发展和创新动力不足问题：尽管大唐袜业企业群存在着较为紧密的合作关系，但这种关系主要建立在传统的农村社区意识的基础上，仍然是基于一定的地域范围和亲缘、血缘基础，而地缘、亲缘、血缘关系的有限扩展性，决定了区内企业的发展动力不足，而这进一步导致企业在积累一定资本后，冒险精神降低，创新意识较弱。从而，也决定了集群整体的技术水平不高，应对外界变化的能力也较有限。而引导群外企业，包括内资和外资更多地"走进来"；以及通过政府的力量，加强知识产权保护，培养群内企业创新能力，是解决问题的关键。

（3）群内区际分割严重，缺乏有效合作：由于大唐的袜业群分布于各个乡镇之间，行政体制的条块分割阻碍了相互间要素的合理流动，政府间的沟通少，不同乡镇间的分工与合作受到阻碍，相互间的价格竞争激烈。因此，就要对大唐袜业群内的各个乡镇进行合理定位，错位发展。根据现实优势和发展潜力，大唐应成为产品设计、原料集散地和生产加工基地，其他各镇由于发展历史短、实力弱，应以生产加工为主[①]。

---

① 朱华晟. 浙江产业群——产业网络、成长轨迹与发展动力 [M]. 杭州：浙江大学出版社，2003.

第 五 章

青岛家电产业集群实证分析

第一节　青岛家电产业集群的形成

青岛家电产业集群自 20 世纪 60 年代开始萌芽，经历了调整、发展阶段后步入成熟。

20 世纪 60 年代初，在国家宏观经济政策的影响下，青岛的家电产业结构主要是单一的国有企业和集体企业。企业数量少，以家电生产厂商为主，其他配套、支撑企业几乎没有，零部件大都从外地配套，产品单一。由于计划经济下的是供不应求，卖方市场占有强势地位，致使产品功能和质量缺陷被弱化，厂商只顾生产，不愁销售，只管产量，不管质量。这一阶段，青岛的家电企业都是宏观计划下的产物。

改革开放后市场经济得以迅速发展，供求关系发生了根本性转变，从卖方市场转为买方市场，结构单一、质量低下的产品缺陷日益突出，面临广东、浙江家电产品的严峻挑战，生产厂家一度濒临倒闭。这时青岛市政府出面干预，对家电行业进行整改，将规模小的企业并入大企业中。企业也纷纷认识到市场形势，开始与国外知名厂家合作，引入先进的生产线、技术和设备，开发新产品，新功能，加强质量管理，扭转了亏损的局面。

20 世纪 90 年代以后，青岛家电产业步入成熟期，以海尔、海信、澳柯玛为龙头企业，带动了一大批中小型配套加工企业、研发机构、服务型企业的发展，多核式的家电产业集群形成。但这时的青岛家电产业集群的企业集中度并不是很高，海尔、海信位于胶州湾的东海岸，澳柯玛位于胶州湾的西海岸。随着青岛经济建设中心的西移和胶州湾西海岸开发的步伐加快，青岛各家电企业纷纷开始迁入开发区。发展到现在，胶州湾西海岸的黄岛经济技术开发区成了青岛家电产业的主要聚集地。

截至 2019 年青岛共有以海尔、海信、澳柯玛、三菱电机、三洋电器、松下电子为代表的国内外家电电子企业 100 多家，围绕着海尔、海信、澳柯玛等一大批名牌企业和名牌产品，形成了一个包含消费类、投资类、元件类等家电产品在内的庞大的家电产业集群，产品涉及空调、电视、洗衣机、冰箱、冰柜、燃气灶、热水器、计算机、手机等几乎所有家电电子产品。

海尔、海信、澳柯玛三个核心带动了青岛其他家电配套生产企业的共同发展，奠定了青岛家电在中国家电生产行业的重要地位。在国内市场，海尔冰箱、冷柜、空调、洗衣机四大主导产品均拥有约 30% 的市场份额；海信电视、空调、计算机均被评为中国首届中国名牌；澳柯玛的冰柜销售连续七年在全国首居第一。2021 年中国电子信息企业百强榜单上，海尔位列榜三，海信名列第 6 位。[①]1994～2002 年青岛市部分家电产品产量如表 5 – 1 所示。

表 5 – 1　　　　　　1994～2002 年青岛市部分家电产品产量

年份	家用电冰箱（万台）	家用洗衣机（万台）	电视机（万部）	彩电（万部）
1994	62.50	71.34	73.41	60.15
1995	107.91	64.34	76.78	60.53
1996	193.8	100.94	62.27	56.68
1997	257.10	171.95	137.11	124.86
1998	219.23	183.67	97.50	96.83
1999	259.6	256.3	297.7	285.2
2000	311.1	318.5	383.8	379.4
2001	396.3	367.89	458.2	455.4
2002	518.2	408.6	596.2	593.2

资料来源：2003 年《青岛统计年鉴》。

---

① 中国电子企业百强排行榜，中国电子信息百强网，http：//www.ittop100.gov.cn.

第二节　轴轮式集群的实证分析

多核式集群同时也相当于几个轴轮式集群的混合体。在轴轮模式下，各企业通过优势互补、资源共享、风险共担，共分 $1+1>2$ 的价值效应。处于主导地位的核心企业与中小型配套企业之间形成柔性生产体系。核心企业甚至通过注入资金、技术或参股、控股的方式与中小企业之间进行分工协作。

在青岛家电这个多核式集群内，海尔及其配套企业所形成的体系就是一个轴轮模式。以海尔与为其提供零部件产品和配套服务的企业所形成的体系为例。海尔拥有的强大品牌效应和规模效应，推动围绕海尔的家电产业链不断延伸、品牌集群效应日益凸显，大批的知名企业在海尔周围以极快的速度集聚。近来，海尔冰箱、空调千万级别的制造规模，吸引了广州冷机、台湾瑞智压缩机等企业前来建立压缩机总装厂；压缩机总装厂产业规模逐步扩大，吸引了为压缩机制造配套的电机厂、漆包线与热保护器厂等零部件厂前来"挂靠"；而这些零部件厂又吸引了五金件冲压、钢板剪切、铜材等原材料加工的厂家前来，从而形成了一个以家电为核心的完整的产业链。截至 2004 年底，海尔在青岛及周边地区累计吸引供应商 74 家，其中有海外知名企业 33 家，国内龙头企业 24 家。[1]

除了青岛本地的配套企业外，海尔还在全球范围内对采购商进行考察和认定，目前已经有 900 多家合同制供应商。并且，海尔与越来越多的国际知名供应商建立了联盟。通过战略联盟可以减少资源流动的壁垒，促进专有的、隐性能力的交流，获取一些在竞争性要素市场无法获取的资源，其特点是：上下游相关支持性、功能性企业随产业内居于生产体系和市场主导地位的名牌企业而聚集。目前，海尔已经吸引到爱默生、三洋等国际知名电器制造商到青岛本部，与其进行配套生产。

轴轮式集群最重要的问题就是核心企业控制整个集群的产品生产与销售，从而导致产品的单一化和创新能力的低下，但以海尔为核心的轴

---

[1]　熊爱华. 基于产业集群的区域品牌培植模式比较分析 [J]. 经济管理，2008（16）：80 – 85.

轮式集群较好地克服服了这一点。原因就在于，海尔的多元化、全球化战略和强大的研发能力，使整个集群具有了强大生命力和较强的适应性。从1992年开始，海尔就进入多元化经营阶段，通过兼并、收购、合资或合作等方式组建"联合舰队"，产品由冰箱、冰柜、洗衣机、空调器等白色家电扩展到电视等黑色家电，从而为集群中的配套企业提供了更广阔的发展空间，降低了集群企业的资产专用性风险。同时，在研究与开发方面，通过与国际知名设计机构（GK等）建立委托研发关系，在世界技术密集区建立信息中心和设计中心；与国内著名院校、科研机构建立研究基地；在青岛总部建立中央研究院，进行全球技术整合与协调；通过企业内部信息网络，根据市场对产品的需求进行全球同步设计，并开始超前性概念设计，以新概念产品引领消费。

通过群内核心企业的引导，也使得配套企业获得了创新发展的动力。中小型配套性企业在与海尔的合作中，不仅进行着物质流，更有着信息流、企业文化流等各种非物质流的交换。通过这种物质和非物质上的交流，一方面，配套方可以获得海尔不断发展壮大所带来的物质财富；另一方面，配套方更可以受到海尔文化的感染，以及获得"速度、创新、SUB"等海尔的先进管理理念等。这也就增强了轴轮式集群整体的生命力与竞争力。

第三节　多核式集群的实证分析

青岛家电产业集群，首先是由海尔、海信、澳柯玛几家具有品牌竞争优势的大型集团企业为核心形成产业制造基地，而集群的良好效应又进而带动了一大批配套项目的集中。图5-1能够说明青岛家电产业集群多核模式的特点：

（1）集群以海尔、海信、澳柯玛三家特大型家电生产企业为核心形成三大生产体系 S1、S2、S3；

（2）海尔、海信、澳柯玛分别有自己专门的零部件供应商和配套商，分别围绕其核心进行生产运营，形成轴轮模式的关系；

（3）集群内还存在着同时为三大核心企业中的两个或三个企业提供零部件或配套服务的企业 C4；

（4）三大体系之间存在着明显的竞争；

（5）三大品牌相互支撑，集群整体品牌效应明显。

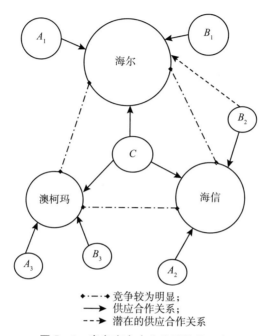

◆—·—▷ 竞争较为明显；
——▶ 供应合作关系；
- - ▶ 潜在的供应合作关系

图 5 – 1　青岛家电产业集群结构示意

注：圆圈代表青岛的家电生产及配套企业；大写字母代表零部件或配套服务的种类；数字代表不同的体系。

海尔、海信、澳柯玛等具有国际知名品牌影响力的大型家电企业在地理上集聚在青岛，形成家电产业少有的多核式集群现象，其形成因素主要包括以下几方面：

第一是青岛在计划经济时期就建有电冰箱、空调器、电冰柜厂等工厂，为海尔、海信等企业的产生奠定了基础。而少数杰出的企业家如张瑞敏、周厚健等是这些企业诞生的最直接原因。

第二是经济国际化创新发展的需要。改革开放初期，青岛市企业发展的相对优势就是拥有对外开放的国际贸易口岸和初步打开的国际市场，企业国际化发展成为一种理性选择；同时，青岛市企业在发展当初，既不像江浙企业那样小而灵活，也不像东北企业那样大而迟缓，现实需要青岛市企业探索一条具有青岛特色的企业改革和发展之路，也从一定程度上造就了"青岛国际化大企业集群"的现象。

第三是地方政府的鼓励与扶持。青岛市名牌企业迅速发展，与山东省及青岛市实施的名牌战略密切相关。青岛是全国最早提出并率先实施"品牌战略"的城市之一，青岛抓住改革开放历史机遇，闯出了一条"以质量提升带动品牌提升，以品牌提升带动产业提升，以产业提升带动品牌城市提升"的特色发展道路，涌现出以"五朵金花"（海尔、海信、青啤、双星、澳柯玛）为代表的大企业群体，以"青岛现象"为特征的"名家名企"群，形成了工业品牌带动服务业和农业品牌创建、三次产业品牌协同共进的良好局面，塑造了以崇尚品牌、尊重企业家、成就大企业为荣的鲜明城市文化，成就了品牌之都的城市美誉。

第四是区域性优势企业集群学习——竞争效应。海尔集团面向国际化的创新发展取得巨大成功，成为其他家电企业效仿和竞争的对象，进而形成优势企业间的集体学习与相互竞争效应，同类型企业不是着重于区域内部市场的分割，而是着重于面向国际市场的发展。

第五是东西国际文化交流的历史积淀，构成现代企业集群式创新的氛围。青岛是一个具有百年历史的殖民性港口城市，地处东西文化交流的前沿，如青岛啤酒的形成与发展就多得益于德国酿造技术及英、德企业管理。

鉴于多核式集群的核心就在于少数大企业间的竞争与合作，以下重点分析三大核心企业之间的竞合关系：

波特的竞争法将五种竞争力归纳为：新加入者的威胁、客户的议价能力、替代品或服务的威胁、供货商的议价能力及既有竞争者。对于多核式集群来说，既有的竞争者的威胁最大。同处在一个集群使得信息变得相对透明化，创新的要求也更高，所以可以看到青岛家电产业集群内三套体系之间的竞争更加集中地反映在三大核心品牌的竞争上。这种集群内的竞争促使三大核心企业不断提高自身的创新能力，从而也增强了集群整体的竞争力，推动了集群系统的发展。

三大品牌企业聚集一地，其竞争已经超越了传统意义上的竞争。前几年我国家电行业的促销战和价格战主要是由于生产能力大量过剩和缺少差异化引起，是以牺牲企业的发展和消费者的利益来获取短期的效益。海尔、海信和澳柯玛共同意识到要将市场、产品、营销、经营进行新的整合，以其整体的实力进入市场，共同营造一种超竞争环境。所谓超竞争环境是指：每个企业都能根据环境的变化，本身的资源和实力的整合，规避市场风险，从战略高度对市场进行整合。也就是当企业经理走出自己产品、市场的局限，进入更大范围的信息时代和环境之中，站在战略的角度给企业做好定位。[①] 由于地理空间上的接近性，企业对于竞争压力的感受也更为直接，群内企业总是有足够的竞争动机，这种强烈的竞争意识促使企业在全国范围的品牌竞争中走在前列，集群整体竞争优势也得以凸显。

核心企业之间的合作主要体现在公共设施的共建与享用以及在争取政府有利政策的支持等方面。由于同处一个区域，企业间通过信息、人员以及社会交流等形式，推动着集群整体地发展：一是群内企业的信息与人员交流。海尔、海信、澳柯玛企业集团以及许多中小型家电企业集聚在前海湾，由于地理上的临近性，不同企业的技术员工之间具有较紧的社会关系，如亲戚关系、朋友关系、同乡关系等。在这种非正式交流中，渗透着企业的管理理念和技术、信息的交流，使得企业之间的管理体系、技术和信息进行着非正式的碰撞，互通有无，彼此得到了提高，更促进青岛家电产业群整体竞争力的提高。二是企业之间的社会交流。这种形式的交流是在政府或者宏观政策的指导下进行的。青岛是我国知名的家电产业城，青岛家电产业群是青岛市扩大城市知名度、提高城市品牌的主要依靠力量。在对外宣传、对外招商中，青岛市政府通过竭力协调海尔、海信、澳柯玛三大企业集团之间的利益，将它们联合起来，以家电产业群整体优势对外招商，吸引相关与支撑性企业来青岛，提高了青岛家电产业配套能力。从整体来看，正是在三大品牌的带动下，集群的整体优势得以凸显，青岛家电业才得以在全国家电行业中拥有牢固的地位。

尽管青岛家电的多核式集群具有较强的生命力和竞争力，但是，我们仍应看到，青岛的家电产业集群仍存在以下问题：

（1）中小企业配套能力仍显不足。

近年来，随着海尔、海信、澳柯玛等大型家电企业集团规模的不断扩大，在大企业周边集聚了大量家电零部件供应商，现在青岛家电产业集群发展已初具雏形。但是相对于国内其他区域的家电产业群来讲，青

---

① 陈真. 超竞争环境下企业的竞和战略管理 [J]. 云南社会科学（理论专辑），2003.

岛家电产业的当地配套率仍然不够，家电产业还没有形成配套能力强的产业集群。2014 年，青岛家电产业的主导产品在当地的配套率不足40.5%，而以顺德为首的广东家电产业群当地配套率却达到 80% 以上。过低的当地配套率无法满足家电产业发展需要，因此青岛家电产业相当大一部分零部件和原材料都是由区外供应的，其中浙江慈溪、余姚，广东顺德就是青岛家电企业定牌加工的主要基地，部分来自河北、河南、辽宁等地。① 由于长期的合作，青岛家电企业大都与区外家电零部件供应商建立了稳定的关系，这种合作关系对家电制造商的好处在于降低搜索成本，保证零配件供应，促进了青岛家电企业实现订单式生产。但是，如果本地企业的配套始终较弱，随着本地市场的饱和与商务成本的提高，就可能导致本地核心大企业的外迁，例如，海尔集团曾一度有过生产总部外迁的想法，根本原因就在于此。

（2）核心大企业间过度竞争。

青岛的家电企业，特别是核心家电企业间存在着单打独斗的状况，相互之间缺乏协作，有的企业甚至为了眼前的利益，进行不正当的竞争，形成了"同城冤家"的格局，结果造成了群内家电企业之间的恶性竞争，而不是在更大范围内的竞争。例如，青岛家电的两大巨头海尔、海信的官司不断，就是这种竞争的典型表现。企业之间交流少，合作氛围淡，缺乏有效的信息、技术、资金、人才的流动路径，企业只是作为家电产业几个孤立的点而存在，没有形成整体合力，也就无法创造出 1+1＞2 的效果。这种情况也使得群内的企业无法合理利用产业群的整体资源优势，青岛家电产业出现了企业之间重复建设的情况，各个大企业均建立自己的采购与供应体系，市场营销与服务体系，研究与开发体系，企业各类资源的横向流动远低于中小企业集群，没有形成为其服务的地方配套生产与服务群体，造成企业各自从异地进行采购、招聘、合作等，造成企业运营成本的上升。

（3）资源的稀缺与市场饱和问题。

同构性大企业的发展势必强化对同类资源的吸收和同类市场的争夺，容易造成本地相关核心资源的稀缺（土地、人才、技术、资金）和市场的过度饱和，从而带来较高的商务成本。近年来，青岛土地价格

---

① 柳明霞. 青岛西海岸新区产业集群研究［D］. 青岛：中国石油大学（华东），2015.

的快速上涨，以及高端人才的稀缺，与此存在着一定的必然联系。这也是企业国际化和外地化发展的成本动因，而前面的分析已经表明，在中小企业配套始终不足的情况下，进一步的结果可能是大企业的外迁，地方政府不愿意看到的产业"空心化"，导致经济竞争力下降，日本东京就是这样的典型例子。

青岛多核式家电产业集群的存在的几个问题，也是多核式集群发展过程中存在的普遍问题，解决思路在于以下几个方面：

一是营造青岛本地中小企业发展的良好环境，通过中小企业的大发展来增强对核心大企业的配套率。从青岛现状来看，中小企业的发展环境仍然是不容乐观的，这一点尤其体现在中小企业的融资方面。目前，在货币供应总量相对紧张的情况下，企业资金松紧程度"两极分化"趋势更加明显，以海尔、海信、澳柯玛等为首的少数大的名牌企业资金相对宽裕，而多数企业特别是成长中的中小企业资金仍然偏紧。

二是政府应协调本地核心企业之间的关系，避免恶性竞争的发生。尤其是要推动核心大企业之间的合作，营造青岛市对外整体的品牌优势。推动大企业间的合作尤其是要加强各个大企业间的研发与技术方面的合作。目前，海尔、海信、澳柯玛都有自己的核心技术，而且都具有强大的研发队伍，如果能推动它们彼此间的研发合作，将大大增强青岛市家电产业群的技术力量，从而将大大提高青岛市家电产业群对外的整体竞争力。

三是推动青岛本地企业更多的"走出去"，实施国际化战略。大企业更多的"走出去"进行竞争、扩张，就可以减少在青岛以及山东这个狭小市场内资源以及市场方面的冲突，也有助于改善大企业间的关系。在"走出去"方面，青岛市的核心大企业已经取得了相当大的成绩，如海尔已经建立的具有品牌效应的全球营销与服务网络分别达58800 个、11976 个；海信的产品也已经覆盖欧洲、非洲、东南亚、南美等40 多个国家和地区。[①] 因此进一步推动核心企业的国际化战略，是解决资源稀缺和市场饱和问题的关键。

---

① 刘然．山东与广东对直接投资比较研究［D］．济南：山东师范大学，2012．

第 六 章

山东港口集团集群式发展战略分析

港口是一个地区经济发展的晴雨表，也是高质量发展的加速器。山东省是一个沿海港口大省，拥有青岛、烟台、日照三个 4 亿吨大港，跻身全国港口的前十位。但也由于山东的港口众多，不可避免地存在分散发展、重复建设以及同质化竞争和供求失衡的问题，制约了山东省港口产业集群的转型升级。港口资源缺乏高效和集约利用，港口现代化建设高质量发展的步伐被拖慢，山东港口资源的整合迫在眉睫。

第一节　山东港口集团产业集群形成分析

一、港口＋产业"双轮驱动"发展

最早将港口产业集群理念应用于集群理论的是比利时安特卫普大学的哈泽多纳克·E（Haezendonock E）教授，他认为，集聚在同一港口区域的从事港口服务的企业，采用相似的竞争战略，会获得联合的竞争优势。国内学者周昌林指出，港口产业集群是一种依托港口，以第三方物流企业为核心的，在业务上往来合作与分工的企业形成的产业组织形式和经济社会现象。港口产业集群的形成凸显了港口在产业集群中的基础性优势，以第三方物流企业的集聚为核心的产业专业化分工为港口产业集群发展带来了规模经济，尤其是在经济全球化、数字化发展的今天，港口服务水平提高与产业转型升级有着密切的关系。

　　李电生在研究产业结构调整对港口发展的影响中发现：唐山港港口吞吐量的变化从 2008 年开始呈现下降趋势，港口吞吐量的净增长量逐渐见效，港口吞吐量逐渐平稳。由吞吐量变化趋势及三大产业对吞吐量的贡献度综合可知：从第一阶段到第二阶段，产业结构的调整使得第一产业对港口吞吐量的影响程度略有下降，第二产业对港口吞吐量的影响程度大幅下降，同时第三产业对港口吞吐量的影响程度大幅上升，而港口吞吐量呈现水平平稳走势，表明第二产业对港口吞吐量的直接贡献大于第三产业。纵观全球经济发展现状，第三产业在经济发展中的贡献值越来越大，尤其是以科技、创新为主导的产业成为拉动经济的重要引擎。而我国的港口发展伴随着产业结构转型升级，尤其是信息化、数字化使我国传统的港口服务优势逐渐减弱，为此，只有建立综合型、现代化、一体化的港口才能匹配新的产业结构，发挥港口产业集群的优势。

　　港口是产业发展的基础，产业是港口发展的依托，"港口 + 产业""双轮驱动"的发展加速了综合、一流港口产业集群的形成，而港口产业集群所形成的地理集中性，为城市发展吸引人才等资源，推动了城市化进程。例如，美国经济核心地带和美国最大商贸中心、国际金融中心——美国的东北部大西洋沿岸都市带，就是以波士顿、纽约港、费城港、巴尔的摩港为基础，其中，波士顿是最早的港口枢纽，主要以转运地方产品为主，兼有渔港性质；纽约港是最大的商港，主要发展集装箱运输；费城港以近海货运为主；巴尔的摩港则是运输矿石、煤炭和谷物的转运港。通过发挥不同港口的优势，深化港城融合，纽约成为交通枢纽、工业、金融、信息和商贸中心，其发达的商业和生产性服务业为次级城市提供多种服务，在都市带中发挥核心带动作用，使次级城市各具特色，分工协作，形成带状发展格局。这为构建山东港口产业集群和都市圈提供宝贵借鉴。

二、山东港口集团产业集群形成过程

　　为了实现山东港口资源整合，发挥"港口 + 产业""双轮驱动"带来的竞争优势。2019 年山东省政府报告中提出了《山东省港口集团组建方案》，制定了山东港口集团产业集群形成的"三步走"计划。2018 年山东渤海湾港口集团挂牌成立，山东高速集团控股，整合滨州港、东营港、潍坊港，并于2014年全部完成了对东营、潍坊、滨州三市国有港口的接管。2019年7月，威海港口100%股权无偿划转青岛港口。2019年8月，山东港口集团成立，青岛港、烟台港、渤海湾港和日照港四港合一。

以山东港口集团成立为标志，山东港口进入了深度整合期，8月6号挂牌，省港口集团直接归省委、省政府管理，由省国资委履行监管职责，各市和各大企业只享有股权分红权，不参与港口管理，理清了省港口集团与有关各方所有权和经营权关系，明晰了政府监管职责，便于集中统一领导和经营主体的高效决策，有利于集团上下融为一体，形成产业集群，发挥竞争优势。

港口资源整合划分为三个层次：

第一层次为港口战略合作和合资经营，是一种比较松散的港口资源整合模式，合作或合资双方出于利益最大化需要，共同经营港口资源，实现局部利益的最大化。第二层次为同城或临城港口资源整合，通常为市级层面的港口资源整合，处于同一行政区域内港口整合为一家港口企业。第三层次为跨行政区域的港口资源整合，是一种深层次的港口资源整合模式，真正实现了跨行政资源的港口资源整合，同一港口群内港口形成统一的港口经营与管理平台，分工协作、错位发展，优化资源配置，化解产能过剩和过度竞争，使港口更好地服务于经济发展。

港口产业集群的形成需要依托一定的自然地理环境，一定是围绕港口分布；同时，港口产业集群需要一定产业基础，即一定的社会经济发展基础；此外，港口产业集群的形成需要一定动力机制。

三、山东港口集团产业集群形成环境优势分析

1. 资源环境优势与发展基础

山东省的海岸线全长3024.4千米，大陆海岸线占全国海岸线的1/6，[①] 深水岸线资源丰富，港口发展历史悠久，在港口发展方面拥有得天独厚的优势条件。目前，山东省沿海港口已初步形成了以青岛港、

---

① 基本省情. 山东大学山东发展研究院，http：//www.ssd.sdu.edu.cn/into/1008/1086.htm.

烟台港、日照港为主要港口，威海港、滨州、东营、潍坊等港口为地区性重要港口的分层次总体布局。目前，从港口发展现状看，青岛、日照、烟台三个主要港口以及威海、潍坊、东营、滨州四个地区性港口，形成了"三大四小"的发展格局。2018 年山东全省沿海港口完成货物吞吐量 16.1 亿吨，总量居全国第 2 位。其中：青岛港货物吞吐量 5.42亿吨，集装箱 1932 万标准箱，吞吐量全球排名第 7，国内排名第 5；完成海铁联运 115.4 万标准箱，同比增长 48.6%，是中国沿海唯一过百万箱的港口；青岛港目前已集聚集装箱航线 160 多条，居中国北方港口之首。烟台港货物吞吐量 4.43 亿吨，集装箱 300 万标准箱，吞吐量国内排名第 8；日照港货物吞吐量 4.38 亿吨，集装箱 402 万标准箱，吞吐量国内排名第 9；威海港完成货物吞吐量 4467.5 万吨，集装箱吞吐量 73.33 万标准箱；潍坊港完成货物吞吐量 4656.6 万吨，同比增长 11%；东营港完成货物吞吐量 5825 万吨，增长 7.5%；滨州港全年实现吞吐量 3140 万吨。[①] 良好的港口发展基础成为山东港口集团产业集群形成的发展前提。

2. 较为完善的集疏运网络和综合交通体系

对外，山东省开辟了四通八达的国际航线航班，与 180 多个国家和地区 700 多个港口实现通航；对内，山东省构建了较为通畅的后方集疏运系统，公路、铁路管道等各种集疏运方式相互配合，保证各类货物迅速集散。[②]

山东省正在建设综合交通网络骨架，着力构建"九纵五横一环七连"高速公路网，公路通车总里程 27.1 万千米，居全国第三；着力构建"三横五纵"快速铁路客运网和"四纵四横"骨干货运铁路网，全省铁路营运里程达到 5700 公里，居全国第六位；并加快建设"三干十三支"民航机场，遥墙机场、流亭机场、烟台蓬莱等 9 个机场的建成运营，是华东地区运输机场数量最多的省份。而管道运输体系日益完善，全省长输油气管道达到 1.18 万千米，约占全国的 10%。[③] 全省各市均实现天然气主干管线覆盖，初步形成了横贯东西、纵贯南北的油气运输网络主骨架。

① 陈嘉豪. 青岛港国际竞争力评价及提升策略研究 [D]. 济南：山东师范大学，2021.
② 柳明霞. 青岛西海岸新区产业集群研究 [D]. 青岛：中国石油大学（华东），2015.
③ 于江川. 山东高速集团归核化发展战略研究 [D]. 济南：山东大学，2020.

3. 良好的营商环境以及腹地经济

世界500强企业中，有213家在山东投资设立了700多家企业，覆盖了山东省16个市，[①] 推动形成重型卡车、高速动车、轿车、工程机械、造船、信息技术等产业的聚集。在汽车领域，美国通用、德国满和大众、韩国现代等企业的进入，大大提升了全省汽车产业的地位；在工程机械领域，日本小松、美国科特皮勒、瑞典沃尔沃、韩国斗山等企业的进入，使山东成为全国举足轻重的工程机械大省；随着惠普、思科、甲骨文、微软等IT巨头企业的进入，全省信息服务业正在形成聚集式发展的效应。此外，建设中韩产业园，重点发展新兴产业和现代服务业，集装箱业务、客流运输以及未来的邮轮业务都将会呈现大规模增长。

此外，山东是我国经济发展速度最快的省份之一，工业发展优势明显，工业总产值和增加值均位于我国省份排名的第三位，尤其是具有较多的大型企业，号称"群象经济"。山东又紧接腹地河南等省，这些地区人口众多、经济发展势头良好、潜力巨大，为山东港口资源的整合提供了坚实的基础，也成为港口产业集群发展的重要条件。

4. 有利的宏观环境与政策

第一，我国提出"一带一路"建设构想后，山东省被确定为国家"一带一路"规划海上战略支撑点和新亚欧大陆桥经济走廊沿线重点地区。青岛是"一带一路"建设中明确的重要沿海港口城市，是"一带一路"的战略交汇点，将成为构建国家海陆联动、东西双向互济全方位对外开放新格局中的重要战略支点。

第二，交通强国带来的系列战略机遇。党的十九大提出的交通强国以及贸易强国、海洋强国等战略，各行业都着力谋划由大到强的战略转变。交通强国提出要开放发展，不断提升行业影响力、话语权，为加快行业要素聚集、提升国际航运资源的配置能力和影响力带来重大机遇；贸易强国建设提出要将贸易空间进一步拓展；海洋强国建设提出未来将大力发展海洋经济、海洋科技、海洋产业、海洋运输等，不断带来新的航运需求等。

第三，新旧动能转换带来的机遇。山东省的新旧动能转换方案提

---

① 史晓玲. 国家、生态、技术、市场 [D]. 济南：山东大学，2020.

出深度融合"一带一路"建设，强化青岛、烟台等海上合作战略支点作用，推进与海上丝绸之路沿线国家和地区城市间的互联互通。新旧动能转换试验区是国家战略，有利于培养新的增长点，形成新动能，为提升沿海城市的战略定位、融入"一带一路"建设，培育壮大新技术、新产业、新业态、新模式，改造提升传统产业改造等提供新的动力。

第四，海洋强省带来的重大机遇。习近平强调要更加注重经略海洋，要求山东发挥自身优势，努力在发展海洋经济上走在前列，加快建设世界一流的海洋港口，完善现代海洋产业体系和绿色可持续的海洋生态环境，为建设海洋强国作出山东贡献。

第五，中部崛起战略为沿海港口发展带来新的机遇。中部崛起的任务之一就是将中部发展为全国重要的粮食生产基地、能源原材料基地、现代装备制造业基地，特别是山西、河南、安徽，作为山东省沿海的间接腹地。在这个过程中，将为山东省沿海港口发展迎来更加充足的货源，也为航运中心发展以及港口产业集群形成提供强有力的支撑，其海运需求可观。

5. 山东港口集团产业集群形成的实践典范与技术支撑

近年来，我国港口发展取得了瞩目的成就，中国港口吞吐量规模居世界首位；形成了招商局港口、中远海港口、上港集团、北部湾港集团、中交建集团等一批具有国际竞争力的企业；港口服务全面发展，从第一代单纯的换装功能发展到第二代工业功能、第三代现代物流服务功能，再到第四代集互联网、大数据、云计算、安全、绿色发展的新港口服务；技术不断进步、结构持续优化，深水筑港、河口深水航道建设、深海筑岛、码头装备自动化等技术世界领先，港口泊位向专业化和大型化发展；这为山东构建现代化港口产业集群的形成提供了成功的实践典范与技术支持。

建设安全、便捷、绿色、高效、经济的世界一流强港，是新时期港口发展的要求，也是山东打造海洋强省的重要内容。为此，山东要整合现有的港口资源，抓住机遇，发挥青岛港、烟台港等关键性港口的衍生、裂变、创新，推动东营港、滨州港等形成共生发展模式，积极发挥山东省政府的引领与助推作用，逐渐形成规模经济发展，形成港口产业集团发展的竞争优势。

四、山东港口集团产业集群形成的动力

1. 市场与成本机制

尽管山东省港口经过长期的发展已经取得了显著的成绩，但仍然面临着重复建设、腹地重叠、区域分割、货种同质化等问题，并由此造成产能过剩、相互压价，形成内耗，产业仍以装卸、储运等传统业务为主，港口产业链不长，航运金融、临港高端制造等产业发展相对滞后。虽然青岛港的管理水平较高，但独木不成林，整体来看，山东港口的软实力仍然不足，特别是行业要素规模化、集约化水平不高，港口功能仍以传统的装卸、储存、转运业务为主，大进大出特征明显。无秩序的市场被割裂，造成交易成本上升，有限的市场抑制了专业化分工和产品细分，市场外部性难以发挥。因此通过形成山东港口产业集群的发展模式，专业化分工与交易费用不断下降，从而促使市场不断扩大，而扩大的市场又不断地以更低的成本进行规模生产和产品细化，产业链不断分解、拉长，市场外部性不断得到强化，形成良性循环积累过程，最终导致较大规模的产业集群的形成。

2. 社会动力机制

在产业集聚中，凝聚着大量的经济活动要素。各个市场主体形成相互依赖的经济网络关系，它们在市场这只"看不见的手"的引导下，采取利润最大化的经济行为，这不可避免地会造成市场失灵，阻碍产业集群的形成，从而抑制产业集群功能的发挥。而在产业集群形成中，政府和市场需要构建一种平衡关系，将政府的职能定位于产业集群的市场失灵领域，在遵行产业集聚的规律下，发挥政府的作用。山东港口集团的形成就是在山东省政府的牵头下，实现的跨行政区的港口资源整合，将港口形成统一的经营管理方式，分工协作、错位发展，实现资源优化配置，化解产能过剩，形成产业集群良好的品牌形象。

3. 创新机制

创新是产业集群的重要优势。集群成员通过彼此间的学习行为形成知识共享，以及良性竞争机制下的"挤压效应"，也就是彼此间形成良性的"竞合关系"。这种关系，使得成员不断学习，催生新的技术、模式等。此外，集群成员可以较为便利地吸引供应商和其他伙伴参与创

新，从而不断获得创新所需要的资源，集群中的竞争压力也有利于推动企业的不断创新，形成新的发展模式。青岛港拥有丰富的班轮及航线资源，但是深水岸线资源匮乏，而日照有丰富的建港资源，但是航线少、班轮少而吃不饱。山东港口集团产业集群的形成创造性地解决了港口资源匹配不均的问题，形成分工协作、错位发展的一体化新型发展模式。

第二节　山东港口集团产业集群形成存在的问题与挑战

一、山东港口集团产业集群发展存在的问题与关键点

上海海事大学寿建敏教授在参加山东加快世界一流港口建设学术研讨会时，指出山东港口集团的发展将主要面临以下四个方面问题：第一，未来建设一流港口的标准问题。第二，港口资产规模扩张和资源配置问题。港口和城市的发展是紧密相连的，如何分开进行管理和控制；在整合后的投资决策中，当地的地方政府部门参与港口的投资建设的方式等；第三，做大港口和做大城市产业是否一致。第四，港口企业集团的垄断控制。而山东港口整合后面临的新问题和整合关键点主要集中在两个方面：

一是如何调动省市两个积极性。港口整合后，港口管理体制由原来的"一市一港"调整为"全省一港"，港口发展的主体责任由市级层面转为省级层面，地方政府对港口各种显性和隐性的支持有可能弱化，省级层面对港口的支持短期内难以接续。如何在港口整合中，充分调动省市两级的积极性，实现省市协同、合力支持港口发展，是需要认真思考的一个重要问题。一方面，应强化省级对港口实施统一规划建设、统一运营管理职责；另一方面，也应充分考虑各有关市的既得利益和发展需求，保持各港口注册地和对应收益不变，维护企业生产经营稳定，强化地方港口发展责任，强化港口对地方发展的支撑作用，通过港－产－城融合发展实现高质量发展。

二是如何解决好公益性资产问题。航道、锚地、防波堤等公益性基

础设施资金投入巨大，不产生直接经济效益，却是港口发展的基础保障。公益性基础设施无论由港口企业承担建设和维护，还是由地方政府来承担建设和维护，都会负担较重。如何处理好这一问题，应统筹考虑、妥善处理。可按照"港口法""航道法"有关要求和多数省份做法，公益性资产由所在地市政府承接、管理和维护。新上公益性项目投资由港口企业和地方政府按比例承担。

二、产业集群内部港城关系面临新调整

港口与城市是需要相互依托的，城市的产业发展为港口的规模化、产业化提供依托，而都市圈的建立也需要附着在现代化港口产业集群，才能发挥其带动辐射作用。实施港口整合后，地市政府仅享有股权分红权，不再参与港口管理，对港口发展的控制力大大降低。地市政府的角色转变意味着在新的港口管理体制下，港城之间的关系需要重新进行调整，以避免港口集约化进程与城市发展对港口功能的诉求之间相互背离。如果不能有效合理地平衡各方利益诉求，则难以充分调动地市在港口发展方面的积极性，确保港口与腹地之间的协同配合。

三、产业集群内部竞争优势面临挑战

以前山东的港口之间互相压价，形成价格竞争。港口集团成立后，内部价格统一，将如何寻找新的竞争点？一个港口的强大不是靠统一做出来的，是靠竞争做出来的。中国海洋大学经济学院朱意秋教授指出，在地理上，上海和宁波靠得很近，但是两家港口都很强大，靠的就是竞争。港口集团内部的竞争有利于货主、有利于贸易、有利于经济，也有利于集团自身发展。把山东地区的港口做成一个公司，形成产业集群，不仅增强了山东港口集团产业集群的盈利能力，也在与同类港口竞争中，如与渤海港、长江三角洲的竞争中增强了竞争能力。

四、山东港口集团产业集群缺乏市场化协调机制

郝艳萍研究员认为，山东省的港口整合方案较多地使用了行政命令

的手段，在短期内取得了较大的成效，但也导致整合过程过于生硬，缺少市场机制的润滑。例如日照港凭借港口条件和腹地优势，集装箱业务发展迅速，逐渐成为港口收益的主要增长点，但也与青岛港形成了一定程度的竞争。港口整合后，若教条化地避免"同质化竞争"，干预港口经营行为，则可能导致港口优质资源流失，挫伤港口自主发展的积极性，出现港口代际退化、两极分化的局面。

第三节　山东港口产业集群发展战略与思路

一、省级港口产业集群中的海港、海运等基础条件

基础设施升级是产业转型升级的基础。因此，首先要优化港口的基础设施工具。优化沿海港口码头的功能布局、统筹全省岸线、锚地规划建设，提高港口资源科学开发、集约利用水平，加快铁路网建设，着力解决进港的最后一公里问题。其次要加大区域港口的资源协同。应着力提升青岛港的集装箱水平利用，加快形成以青岛港为枢纽港，烟台、威海、日照及渤海港集装箱运输格局，鼓励发展外贸集装箱的内支线运输，争取政策还有一些油品、矿石运输功能，应该形成协同优势。根据能源部署，优化液化天然气、邮轮游艇、商品气的码头建设，实现资源互补、错位发展，以及锚地资源规划建设等。最后是壮大山东的海运实力。建设一流港口不可仅靠拉货运、拉外地船，要有自己的船队。完善航线的网络布局，强化"一带一路"沿线国家的航线配置，加密现有的集装箱、原油、大宗散货的主要航线，开辟特殊货种和地区的新航线。政府应该出台政策，培育具有内外竞争力的航运骨干企业；积极支持中小的海运企业通过合作、兼并等方式，实现航运业的规模化发展，提高竞争力；应鼓励和引导货主有序地参与船队建设，支持航运企业的兼并重组，整合业务资源，提高抗风险能力与国际竞争力。

二、拓展港口产业集群的综合服务水平，发展港航服务业，成立省航运交易所

港航服务业既包含了金融业，也包含了信息服务业和科技服务业、物流业。从现代服务业的发展角度来讲，山东省与长三角地区的差距非常大。港航物流业一定是港口能够转型发展的必由之路，而且是核心要义。现代信息服务业是必须要发展港航服务业的方向，信息服务业里面，包含了智能港口的建设。尽管青岛的智能化港口建设非常先进，但是智能化港口只适用于港口，港航信息的服务包含了整个全球的港航信息的大数据整理、大数据的沟通以及其他相关服务业的发展，我们在数据平台的发展和技术发展方面还有相当大的差距。港航服务业是未来港口经济增值最广阔的空间，在港口空间受限的情况下，大力发展港航服务业是经济增值空间最大的区域。而发展港航服务业，从港航服务业发展的历史阶段来看，需要政策支持。要实现短期超越式的发展，需要有资源集聚，而资源集聚这些问题，通过政府集聚的效率是最高的。要积极推动成立航运交易所。通过成立山东省航运交易所，各市依托四个集团成立分所，完善航运要素聚集，特别是引进世界级的航运服务要素在山东落户。此外，制定港口收费体系、国际集装箱班列补贴优惠政策等。特别是创新船舶的调度、引航服务机制，必须实现引航的服务零等待。要进一步整合资源，形成统一的引航船舶、锚泊调度中心，才能更好地提高航运服务水平。

三、推动建设国际商品和要素交互枢纽

青岛港作为海上丝绸之路与陆上丝绸之路经济带的交汇点，具有建设国际商品交易市场的区位优势和综合条件。国际商品交易市场是指海上丝绸之路或陆上丝绸之路经济带的货物可预先进入青岛保税港"前沿仓库"后，通过市场或线上交易完成后，再通过海上或陆上运输送到客户。这个模式类似于浙江义乌模式，故称为"海上义乌"。该模式要围绕"一中心、两市场、三功能"展开。"一中心"是指青岛港口国际商品交易市场，要建设成为亚欧最重要的国际商贸中心和陆海协同发展中

心。"两市场"是指围绕"一带一路",服务亚欧两大市场。"三功能"是指商品中转贸易、综合跨境服务、国际海铁联运功能。依托现有的物流规模优势,重点培育原油、成品油、液化天然气、粮食等大宗交易功能,打造大宗商品交易基地。在青岛港建立国际商品交易中心,集聚国际商品,培育跨境电商产业,减轻行业政策负担,打造良好营商环境,形成市场,取得定价权。紧紧围绕着供应链条,将市场和物流相结合,带动金融业产生。

积极推动建设好物流枢纽,把综合优势发挥出来,把国家给的功能定位发挥出来,这是青岛面临的挑战,同时也是对港口建设的挑战。要发展多市联运,着力推进水运与其他运输方向的互联互通,加快建设公路、铁路集疏运通道;积极发展海铁联运、陆海联运、水水中转等,实现多式联运一次托运、一票到底,推动产业集群向四面辐射,建设一种米字形的开放格局,这样才能够实现东西方向互济、陆海内外联通,才能发挥出上合组织国家地方经贸合作示范区的功能。

四、为港口产业集群提供优质的港区营商环境

发挥港口整合优势需优化营商环境。一是积极推进《山东省口岸综合管理条例》的修订,强化口岸的法律支持以及行政审批,简化审批程序,缩短审批时间等,充分释放市场的主体活力和创造力,特别是在用海用地的保障,控制详规、土地利用年度计划、围填海计划指标,应保障港口航运功能的聚集区、临港产业园的用海需求。二是完善相关的财税政策。积极对标上海、香港、深圳等地区,研究支持政策。利用自贸区和上合示范区等优惠条件,政策融合于航运中心建设,积极引进高端人才,对高端人才子女教育给予方便,积极地推进山东省航运中心建设条例的出台,研究配套相关政策,为航运中心建设提供法律支持。

重新规划山东港口城市产业集群内部的产业结构,将集聚的从事堆场、货代等低附加值的企业,外迁至胶州集装箱站附近。外地公路车辆直接运输到胶州,通过铁路短班列运输到港口前沿。将置换出的土地用于国际商品交易市场、国际金融等高端业态发展,实现"腾笼换鸟"。同时,大规模的公路运输车辆不再进入港口,减少交通拥堵和环境污染,营造良好的经商环境。

五、参考借鉴国外发展模式经验，助推山东港口群和城市群协同发展

山东省港口群和城市群协同发展模式实际上是基于两点：第一，建设世界一流港口，大港背后必然有大城市的依托。第二，世界上成规模的港口群背后都有城市群的发展模式。山东的港口群实际上也是山东半岛城市群，大部分地区在山东半岛城市群范围内，同时大部分地区在山东半岛高端制造业的规划范围之内，山东半岛的港口发展与产业发展、城市发展的联动密度非常大。因此，山东可以借鉴世界上其他港口群和城市群发展模式的经验，例如美国东北部大西洋沿岸港口城市群、美国西部太平洋沿岸城市群、日本东海道地区沿岸的港口城市群等。

山东有7个沿海港口城市，在高铁联通之后，交通距离和交通时间已大大缩短，在产业发展的角度上已经能够形成城市间链条化协作的格局。但是山东城市群的发展现状仍处于相对初级阶段，许多方面需要政策加以协调。最先进的地区仍以港口城市为主，港口离开城市的产业依托很难做大规模。港口和城市需要相互依托，城以港兴，港为城用。

第三部分

我国产业集群创新体系建设

第七章

建设我国产业集群创新体系的构想

第一节 产业集群创新体系框架、目标、重点任务

一、产业集群创新体系结构

建立完善的产业集群创新机制，实现产业集群的可持续发展，以维持产业集群所产生的竞争优势，促进经济的持续发展，是我国当前产业集群发展过程中要解决的主要问题。为实现产业集群的可持续发展，我们认为可通过图7-1所示的产业集群创新体系的实施来完成。

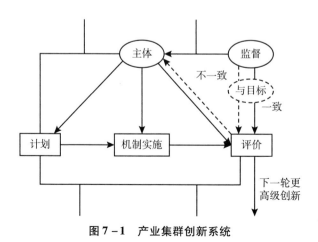

图7-1 产业集群创新系统

产业集群创新体系是指与创新全过程相关的组织、机构、创新机制和实现条件所组成的运行系统，该系统从创新主体制定产业集群创新计划，并通过创新机制实施创新计划，到最终由各类主体与创新体系的监督者对计划的实施进行监督，当计划实施未偏离目标时将滚动至下一阶段的计划，否则对计划的实施过程进行修正至计划目标再继续实施来完成全部创新过程。系统体系有参与创新的主体、主体之间的联系及运行机制、创新环境三大要素组成，具有主体间的地缘聚集特征、主体与环境间的互动作用特征、系统内专业分工持续深化特征、系统内不断衍生新企业的特征。总之，产业集群的创新体系除了创新主体间的互动外，正如图7-1所示，创新环境中的社会网络、技术网络和交易网络有机结合，在创新机制的共同作用下实现产业集群创新及可持续发展。

二、产业集群创新体系目标

结合以上我国产业集群现状的分析，本书认为我国现阶段产业集群创新体系的目标应设定为：以创新主体，包括企业、各类服务中介和政府的交互作用为基础，以知识信息的流动、传递、反馈为前提，通过创新机制在创新过程中的应用，提高集群创新能力和创新效率，加速群内经济发展，提高竞争优势。产业集群创新体系实现的具体目标有：一是以群内企业利润最大化的基础，达到群内资源要素的合理配置，增强群内企业及集群的竞争力，实现集群和群内企业的可持续发展；二是以信息知识的共享为基点，发挥以技术网络、社会网络良性运行为核心的创新机制功能，搭建主体与环境、企业与知识资本间互动的良好机制和社会氛围，实现群内企业、产业集群、社会网络的共同发展，并形成相互依赖、共同发展的良性互动网络。

三、产业集群创新体系建设重点

为实现上述目标我们认为产业集群创新体系建设的重点任务为：

一是要抓住入世契机，根据世贸组织规则的要求，转变意识，充分认识现阶段在我国发展产业集群，实现产业集群可持续发展的重要意义，在进一步完善创新的政策体系和法治环境的基础上，针对财税、融资、信贷、固定资产折旧等多方面设计鼓励技术创新、组织创新、制度创新、管理创新及其产业化发展的优惠政策措施，实现创新主体与创新环境的协调发展，为提高企业的竞争力、促进地方经济的发展、优化产业结构、实现国民经济结构调整和良性发展提供有价值的对策建议。

二是按照适应社会主义市场经济要求，以为企业发展、为产业发展提供优质服务为宗旨，以倡导营造有利于集群创新的良好环境为目的，阐明各类创新主体在与创新环境互动时所具备的条件及其作用。

三是以群内企业为主体，运用市场调节手段，完善创新机制体系，并采取各种措施对策最大程度地发挥创新机制的激励与约束功能，实现主体与环境的互动。

四、构建产业集群创新体系应遵循的原则

目前，产业集群在我国的发展尚不成熟，其发展过程中也存在一定的问题，而集群的创新更是一项新课题，因此产业集群创新体系的建设应结合我国的具体国情及发达国家成功产业集群的经验来进行，并应遵循以下几个原则：

一是渐进性发展和长远性目标实现原则。产业集群创新体系的构建与运行，不仅要考虑近期实施的需要，更要考虑集群经济发展、地方经济发展、群内企业发展的可持续性要求，通过螺旋式上升的创新过程，阶段性地调整、提高集群的竞争实力，以保证产业优化升级和国民经济结构调整的长远目标的实现，采取渐进式阶段性推进产业集群发展的模式。

二是坚持以市场为核心设计创新机制体系的原则。对于产业集群内的创新全过程，无论是创新的激励机制还是创新约束机制的实施，都应坚持以市场为核心，在市场中建立机制、在市场中运行机制、在市场环境中检验机制实施的利弊及效果，让市场成为产业集群创新体系的平台，为集群内部企业提供良好的创新环境。

三是坚持将宏观创新政策和微观地区协调相结合，以构建产业集群创新良好环境为原则。在市场调节下，以政府的创新政策来弥补市场环境对区内企业及集群创新过程的制约；充分发挥集群所在地区各级政府

的积极协调作用，保障集群内创新主体与创新环境的互动效果。

四是坚持创新将竞争、合作与开放相结合的原则。在一定的创新环境中，充分发挥创新主体的自主能动性，制定科学合理的创新计划，以竞争与合作相结合的原则，辅以创新机制来保证创新计划的实施；同时，以市场的监督为依据，将竞争、合作与开放相结合，借鉴其他国家成功产业集群的经验，及时地评价集群创新的效果，为下一轮更高层次的创新打基础。

以上述原则为指导，下面我们将详细分析产业集群创新体系模式。

第二节　产业集群创新体系建设评价方法与步骤

一、产业集群创新体系分析

图 7-1 所示表明创新体系主要由参与创新的企业、科研院所大专院校以及地方政府组成，在知识信息通畅流动的环境中，并有市场中介服务组织介入和政府适当参与来共同制定产业集群的创新计划，以创新机制的运行来实施创新计划，然后由市场中的消费者及专业技术部门组成的监督者对计划的实施情况进行评价，经评估若计划目标偏差较大，则及时修订计划，之后再继续实施；经评估计划目标实施正常，则进入下一轮更高级的创新过程，至此完成一个开放的产业集群创新网络体系。构成集群创新体系的三大模块分别是：参与者创新主体和监督者模块；创新全过程，也即主体之间的联系和运行创新计划模块；知识信息流动、法律法规政策组成的创新环境模块。集群创新体系是一个开放体系，是国家创新体系中的子系统，它担负着产业集群发展、地方经济发展、群内企业发展、群内产业升级的重任，具有优化群内创新资源配置、协调不同产业集群间和群内不同企业间发展关系的功能，因此创新体系的侧重点包括调动创新主体能动性、规划集群创新目标计划、发挥创新机制功能实施创新计划、构建创新评价指标评估集群创新计划的完成情况。

产业集群创新体系的分析，是从群内企业、大学和研究所、中介服务机构、政府四个行为主体的分析开始，然后制定创新计划和目标，阐述创新机制对创新计划的实施过程，最后设计创新评价指标，下面将分别进行论述。

（一）产业集群创新体系的运行分析

产业集群创新体系是以某一产业集群为核心，由群内的创新主体制定创新计划目标，选择科学的创新机制实施创新计划，由独立的监督者协同主体对创新成果进行评价而构成的创新全过程；它体现了主体、创新机制、环境三部分结成的网络体系相互依存、相互作用的内在规律性，就整个体系而言，具有输出效益、输出物质产品、输出相关信息的功能；作为产业集群的创新体系，它既有"群结网"的特征，又具有创新体系的关联创新的特征；产业集群以创新环境为依托，是一个开放性的系统，它能够以各组成部分为基础、以创新为起点、实现创新向更高一级的循环。

如图7-1所示，产业集群创新体系由各类创新主体、创新的计划目标、创新机制、创新效果及创新体系的监督者五部分构成，当监督者协同主体对创新效果实施评价后，如果实现了预期计划目标，则进入下一轮更高级的创新过程，反之，则依据各项反馈信息对计划实施和机制的运行进行修正或调整，待其实现预期目标时再进入下一轮的创新，从而保持集群竞争优势的不断发展。具体来讲，以维持和提升整体产业集群竞争力及地方竞争力为目标，制定具体的技术创新能力三级指标、创新环境三级指标、创新经济绩效三级指标，以上文中所述的各类创新主体及创新机制为创新要素，在信息知识技术通畅流动的创新环境中，根据职能监督者对创新主体和计划的制定实施的评价、技术监督者对产业集群创新绩效的评价，将创新能力、创新绩效与创新的目标进行比较分析，核实预期目标计划的实现情况，当创新效果与目标计划一致时，完成产业集群创新的一次循环，以新的创新目标计划为起点开始进入下一轮更高层次的创新过程；当目标计划与效果不一致时，则将实施情况反馈到创新主体，主体依据创新过程实施各环节的具体要求，结合集群内外信息、知识技术等环境的协调，对创新过程进行调整，再一次运行创新计划过程，并由监督者再次进行评价，若目标与创新效果一致则进入下一创新过程，二者不一致时，再次返回主体，主体再……直至创新效果与目标计划完全一致，再进入下一次的集群创新过程。

产业集群创新体系是一个向群内外开放、主体间互动、整体创新不断发展的系统，这一轮创新是下一轮创新过程的基础，是一个螺旋式上升的过程。产业集群创新体系，不仅涉及群内的科研、教育部门、企业、政府、中介机构等，也与邻近的研究机构、企业、中介机构等组织有密切的联系，是由它们相互联系、互动所形成的区域性社会网络，它以信息的通畅流动为前提，强调知识技术的创新、知识技术的传播、知识技术的统一运用，实现了以科技促进科技不断进步的要求，保证了产业集群创新的不断发展。

（二）产业集群创新体系的结构分析

从图 7-1 看出：产业集群创新体系的创新过程是以创新计划的制定为起点的，是整个创新过程的第一步，对于保证获取创新效果和集群整体的可持续发展具有重要的意义。创新计划的制定以各类创新主体为核心，在产业集群创新监督者的协调协助监督之下，将集群内企业及其他主体的短期创新目标，与集群整体的长远创新目标有机地结合起来，将企业的微观利益与集群的整体利益相结合，采用定量与定性相结合、文字表述与数据显示相结合的科学方法，遵循产业集群创新体系的原则，以上文的产业集群创新体系目标为指导，各级各类主体首先制定自己的创新计划，也即制定技术创新、创新环境、创新绩效具体的第三级指标体系，并按照计划的可行性、可操作性、灵活性的要求，由专业的监督者来制定技术创新、创新环境、创新绩效等级分明的第二级、第一级量化指标。以科学的计划制定模式——网络滚动计划为样本，认真考虑群内企业竞争力的可持续发展和集群可持续发展这一长远目标的影响因素，结合产业集群外部其他创新影响因素，保证本级计划能够修正（如有需要）的基础上，为下一级更高级计划的制定做好充分的准备；将创新主体、创新机制、创新环境、创新绩效协调与产业集群为核心的社会网络上，为集群竞争力的可持续发展，制定切实可行的创新滚动计划。

下面将按照创新过程的流程分别论述创新主体、创新机制和监督者的相关内容。

1. 产业集群创新体系中创新主体

国家的竞争力大小取决于产业集群的创新与升级能力，产业集群地升级创新能力则决定于产业内创新主体的竞争能力，如何能增强创新主体的竞争优势、提高其竞争能力呢？各类创新主体以知识信息的共享为基础，通过创新机制的运行，形成了长期的高效的稳定结构，以下我们来分别了解不同创新主体在创新过程中的竞争能力，如图 7-2 所示。

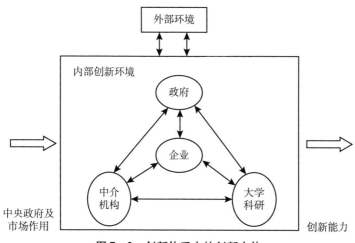

图 7-2　创新体系中的创新主体

（1）企业。企业是指各个专业化的原材料或半成品供应商、产成品的生产制造商、分包商、销售代理商及各种形式的企业服务商等，既包括数量众多的中小企业，也包括为数不多的大企业。企业是产业集群创新体系中最重要的基本经济单元，在绝大部分市场经济国家中，企业都是创新体系的主体，居于创新体系的核心地位，也是参与创新、实现创新增值最直接的行为主体，因此参与创新、保持创新能力、实现创新增值是集群创新主体最基本的要求，企业必须做到：第一，必须有意识地进行创造商业利润的创新活动，在一定的市场环境中，科学地选择创新技术轨道，运用适当的创新机制，进行真正意义上的创新，实现企业竞争能力的提高；第二，作为集群创新的基本主体，企业必须科学慎重地进行创新选题、创新决策，以承担创新风险为己任，以科学态度进行创新的研究开发，保证创新收益的完成；第三，在日趋激烈的市场竞争环境下，作为群内创新的主体，企业都可能只在群内或企业内部获得所需的全部知识与信息，企业也难以将创新活动的完整价值链纳入内部来完成，群内企业相互之间在竞争创新的同时，也不得不在创新过程中的各个阶段进行合作创新，集群运行机制和群内企业的创新机制共同作用，更容易促使企业进行创新活动，进而带动产业集群的发展。

（2）政府及公共部门。产业集群创新过程中的政府部门涉及国家政府和集群所在地的地方政府两级部门。国家中央政府和地方政府在培育产业集群创新体系和促进创新的过程中，除了保持产业集群创新目标基本一致外，还应在创新过程中承担宏观和中观两个不同层次的功能，有着不同的要求，具体来分析：

第一，中央政府要倾向于宏观方面的制度创新和政策制定上，如重点扶植产业的特殊倾斜政策等，以政策协调创新的目标和发展规划，以政策调控创新计划的实施、评价及监督全过程。具体来讲政府的宏观调控作用主要表现在：协助制定产业集群创新体系发展规划，并对实施过程进行监督、评价和调控等；为集群创新活动提供财政、税收、金融和产业政策等方面的支持；加强基础设施建设，包括信息基础设施、科研基地、教育基础设施、技术服务中心等；通过制度安排，用行政或法律的手段保障创新收益；完善法律体系，维护创新活动的正常秩序；制定创新政策，激励创新行为，切实保障创新收入的不断增加；培育和健全有序、规范的技术市场体系，建立全面、高效的创新资源社会配置机制。

第二，产业集群在地域上归属于当地管辖，地方政府将比中央政府更直接、更主动地参与产业集群创新体系的培育和构建活动中去，一方面，由于集群所在地的地方政府具有独立的利益目标及资源配置权，主要考虑的是本地企业的创新与发展，以提高本地的经济水平和人民生活水平为其基本目标，地方政府将从中观的角度运用当地市场调控集群及群内企业的创新过程；另一方面，在产业集群创新体系中，创新主体之间的互动合作是提高整个创新体系运作效率的关键，而政府作为一种社会"推力"和市场"拉力"，就需要采取相关措施和政策来扫除主体间彼此合作和网络协作的障碍，促进主体与主体之间、主体与环境之间的竞争合作。

（3）中介服务机构。产业集群区内的中介服务机构一般是指具有服务功能的组织机构，包括各种行业协会、商会、创业服务中心等以及律师事务所、会计师事务所等各种形式的中介组织。作为创新活动的主要辅助者，在促进企业创新和发展，以及促进产业集群创新体系的形成和发展方面，发挥着重要的"黏合剂"作用，这就要求它们不仅具有市场的灵活性，而且具有公共服务性的功能：不仅可以有效协调与规范企业的市场行为，促进资源的合理配置，而且不断帮助政府部门和市场激活资源，进而增强产业集群区内创新的活力；同时也要求各类中介服务机构以专业化程度高、活动能量大、组织形式先进（多为各方合作、股份制运作、政府支持和参与等）为基点，为各类创新主体之间进行知识信息交流搭建桥梁与纽带，为企业提供专业化的服务，帮助企业获得市场机会和投资，当好企业的帮手、政府的助手，比如在"第三意大利"产业集群区中，一种名为 ASTER 的中介服务机构在产业集群创新过程中发挥了重大的作用。ASTER（ASTER 科技委员会）成立于 1985年，是意大利艾米利亚——罗马涅地区的大学、科研机构、工业研究、技术转移和技术创新的企业和机构组成的创新联盟机构，主要由当地政府中主管技术创新的部门，从事相关产业和技术创新研究的大学以及一些行业协会共同出资组建。ASTER 的主要工作范围包括：工业研究、技术转移和技术创新、项目开发研究、促进 ASTER 组织内技术转移、技术创新供方和需方的合作，促进工业技术应用、技术传播以及高级培训等。

（4）大学和科研机构。大学和科研机构作为重要的创新源和知识库，在产业集群创新体系中位居非常的地位，必须具备以下的基本条件：

第一，以自身知识和技术的不断更新，源源不断地为集群创新提供创新所需要的知识技术，包括各类别、各层次的基础知识技术、应用知识和技术，比如：对于营造集群内创新的社会文化环境极为有利的基础知识技术，将创新成果直接转化为生产力的应用知识和技术。

第二，大学和科研机构必须具有高质量的教育和培训能力，也就是说大学科研机构不但能通过自身的作用向集群所在地劳动力市场提供充裕的高素质创新人才；同时，通过集群所在地集群经济产生的"极化效应"吸引更多的劳动力到当地参与创新过程，以进一步完善当地的劳动力市场结构；而且要具有能够对创新所需要的劳动力资源进行保质保量培训的能力，保障创新过程的不断深入和创新活动的更新延续。

第三，产业集群所在地的大学和科研机构必须兼具"孵化器"的功能，依托学校、研究机构和科研条件，教研兼顾，一方面自身不断衍生出新企业，另一方面影响着当地企业的经营战略；而且也必须通过与当地企业的合作，不断转化最新的科技成果，向社会、地方输送成熟的高新技术企业和产业化科技成果，将知识在群内重新组合，实现技术的不断扩散、辐射，以带动当地产业发展；同时，能利用产学研之间形成的密切合作网络，通过大学和科研机构的技术人才、学生等在企业中兼职以及在集群内的高速流动，促进大学、科研机构和周围环境之间的"知识对流"，迅速地将科技信息和知识转变成新的产品，使集群创新产生更好的效应。

2. 产业集群创新体系的创新机制

产业集群的创新从创新的目标计划开始，到最终创新目标的实现全过程，都是创新主体运行用创新机制执行计划的过程，因此创新机制伴随着创新全过程，依据图 7-2 的创新过程创新机制由创新的动力机制、互动学习机制、竞争合作机制、激励机制、自更新机制、约束机制构成，这些机制的运行保证了创新的效果。它们之间以时间上的递次关系（如图 7-3 所示：1 为动力机制；2 为互动学习机制；3 为竞争合作机制；4 为激励机制；6 为自更新机制；5 为约束机制。8 和 7 表示创新体系更新过程中的正向推动力和反向抑制力，正向推动力如 1、2、3、4、6 机制合力作用构成了产业集群不断创新的基本力量 8，推动着集群创新的不断发展；后者反向抑制力则为约束机制作用的结果，正是在这种相互对立、此消彼长的共同作用中，创新体系沿循着螺旋式上升的轨迹、不断地且缓慢地、顽强地进行着更新）共同作用于产业集群的创新体系，是创新体系中不可缺少的组成部分。产业集群创新体系的运行及其子系统之间的相互关系是客观存在的，不以人的意志为转移。研究产业集群创新体系的运行机制，应从微观和宏观创新机制入手，着重分析引发创新的动力、激励和约束，提高产业集群创新的整体效率。图 7-3 表明：以创新的动力为基础，在创新的过程中，配置于激励机制和约束机制的运行，在共享竞争优势的同时，进一步推动产业集群竞争能力的提高，实现产业和群内企业的可持续发展。

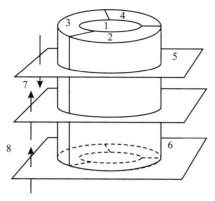

图 7－3　集群创新机制

（1）产业集群创新体系的动力机制。

集群创新过程是一个复杂的过程，其中交织着多种动力，创新行为的产生是集群外部动力和内部动力共同作用的结果。但外部动力和内部动力进行分析，可以用下面的图 7－4 所示的促进集群创新的动力机制模型来加以演示：

图 7－4　集群创新动力机制模型

第一，市场需求的拉动。社会经济发展对某项产品或技术的需要为创新创造了机会，这刺激研究开发主体为之寻找可行的技术方案。这种需要通常是以市场需求的形式出现的。市场对某项产品或技术需求通过技术关联的链条传递到能够对这项产品或技术的发展提供支持的上游产业，引发了上游产业中众多企业的技术创新，也就带动了集群创新。

第二，外部竞争的驱动。激烈的竞争要求集群中各企业不断地进行科技创新，不同的产业集群中存在着大量相同与相近的企业，它们往往面对同样的市场，基本上使用相似的技术，因此，不同产业集群之间的竞争是异常激烈的。为了在竞争中获胜，各集群中的企业想方设法地在技术上进行改良与发展，努力形成一些具有特色的技术；各集群之间的互动导致这些技术改良很快为其他企业所掌握，反过来又促使企业不断地进行技术创新。可以说，激烈的竞争是促使集群不断创新的永恒的驱动力。

第三，利润的驱使。企业为了在竞争日益激烈的市场环境下获得利润最大化，会不断地追求创新，企业创新的根本动力就是节省劳动、提高效率、追求利润。创新的方向是如何更经济地利用那些价格变得相对昂贵的生产要素。一项获利发明产生后，会引起一个冲击，在利润上升的同时，引起某种要素的稀缺，进而引致为节省那种稀缺要素而进行的发明，从而形成了源源不断的创新。当我们进一步研究整个集群创新时会发现，其创新的诱导机制不仅仅是某种生产要素的稀缺，还有技术水平发展的不平衡，产品市场价格的不确定等。总之，创新的产生均源于某种不协调，既包括企业内部发展的不协调，也包括企业与外部环境之间的不协调。

第四，创新的限制。产业集群创新体系中的各种创新限制主要来自创新体系内部的不协调，包括技术、知识、制度、服务等因素发展的不协调。随着一种或多种因素创新的严重滞后，体系内部的不协调会愈演愈烈，对其他因素的创新产生强大的阻碍，形成瓶颈效应。反之，其他因素的作用力也加速了该瓶颈因素的更新，使其成为一定时期内创新体系中最活跃、最关键的因素。一旦这种更新完成，整个体系会处于暂时的协调运行状态，这种状态最有利于创新成果的产生和经济的发展。同时，创新体系内部又在孕育新的不协调。总之，创新体系就是在这种"不协调－协调－不协调"的过程中螺旋式上升和发展的。

（2）产业集群创新体系的互动学习机制。

创新的互动学习机制是指创新个主体相互依赖相互学习，并以共同的优越学习能力促进各主体创新能力提高的机制，它主要表现在创新过程中的不断学习和知识技术的扩散上。在产业集群中，众多同类企业集中在集群内，它们之间形成的专业化分工、柔性分工协作体系，提高了企业之间的相互依赖程度，企业只有位于产业区内才能享受到功能齐全的配套服务，因此群内企业为了获取创新优势，积极寻求利用新知识和技术，并将其应用到新产品设计和开发过程中，必须相互依赖其他企业的互补性知识和技能，以提高自身将新知识和技术应用到新产品设计开发和投入生产过程的能力。

一方面，从创新理论和实践来看，创新过程涉及的不同行为主体间相互作用对于成功的创新是重要的，公司不可能孤立地创新。产业集群的创新过程遵循同样的规则，群内创新活动涉及众多的行为主体，创新已不再是单个公司的活动，特别是随着生产专业化速度的加快及经济全球化趋势的加速发展、国际竞争的日益激烈，群内企业间必须加速彼此间的互动学习，或者与外部参与者共享信息以便实现知识内部化；同时，通过选择价值链战略——即沿着价值链或价值链间活动的非内部化战略和灵活专业化战略——即基于资源的或易于获得竞争优势的活动的灵活专业化战略，使用新的互补性知识以加速学习过程，这一过程消减了创新中日益增加的复杂性、成本和风险，降低了道德风险和交易成本，以行为主体间的互动学习促进具有互补性资产的企业间合作，进一步增加了企业间联网和合作的价值；而作为消费者、供应者和转包者，企业间交换信息并进行相互学习，逐渐强化着与涉及创新过程的其他机构如大学、研究机构、金融机构、咨询服务机构和技术服务机构等的相互作用，由此进一步促进行为主体间的互动学习。

此外，随着数字通信技术的发展，经济活动的"距离衰减规律"影响作用下降，企业活动的区位选择对于经济活动的影响作用进一步降低，企业在产业集群过程中的学习能力和创新能力日益受到重视，"地域产业体系""产业区""创新区""区域创新网络"等创新空间概念都强调了产业集群过程中的互动学习能力问题，因为大量的创新活动以产业集群的形式出现，创新的空间特性受到极大的关注，比如硅谷、波士顿128公路、德国巴登－符腾堡、意大利北部埃米利－罗马格纳等地区。这些产业集群的起源和发展虽然各不相同，但是良好的区域性贸易网络、完善的制度支持机制、较低的交易费用和较高的外溢效应等，便利了信息、知识和实践在整个集群区的快速传播，提高了群内各类主体的创新能力，减少了群内企业生产体系的"动态不确定因素"，增加了企业决策的可靠性和前瞻性；而集群中的贸易网络、技术传播机构、贸易联合会和培训协会等组织形式，有助于将创新费用和风险分散到集群众多的主体中，极大地缓解了企业承担的创新费用和失败风险压力，促进了各类行为主体集体参与创新过程的积极性和主动性。形成了产业集群整体优越的学习能力和创新能力。由于产业集群优越的学习能力和创新的快速增长与知识经济的出现密切相关，因此，当以运输成本为代表的地方（产业集群所在地）生产要素优势效应逐渐降低，消费者变得更少忠诚于地方供应商，当贸易壁垒被消除、地方市场逐步丧失其区位优势时，具有丰富的知识资产、优越的学习能力和某种形式的学习过程的"粘着性"的产业集群，成为影响集群创新和当地经济发展的重要因素。

另一方面，贯穿于某一特定环境中的知识技能扩散会因知识的类型不同而有很大差异，从而影响到产业集群创新优势实现所涉及的知识技能的扩散，进一步对产业集群创新形成不同的较大的影响。第一，就融于实物资本中的知识技能而言，由于贸易壁垒进一步降低，有关于原材料、零部件中的知识技术流动更加容易，成本更加低廉，该类型的知识技能对于产业集群内企业创新优势的建立将产生更加积极的推动作用；第二，附着于人力资本中的知识技能，一部分是意会知识技能，一部分流淌于地方环境中企业间正式和非正式的网络关系中，前者随交通运输的飞速发展而流动性加快，有利于集群创新；后者只有在某种地方环境才能获得，因而不容易流动，在某种程度上制约着集群创新。另外，大批中低级管理人员和工人构成了企业间正式和非正式关系的重要部分，虽然他们比高级管理人员具有更少的流动性，但他们的知识技能是创新主体的创新原动力，有助于产业集群创新优势的持续提高。第三，植根于社会资本中的知识技能，是构建特定区域行为主体间长期相互作用形成的正式和非正式的网络的基础要素，这些知识技能虽然不可复制、不可模仿，且不能通过贸易、投资、旅行和迁移在区域间传播，但却与集群所在地地方环境中众多的行为主体相互依赖、相互作用，是构成独特的当地创新环境的制度体系、形成各具特色的产业集群独特的创新环境的重要因素。

另外，知识技能在产业集群内的扩散作用是快速的，而不同的产业集群间知识的扩散作用则是缓慢的。根据哈格斯特朗（Hagerstrand，1970）的扩散模型，产业集群行为主体间的学习是平稳的"扩展扩散"，产业集群中等级的或横向的知识技能扩散作用滞后于主体学习的扩展扩散，将导致产业集群获取可持续的创新优势，因为其是稀少的、不可模仿的和不可替代的。产业集群中的知识技能扩散作用引致群内企业创新优势发展的同时，也增强了对集群外部资源的吸引力，这将利于将外部新的人员、技术、公司、机构吸引到集群中，反过来又促进了群内知识技能的集聚和更新创新，知识技能的集聚更新作用将引发新一轮更高层次、更大规模的知识技能的扩散过程，由此再引起下一轮更大规模的知识技能集聚和更新，知识技能在产业集群中的集聚和扩散作用如此循环进行，不仅可以进一步提升产业集群的创新优势，还有助于产业集群创新优势的可持续发展。

（3）产业集群创新体系的竞争合作机制。

在产业集群内，大量企业集中在一起，既展开激烈的相互竞争，又进行多种形式的相互合作，如联合开发新产品、开拓新市场、建立生产销售供应链等，表现为以相互竞争为纽带的合作网络，由此形成一种既有竞争又有合作的合作竞争（cooperative competition）创新机制。这种合作竞争机制的根本特征是互动互助、集体行动，一些成功的产业集群创新体系一般都有较为完善的合作机制，比如意大利产业集群区，在那里合作竞争的创新主要是建立在企业间的相互信任和密切联系的基础之上。在实践中，集群内部的企业可以在培训、金融、技术开发、产品设计、市场营销、出口、分配等生产、销售和研发环节成为这个合作网络上的节点。依附于合作网络的存在，节点之间的信任度得到提高，资金流和信息流的流通更为顺畅，知识和技术传播的速度大大加快，利于实现高效的网络化的互动和合作，降低交易成本，以克服集群内部规模经济的劣势，缓和经济利益的冲突，通过获取集体效率极大地促进了集群整体、当地社会网络的创新发展。当然，任何一个脱离网络的节点，失去的不仅仅是交易对象，还有群内其他主体的信任，从而成为孤立的个体，失去生存、发展、创新的能力。因此只有通过合作，即产业集群中各网络节点的相互信任合作，才能增强产业集群整体的创新能力和竞争力，而且可以通过合作网络的自我强化机制和扩散效应，凝聚群内所有主体或网络中所有节点，从而使创新体系更加牢固和稳定。

（4）产业集群创新体系的激励机制。

推动产业集群创新体系的建设，必须给予创新主体如下激励：企业内部产权激励、市场激励、灵活专业化激励和创新环境激励。产权激励通过确立创新者与创新成果的所有权关系来推动创新活动，市场激励通过市场力量来推动创新，而创新环境激励则是以外部的宏观和微观创新环境来进行激励的一种机制，以上四种激励相互影响、相互作用，共同构成了一个完整的产业集群创新激励机制。

第一，企业内部产权激励。在产业集群创新体系中，企业是创新活动的主体，在创新中起着决定性的作用。无论是政府激励还是市场激励，都是从外部对创新的激励，而企业产权激励才是真正意义上的内部激励，它通过确立创新者与创新成果的所有权关系来推动企业的创新活动。由于产权的确定，使资产所有者与资产之间建立了最直接的经济关系，资产所有者因此成为资产能否增值的最直接当事人，产权的法律性、持久性使人们具有一种安全感，为创新创造了一种激励氛围。同时，产权激励明确界定了创新主体间的权益关系，为创新活动提供了良好的制度环境。产权激励的具体内容主要是通过对专利权等知识产权实施保护，使创新者创新收益占社会收益有一个合理的比例体现，它既能保证最大限度地发掘企业的创新资源，调动企业及其员工创新的积极性，保护个人创新的积极性，又能最大限度地增加社会效益，因为员工潜力的发掘，积极性的调动是创新活动得以实现的重要条件。当然，企业产权激励是以企业产权清晰为前提的，只有企业产权清晰，才能给创新成果一个清晰的产权界定，产权激励的功能才能在企业激励的协助下发挥出来。

第二，市场激励。任何创新权益的实现最终要通过市场来完成，市场能够自发地培育创新。市场激励主要体现在以下几个方面：首先，市场可以减少技术创新的不确定因素，并正确引导创新。创新的不确定性是制约企业进行创新的重要因素，创新者根据市场需求的变化来进行创新，可以减少创新的不确定因素。其次，市场能自动地使企业、个人甘冒创新风险，为创新提供动力。在市场经济条件下，创新有巨大的吸引力，因为创新成功将获得巨大收益，正是这种对创新收益的期望，推动着企业不断追求创新。再次，市场通过竞争给企业以创新压力。在激烈的市场竞争中，企业为了获取比较竞争优势，都自发进行技术和管理上的创新。最后，市场能培育企业家。企业家是创新的组织者，具有首创精神，在创新中起着重要的作用。而且由于企业家的影响，会产生一批追随、模仿创新的新兴企业，形成"集聚效应"，推动产业集群不断壮大，反过来又会促进集群创新的进一步发展。

第三，群内灵活专业化激励。在产业集群内部，大量的企业集中在一起，企业相互间形成密切而灵活的专业化分工协作关系，激励各企业扬长避短发挥自己的相对优势，最大限度地促进集群整体创新发展。这种灵活专业化主要是通过无数中小企业的分工协作、大企业集团间以完善价值链链条而分包协作来实现的，其本质就是企业内部分工的外部化或社会化，这种内部分工的外部化，使知识技术和生产经营的优势更集中于拥有该优势的企业，在更利于实现规模经济的同时，又提供了集群创新所需要的技术知识和资金。另外，为了更好地实现灵活专业化，众多的大中小企业与服务单位及政府机构群聚在一起，共同构成了一个机构完善、功能齐全的生产、销售、服务、信息网络组成的社会化的市场组织网络或地方产业配套体系，该网络内企业不仅能及时获得所需的原材料、零部件，而且还能及时、准确、便捷地获取创新所需的信息和技术知识，保证集群整体的创新发展。

第四，环境激励。集群创新和企业创新都需要适当的创新环境，如果在产业集群周边和集群内部存在着积极向上的创新文化氛围，将极大地激励集群创新。这种创新文化氛围一方面来自政府的相关政策，另一方面来自地方环境的激励。首先，政府有关创新的政策措施，不但为创新环境提供良好的政策担保，保证社会收益和企业收益的均衡，保证私人收益和社会收益趋于一致，激励创新主体积极、持续地进行创新活动，而且政府能从长远发展的角度出发，制定合理、完整的创新配套政策，比如相关的金融、财政、税收、经营、产业政策等，为集群可持续创新发展营造良性循环的环境；同时，国家政府从社会整体利益出发，进行一些基础设施、基础研究的投资，以保障群内信息技术知识流动的通畅，大幅度降低企业创新的壁垒。其次，地方环境对产业集群创新优势的保持具有明显的孵化作用。尽管世界经济一体化和资源国际流动性趋势进一步加强，但地方环境对产业集群创新仍然有着非常重要的影响。产业集群是由地方环境中存在的一些企业和机构共同进行相互依存相互作用的生产经营活动组成的，集群所依存的地方环境及其地方制度、社会文化、产业结构共同构成了复杂的社会网络，该网络具有独特的物质要素——各类型企业及其基础设施、非物质要素——知识技能、制度要素——管理机构和法律框架，从不同的角度三大要素与消费者、企业、研究机构、管理机构彼此连接，成为孵化创新优势的社会资本——共同的语言、社会契约、价值和制度在这个环境中得到了足够的生存空间，同时又为集群创新的持续发展提供了最佳环境。最后，为保持群内企业和集群创新的持续发展，要求群内技术的不确定性进一步降低、新知识的交流和产生过程中主体间面对面接触，这两点正是集群整体创新过程的基础，而地方环境诸多要素构成的复杂社会网络正好满足群内企业的要求，在保证企业创新的同时也促进了产业集群的整体创新。由于群内主体间存在着竞争与合作，产业集群成了企业相互学习或集体学习的最佳区域，这样的区域内学习进步又促进了更高层次的学习，如此循环上升，可增加实物资本和人力资本的积累，并最终转化为企业和集群可持续的创新优势。

（5）产业集群创新的自更新机制。

产业集群国际化程度的高低制约着产业集群竞争优势的持续发展。波特在其著作《国家竞争垄断》中指出，当产业集群的地理位置性很显著时，它本身也隐含着自我崩溃的因子。当产业集群内部的企业国际化程度不高但彼此依赖程度很高时，地区性的产业集群往往向内看、与大环境逐渐隔离，并最终被孤立或解体。一般而言，脆弱的产业集群内部多半缺乏国际化战略，也没有参与国际分工的行动；产业集群的竞争优势要能持久，其内部的企业必须国际化，集群所在的产业也必须走向国际化；同样地，即使产业集群正在解体，那些原本就要面对激烈竞争、具有国际意识和国际市场客户的产业，往往可以避开骨牌效应。因此，集群竞争力的延续发展与国际化程度有直接的关系，换而言之，集群国际化程度越高，其竞争优势愈强，且集群竞争力发展愈快，产业集群国际化程度的高低是延缓和避免产业集群被孤立和解体从而保持竞争力的有效途径。

从产业集群发展的现状来看，集群内产业国际化、企业国际化程度有衰退趋势。一般来说，衡量国际化程度的指标体现在产业出口率和海外子公司规模上，目前我国产业经营海外子公司的极少，因此，我们选择产业出口率作为主要指标。目前我国大多数产业集群国际化程度偏低，普遍缺乏国际化战略，相应出现一些产业集群衰退的现象，比如形成于 20 世纪 80 年代中后期的温州永嘉桥头纽扣产业集群因，专业领域狭窄与市场内向化（纯国内经营）等原因于 20 世纪 90 年代中期开始出现衰退；然而一些产业集群因具备国际化战略而保持着较强的竞争力，比如义乌小商品产业集群，因专业领域宽泛和市场外向化（成为浙江省乃至全国小商品出口的集散地）而保持较好的发展势头，再如温州的打火机产业曾在产业形成初始阶段的 1994 年遭遇美国全面实行 CR

（Child Resistance Law，儿童安全法案）法案，美国市场一度急剧萎缩，转而开拓欧洲市场、深度开发亚洲市场而保持其竞争力，同时在这个过程中，产业集群合力研发"安全锁"成功后又重新进入美国市场，2001 年美国成为温州打火机最大出口市场，该产业又重新恢复美国市场的竞争力。

要保持产业集群的竞争优势，集群内单个企业或产业都需制定国际化经营战略，就是制定企业产销活动的范围从一国走向世界的战略。首先，应具备国际化经营意识。没有国际化经营意识的企业不会有意识地注意收集国外市场信息，其所在的产业也不会得到发展。国际化经营意识，在初始阶段是企业自发形成的，要提升整个产业的国际化经营意识，还需产业协作组织等机构进一步引导。其次，应选择合适的国际化经营模式。国际化经营过程模式主要有渐进式进入和跳跃式进入两种，前者主要体现在目标市场选择的渐进性，通常遵循"由近及远，先熟悉后陌生"的路线。市场扩张的地理顺序通常是：本地市场 – 地区市场 – 全国市场 – 海外相邻市场 – 全球市场，步步推进；经营方式的演进，最常见的是：纯国内经营 – 通过中间商间接出口 – 企业自行直接出口 – 设立海外销售分部 – 设立海外分公司跨国生产。后者具体表现在目标市场的选择开始就"瞄准"国外市场，跨越本地市场、地区市场、全国市场等，直接进入海外相邻市场、全球市场，或直接进入全球市场；在经营方式方面，跨过纯国内经营阶段，通过中间商间接出口，再依次进入企业自行直接出口、设立海外销售分部、设立海外分公司跨国生产，随着信息交换的不断加快，后面的环节还可再跳跃，比如跃过"企业自行直接出口"直接到设立海外销售分部等。企业选择什么进入模式，要根据国际环境实际和自己的实际能力来决定。总之，满足了这些条件，产业集群的竞争力优势才能得以维持和发展。

（6）产业集群国际化的约束机制。

产业集群创新包括群内企业的更新和集群自身的更新。群内企业的更新也就是指集群内新企业的不断衍生，罗杰斯和拉尔森在硅谷热衷将衍生企业定义为：在母公司内搞出技术发明的基础上，脱离母公司而创建的新兴公司。集群内的企业由于相互交流增加，孵化器提供的管理、融资等服务，以及政府提供的扶持政策等，能够有利于新企业及时发现产品或服务的缺陷，也提供了更多的发展机会。同时，以技术信息集中、人才集中为标志的知识衍生，是企业衍生的内在驱动力量，当技术创新活跃和良好的创新环境并存时，企业衍生就比较频繁地出现了。而与其他地方相比，集群当地的金融机构和投资者熟悉当地的产业特性，集群内容易发展所必需的资产、技能和开发团队以及高素质的劳动力，企业家队伍完善，降低了新企业进入的门槛并减少了风险。另外，由于最早进入的厂商积极寻求创造专业化生产要素的方法，通过不断地吸收新的人才、新的技术和其他物质资料，就会加强这个产业的知识和技术深度开发，形成更高级的、更合理的专业化分工，大幅度降低了集群内企业的重组障碍，有利于催生新企业的诞生。

像生物群落一样，产业集群作为一个有机的具有生命力的产业群落，它的形成、成长和发展，也是逐步演进的，具有一个完整的生命周期。根据阿霍坎加斯（P. Ahokangas）提出的产业集群演进模型，经过了起源和出现（origination and emergence）阶段的发展、增长和趋同（growth and convergence）阶段的经济最优化时期，如果能够在其成熟和调整（maturity and reorientation）阶段实施战略调整和再定位，尽量减少每一阶段中不利于集群竞争发展的影响，必将促使集群重新进入快速增长的轨道，并保持较强的竞争和创新能力进入更高层次的循环。尽管产业集群在培育区域创新优势方面具有重要的作用，但是产业集群本身也可能遭受创新优势降低、进入创新低谷的问题。例如1961年匹兹堡的钢铁集群、128公路的小型计算机集群均出现创新优势降低的情况。因而克服产业集群生命周期对产业集群创新优势带来的不利影响，以便趋利避害，进一步提升产业集群的创新优势和竞争优势，是产业集群演进三阶段中主要解决的问题，要求我们以群内企业衍生为基础，形成一个完善的自调节机制，根据不同阶段不同的经济特征，分别制定合适的发展战略，最终实现整个集群的可持续发展。

3. 创新体系的监督者

监督者是指在产业集群创新体系的运行过程中，对创新主体进行监督、对创新计划制定进行监督、对运用创新机制实施创新计划的进行监督、并对创新效果进行评价的协调、执法组织，从创新计划目标的制定开始，到运用创新机制实施创新、再到依据评价指标体系对创新效果进行评估，监督产业集群创新体系全过程运行的组织。它既保证创新体系的正常运行，又是保证创新主体在创新体系环境中充分发挥创新积极性并进行创新的基础；它既能使创新主体的合法权益受到保证，又能保证创新效果的实现，是构成完整的创新体系不可或缺的组成部分。

据监督者所监督的对象不同，创新体系的监督者分为检查创新主体和整个创新体系的宏观监督者、对创新效果指标体系进行评价的微观监督者。前者是独立于集群主体以外的组织，由和产业集群相关的法律、经济、技术专家组成，负责对各类主体创新全过程的活动进行监督检查，包括企业经营管理全过程的经营行为、各级政府服务职能的贯彻实施情况、各类中介机构为创新配套服务的实施程度，核查创新机制在创新全过程中的运行，以目标计划为依据，结合创新能力对主体、创新机制、创新环境的要求，检查各类主体在创新过程中功能发挥的程度，核实创新机制在一定的创新环境中的运行条件及运行情况，并联系区域竞争力、产业集群竞争力的可持续发展，以产业集群的技术创新能力指标、创新环境指标、知识流动指标、创新经济绩效指标为一级指标，设计完整的评价产业集群创新绩效的三级指标体系，与各类主体一起共同确定具体的产业集群的创新能力评价指标；后者是由不同产业所在的专业性行业协会构成，各行业的专业协会拥有来自不同领域和产业集群创新发展、群内企业创新发展的专家，包括行业内有关的技术专家、财务专家、投资专家、法律政策顾问、人力资源顾问等，他们将依据创新目标计划指标分别进行创新能力（创新能力、研发能力、科研机构、科研人员素质）、创新环境（基础设施环境、服务软环境、政策支持环境、金融环境）、知识流动能力（技术合作、技术转移、国际直接投资）、经济绩效（宏观经济、产业国际竞争力、企业发展情况）的比对分析，以所选用的模型为基础，分别测试产业和群内企业的计划目标与创新实施后的效果，二者接近一致或完全一致时，进入新一轮的创新过程；否则监督者要与主体一起对计划的实施过程进行详细的检查，在修正的基础上再继续计划的实施，直至计划目标的实现。

从监督者所处的不同层次上看，宏观监督者偏重于全体的、长远的、定性的集群网络或创新环境的监督，而微观监督者则偏重于具体的、短期的、定量的指标监督，但针对不同的产业集群进行监督评价时，需要根据各产业的固有特点将宏观监督和微观监督有机地结合起来，既检查了企业创新的实际能力，又评价了整个产业集群创新的能力，为产业集群进一步的创新提供了保证，对维持产业集群的可持续发展具有重要的意义。

二、创新能力分析的指标体系

（一）指标体系的建立

要全面测度产业集群创新能力，必须对各产业集群周围环境、拥有知识和技术的状况及其使用效率有一个较为全面的把握。因此，指标体系的建立应予促使创新的因素分析结合起来，以企业的技术创新为核心，并综合考察相应的宏观社会经济环境和创新经济绩效。产业集群创新能力主要由以下要素构成：知识流动的能力，即利用全球一切可用知识的能力；技术创新能力，是指企业应用新知识推出新产品、新工艺的能力；创新环境，是指为知识的产生、流动和应用所提供的环境；创新经济绩效，即创新产出能力。如表 7 − 1 所示。

表 7 − 1　　　　　　　　产业集群创新能力评价指标

一级指标	知识流动能力	技术创新能力	创新环境	创新经济绩效
二级指标	技术合作 技术转移 国际直接投资	创新能力 研发能力 科研机构 科研人员素质	基础设施环境 服务软环境 政策支持环境 金融环境	宏观经济 产业国际竞争力 企业发展情况
三级指标	高校、科研机构来自企业资金在总科技经费中的比例 企业与科研机构合作开发的科研项目比例 企业与高校合作开发的科研项目比例 技术交易市场成交金额 国内技术购买成交金额 技术引进成交金额 外国直接投资额 外国直接投资增长率	产学研项目落实数 专利数量 自主创新产品的数量 研发支出占收入的比重 研发投入年增长率 研发的扩散能力 外部科研机构数量 外部科研机构水平 研发机构数 技术人员占有率 高素质劳动力数量 创业企业家数量	信息网络发展水平 科研设施完备度 交通便利性 中介服务能力 管理机构效率 信息服务咨询公司数量 政策法规的健全性 知识产权保护力度 政策开放度 优惠政策吸引力度 风险投资机构数量 风险投资增长率 风险投资总量	企业全员劳动生产率比例 区域内人均 GDP 产品出口额增长率 产品出口额占全国份额 产品出口额占 GDP 比例 提供的就业数量 创业企业产值比例 孵化企业成活率

1. 知识流动能力

知识流动的水平反映了一个地区企业对知识需求的程度、对创新的冲动水平和知识流动基础设施的水平，因为只有促进知识在大学、科研机构、企业、政府之间的有效流动才能提高科技水平，增强科技创新能力。另外，如果一个地区没有创新，那么它就是孤立和封闭的，创新就不具有系统性。知识流动的水平可以通过技术合作、技术转移和外国直接投资三个二级指标来衡量。

2. 企业技术创新能力

在产业集群创新体系中，企业是真正的创新主体。因为企业直接通过生产活动将新的技术转化为商品，企业直接面向市场需求，通过市场机制来实现产品的价值，市场又通过企业有效地引导科技研究的方向。一个地区的创新能力最核心的是企业的创新能力。它集中体现了企业在技术方面的创新性和先进性，是决定产业集群创新能力的主要因素。技术创新能力可以通过创新能力、研发能力、科研机构和人员素质四个二级指标来衡量。

3. 创新环境

在一个给定的科技投入、给定的制度体系下，环境是决定一个地区创新能力的关键。从创新的整个过程来看，企业、政府、大学、科研机构、中介机构所决定的技术实力也是影响一个地区创新能力的重要因素。可以说，基础设施环境、服务软环境、政策支持环境、金融环境四个主要方面是一个地区进行创新活动的基础，只有具备良好的创新环境和创新氛围，才能提升整个产业集群的创新能力。

4. 创新经济绩效

产业集群的创新能力最终表现在对经济增长的贡献上，同时，地区经济的发展也有助于当地企业的再次创新。可以说，地区经济的持续发展是这一地区在过去进行了各种创新的结果，同时又转而为再次创新奠定了一个坚实的基础，两者之间存在明显的正相关关系，尤其是对产业集群区的经济实力往往起着决定性的作用。所以，我们可以从宏观经济、产业国际竞争力和企业发展情况三个方面考察创新的经济绩效。

（二）指标值的确定及归一化处理

在上述指标体系中指标有定性指标和定量指标之分。由于不同的指标是从不同的侧面反映产业集群创新能力的，指标之间又由于量纲不同，从而无法进行比较。因此，为了便于最终评估价值的确定，我们需要对各指标进行无量纲化与归一化处理。

1. 构造指标表特征值矩阵

设系统有 m 个待优先的对象组成备选对象集，有 n 个评估因素组成系统的评估指标集，每个评估指标对每一备选对象的评判用指标特征指表示，则系统有 $n \times m$ 阶指标特征值矩阵：$X = (x_{ij})_{n \times m}$，式中，$x_{ij}$（$i=1$，2，$\cdots$，$n$；$j=1$，2，$\cdots$，$m$）为第 j 个备选对象在第 i 个评估因素下的指标特征值，若评估因素为定性指标，则 x_{ij} 为专家评估值，其取值为 0—1 之间。

2. 求指标隶属度矩阵

一般来说，对象的所有指标可划分为成本型、效益型、适中型等指标，其隶属度函数分别如下：

（1）成本型指标（"越小越优型"）。

$$r_{ij} = \frac{\max X_{ij} - X_{ij}}{\max X_{ij} - \min X_{ij}} \quad i=1, 2, \cdots, m$$

式中，$\max X_{ij}$ 指评价系统区域范围内某指标的最大值，$\min X_{ij}$ 指评价系统区域范围内某指标的最小值。此函数具有以下性质：

第一，严格单调性，在其评价系统区域范围内变化时严格单调。

第二，函数中包含了用于比较的标准值，即某指标的最大值和最小值。

第三，当正指标数值较低时，隶属度随指标数值的增大而缓慢增大，随着正指标数值增大程度的提高，隶属度增大加速。

第四，$0 \leqslant r_{ij} \leqslant 1$。

（2）效益型指标（"越大越优型"）。

$$r_{ij} = \frac{X_{ij} - \min X_{ij}}{\max X_{ij} - \min X_{ij}} \quad i=1, 2, \cdots, m$$

此函数具有第一、第二、第四的性质。

（3）适中型指标即"越接近于某一标准值 u_i 越优"。

$$r_{ij} = 1 - \frac{|X_{ij} - u_i|}{\max |X_{ij} - u_i|} \quad i=1, 2, \cdots, m$$

于是，按照上述方法可将指标特征值转化成指标隶属度矩阵：

$$R = \begin{bmatrix} r_{11} & r_{12} & \cdots & r_{1m} \\ r_{21} & r_{22} & \cdots & r_{2m} \\ \vdots & & & \\ r_{n1} & r_{n1} & \cdots & r_{nm} \end{bmatrix} = (r_{ij})_{n \times m}$$

显然，$0 \leqslant r_{ij} \leqslant 1$，$r_{ij}$ 越大，表明第 j 个备选对象的第 i 个因素评估越优；r_{ij} 越小，表明第 j 个备选对象的第 i 个因素评估越次。

为了方便对产业集群创新能力的评价，需要对创新能力的等级进行量化，本文采取区间法，即将产业集群创新能力等级标准进行规定，如表 7 - 2 所示：

表 7 - 2　　　　　　　　　　　创新能力等级区间

E	D	C	B	A
(0, 0.2]	(0.2, 0.4]	(0.4, 0.6]	(0.6, 0.8]	(0.8, 1.0]

三、创新能力分析的神经网络专家系统

（一）神经网络及其算法介绍

1. BP 神经网络简介

人工神经网络（Artificial Neural Networks，ANN）是由大量简单的处理单元组成的非线性、自适应、自组织系统，它是在现代神经科学研究成果的基础上，试图通过模拟人类神经系统对信息进行加工、记忆和处理的方式，设计出的一种具有人脑风格的信息处理系统。通常可分为前向神经网络（Forward NN）、反馈神经网络（Feedback NN）和自组织神经网络（Self - organizing NN）三种基本类型。BP 神经网络（Back Propagation NN）是单向传播的多层前向神经网络，网络可分为输入层、中间层（隐含层）和输出层，其中输入和输出都只有一层，中间层可有一层或多层。同层的网络结点之间没有连接。每个网络结点表示一个神经元，其传递函数通常采用 Sigmoid 型函数。其结构如图 7 - 5 所示。每对神经元之间的连接上有一个加权系数 W，它可以加强或减弱上一个神经元的输出对下一个神经元的刺激。这个加权系数通常称为权值，修改权值的规则称为权值算法。建立在 BP 神经网络基础上的专家系统根据

一定的算法，通过对样本数据的学习，确定网络权值，如图 7-6（a）所示。神经网络专家系统的权值确定、结构稳定后，就可以处理新的数据，给出相应的输出，如图 7-6（b）所示。

对 BP 神经网络进行训练时，首先要提供一组训练样本，每个样本由输入样本和理想输出对组成。当网络的所有实际输出与理想输出一致时，表明训练结束；否则通过修改权值使网络的理想输出和实际输出一致。因此，需要解决对权值进行调整的问题。

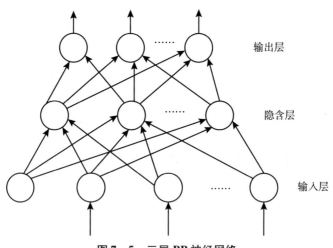

图 7-5　三层 BP 神经网络

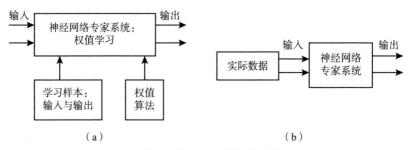

图 7-6　神经网络专家系统计算过程示意图

2. 基于 BP 模型的产业集群创新能力评价步骤

神经元传递函数 Sigmoid 型函数通常为如下形式：$f(x) = 1/(1 + e^{-x})$，f 为非线性、可微、非递减函数。进一步优化则是 BP 网络按有教师学习方式进行训练，神经网络通过对输入值和希望的输出值（教师值）进行比较，然后根据两者之间的差的函数来调整神经网络的各层的连接权值和各个神经元的阈值，最终使误差函数达到最小。其调整的过程是由后向前进行的，这称为误差反向传播 BP 算法。该模型的学习算法采用带有冲量项的 BP 算法。网络的训练过程如下：

（1）初始化神经网络权值 $W_{ij}(0)$，阈值 $\theta_j(0)$，$W_{ij}(0)$、$\theta_j(0)$ 为小的非零随机数。

（2）输入学习样本。对每一个学习样本，输入向量 X_p（$p = 1$，2，…，P）由创新能力分析的三级指标按固定次序构成。期望输出值则根据表 7 - 2 给出，可以取所在区间的中值。

（3）计算网络的实际输出及隐含单元的状态：$O_{pj} = f(net_{pj})$，其中 O_{pj} 为神经网络的神经元 U_j 在第 p 个样本点下的实际输出——实际创新能力，net_{pj} 表示 BP 网络的神经元 U_j 在第 p 个样本点下的输入，f 为 s 型函数，$net_{pj} = \sum_i w_{ji} O_{pi}$，式中 O_{pi} 为 BP 模型的输入神经元 U_i 在第 p 个样本点下的输入——经标准处理的产业集群创新能力评价基础指标，w_{ji} 为从神经元 U_i 到神经元 U_j 的连接权值。

（4）计算训练误差。

对输出神经元，有 $\delta_{pj} = O_{pj}(1 - O_{pj})(t_{pj} - O_{pj})$；

对隐含神经元，有 $\delta_{pj} = O_{pj}(1 - O_{pj}) \sum_k \delta_{p\kappa} w_{j\kappa}$。

其中，t_{pj} 为产业集群创新能力评价神经网络的神经元 U_j 在第 p 个样本点下的理想输出——期望创新能力，κ 是第 j 节点所在层的上面一层的节点号。

（5）修改权值和阈值。

$$\theta_j(t+1) = \theta_j(t) + \eta\delta_j + \alpha(\theta_j(t) - \theta_j(t-1))$$
$$w_{ji}(t+1) = w_{ji}(t) + \eta\delta_j O_{pi} + \alpha(w_{ji}(t) - w_{ji}(t-1))$$

其中，t 为迭代次数，η 为学习速率 $[\eta \in (0, 1)]$，本模型取 0.5，α 为动量因子 $[\alpha \in (0, 1)]$，本模型取 0.5。

（6）当 p 经历 1~P 后，判断指标是否满足精度要求 E，这里 $E < \varepsilon$。其中 $E = \sum E_p$，$E_p = \sum_j (t_{pj} - O_{pj})^2 / 2$，$\varepsilon$ 为精度，本文取 $\varepsilon = 0.001$。若满足要求则转到（7），否则更新迭代次数 $t = t+1$，返回3）。

（7）停止，结束。

（二）实证分析

合理确定网络的层数及各网络的神经元数是成功应用 BP 神经网络模型的关键。输入层神经元的个数为三级指标的个数，本文取 40 个；隐含层单元数的选择是个复杂问题，并没有很好的解析表达式，这要根据问题的要求，输入及输出层单元的多少来确定，不能太多，否则网络训练时间急剧增加，并且难以分辨数据中真正的模式，当然也不能太少。本章采取的是经验法，取隐含层个数为 22 个；与输入向量相对应，输出层单元数设计为一个，这样网络的基本结构为 40 – 22 – 1 型三层 BP 神经网络专家系统。

当衡量产业集群创新能力的指标值经输入层进入网络，网络使用训练好的权值进行运作，最后输出层输出的就是某产业集群的最后得分，得分越高的产业集群其创新能力也就越高。

为说明以上方法的可信性，我们在全国范围内选择具有代表性的 20 个产业集群进行数据的收集与分析，这 20 个产业集群涉及五个不同的行业，根据收集到的数据，运用前面提到的求隶属度的方法，确定各指标的隶属度，经处理后的数据见表 7 – 3。由于所三级指标太多，我们只列举了其中部分指标的相关数据。

表 7 – 3　　　　　　　　　　　产业集群创新能力数据

行业分类		X_1　X_2	X_3　X_4	X_5　X_6	X_7　X_8	X_9　X_{10}	……　X_{40}
计算机软件业	1	0.291 1.000	0.876　0.872	0.786　0.856	0.950　0.865	0.860　0.853	……　0.932
	2	0.836 0.782	0.865　0.729	0.820　0.874	0.812　0.947	0.782　0.892	……　0.765
	3	0.752 0.901	0.793　0.813	0.790　0.798	0.793　0.935	0.635　0.914	……　0.712
	4	0.698 0.724	0.906　0.940	0.807　0.825	1.000　0.822	0.860　0.865	……　0.850
服装纤维制品业	5	0.702　0.675	0.586　0.546	0.657　0.638	0.630　0.584	0.793　0.678	……　0.786
	6	0.736　0.762	0.390　0.480	0.602　0.613	0.642　0.721	0.596　0.656	……　1.000
	7	0.659　0.569	0.753　0.726	0.590　0.587	0.802　0.693	0.614　0.680	……　0.697
	8	0.584　0.403	0.469　0.383	0.538　0.572	0.450　0.687	0.000　0.587	……　0.312
通信设备制造业	9	0.901　0.882	0.912　1.000	1.000　0.750	0.880　0.842	0.825　0.806	……　0.954
	10	0.895　0.761	0.886　0.770	0.728　0.823	0.817　0.806	0.692　0.852	……　0.742
	11	0.843　0.837	0.857　0.862	0.854　0.718	0.782　0.861	1.000　0.860	……　0.810
	12	0.724　0.352	0.837　0.221	0.386　0.690	0.000　0.798	0.357　0.790	……　0.429

行业分类	X_1	X_2	X_3	X_4	X_5	X_6	X_7	X_8	X_9	X_{10}	…… X_{40}
制鞋业	13 0.356	0.246	0.420	0.453	0.502	0.693	0.720	0.587	0.322	0.432	…… 0.291
	14 0.471	0.335	0.437	0.480	0.486	0.587	0.218	0.612	0.543	0.387	…… 0.380
	15 0.296	0.427	0.385	0.246	0.493	0.506	0.326	0.596	0.156	0.396	…… 0.000
	16 0.306	0.282	0.379	0.457	0.428	0.470	0.640	0.578	0.148	0.402	…… 0.290
家具制造业	17 0.098	0.000	0.283	0.138	0.275	0.000	0.175	0.375	0.240	0.376	…… 0.312
	18 0.456	0.412	0.268	0.232	0.238	0.293	0.192	0.296	0.352	0.405	…… 0.370
	19 0.157	0.125	0.270	0.000	0.210	0.285	0.240	0.364	0.296	0.416	…… 0.451
	20 0.219	0.223	0.238	0.320	0.196	0.186	0.240	0.385	0.308	0.327	…… 0.275

将表7-3的数据分为两部分，选取前面的12组作为学习样本输入网络，用以训练权值。后面剩下8组作为测试样本。经过4000次学习，其训练结果见表7-4。训练结束后，利用训练好的三层BP网络，分别输入测试的8组样本数据。测试的评价结果和专家评价结果如表5所示。从表7-4和表7-5可以看出，神经网络的评价结果和专家的评价结果基本一致。

表7-4　　　　　　　　网络输出与期望输出的对比

序号	1	2	3	4	5	6	7	8	9	10	11	12
网络输出	0.875	0.780	0.752	0.883	0.697	0.691	0.679	0.320	0.903	0.762	0.876	0.287
期望输出	0.9	0.7	0.7	0.9	0.7	0.7	0.7	0.3	0.9	0.7	0.9	0.3
分析结果	A	B	B	A	B	B	B	D	A	B	A	D
期望结果	A	B	B	A	B	B	B	D	A	B	A	D

表7-5　　　　　　　　测试集测试结果与专家评价的比较

序号	13	14	15	16	17	18	19	20
测试结果	0.485	0.316	0.198	0.351	0.120	0.292	0.102	0.298
专家评估	0.5	0.3	0.1	0.3	0.1	0.3	0.1	0.3
分析结果	C	D	E	D	E	D	E	D
期望结果	C	D	E	D	E	D	E	D

根据以上的数据，按照产业集群创新能力相应等级列入表 7 – 6。

表 7 – 6 　　　　　　　　　创新能力定级标准

等级	计算机软件业	服装纤维制品业	通信设备制造业	制鞋业	家具制造业
0.81—1.00	0.875（1） 0.883（4）		0.903（9） 0.876（11）		
0.61—0.80	0.780（2） 0.752（3）	0.697（5） 0.691（6） 0.679（7）	0.762（10）		
0.41—0.60				0.485（13）	
0.21—0.40		0.320（8）	0.287（12）	0.316（14） 0.351（16）	0.292（18） 0.298（20）
0.00—0.20				0.198（15）	0.120（17） 0.102（19）

由表 7 – 6 可以看出，计算机软件业的产业集群创新能力最高，有两个产业集群列入第一等级，有两个产业集群列入第二等级。其次是通信设备制造业，服装纤维制品业列第三，制鞋业列第四，家具制造业列第五。在考察产业集群创新能力的过程中，我们同时发现了一些问题，即使在创新能力较高的计算机软件业产业集群中也存在一定的问题，如：

（1）产业集群区缺乏完善的创新体制，导致集群创新体系的机制不健全。最突出的问题是产业集群创新体系中各要素角色定位不准确，创新体系要素之间相互作用的市场机制不够健全，政府在创新体系建设中发挥的作用以及金融机构对科技创新的支持力度不够。

（2）研发经费分配比例失调影响了产业集群创新效率的提高。政府来源的 R&D 经费中，绝大部分流向政府相关科研机构，流向企业和高校的经费相对有限。2015 年，我国政府来源 R&D 经费中流向非政府机构，包括企业和高校的比例不足 40%，美国该比例为 55.9%，日本为 51.4%。企业高校在产业集群创新体系中的作用不突出，影响其成为技术创新的主体。具体情况如图 7 – 7 所示：

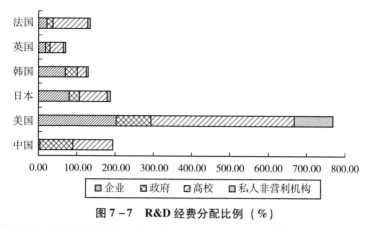

图 7-7 R&D 经费分配比例（%）

资料来源：OECD 数据库 Research and Development Statistics；数据基于 2015 年各国经费计算。

（3）尽管我国产业集群吸引了大量人才，但由于企业规模和管理等因素的限制，该层次的专业化人才极为欠缺，加之专业化的中间品投入商少，政府和行业协会对公共物品和准公共物品的提供不足，产品多样化水平低，且片面追求价格竞争优势而导致产品质量不过硬，以及信息服务滞后、网络效应不明显等，都在很大程度上限制了创新能力的发挥，阻碍了集群持续、潜在的创新能力挖掘，使得我国产业集群的整体创新水平低于西方发达国家。

（三）神经网络专家系统应用的优点和局限性

1. 优点

（1）BP 网络是根据所提供的数据，通过学习和训练。找出输入和输出的内在联系，从而求取问题的解，而不是根据经验知识，因而具有自适应功能，能弱化指标权重确定中人为因素的影响，故优于模糊评判的方法。

（2）影响产业集群创新能力的各指标之间呈现出复杂的非线性关系，BP 人工神经网络是处理此类问题的强有力的工具，而线性规划缺乏处理非线性关系的能力，因素之间的相互影响也限制了层次分析法的使用。

（3）计算误差小。人工神经网络模型对参与评价样本的学习，能使系统误差达到任何精度要求，具有收敛性。

2. 局限性

（1）神经网络模型的性能在很大程度上取决于训练样本的数量和质量，既不是所有的神经网络都具有高的泛化性能，而选择合适的训练样本不是件容易的事。

（2）神经网络模型的设计参数有时会造成模型的过拟合现象。在微观方面，网络结构的选择，各层节点数，尤其是隐含层节点数的选择，到目前为止还没有很好地解决方法。

第八章

我国产业集群创新体系的重要发展思路

第一节 政府在产业集群创新体系中的
作用机制及实现路径

我国经济实力的飞速发展促使产业集群正逐渐成为我国产业发展的重要方式。产业集群不仅是各种企业或公司在地理位置上的聚集，更是在这一产业中形成的带有特定的关系的集群。它能够以一种非常有效的方式来突破身处其中的企业，特别是中小企业的技术创新限制，因而也引起了当今各界的广泛关注。

作为开放体系的集群创新体系，不仅是推动区域经济发展，提高区域竞争实力的重要推手，更是国家创新体系之中的一个子系统。因此对于产业集群创新体系来说，其很大程度上起到了推动产业集群内部各企业发展、推动产业集群发展、推动地方经济不断发展升级的作用，其不断优化产业集群内部的各种资源配置方式，协调并改善着各产业集群内部、产业集群之间的关系与功能，因此受到了社会各界的广泛关注。而政府作为产业集群创新体系中的中间层面的创新行为主体，对于推动整个产业集群创新体系的创新具有非常重要和特殊的作用。无论是作为需求方直接参与到产业集群创新体系的核心层，还是作为延伸层推动产业集群体系创新的"环境"，政府都发挥着举足轻重的作用。

产业集群创新体系主要包括了与产业集群内部和创新行为之间具有关联性的集群内部组织、机构，以及集群内部实现创新行为的创新机制和条件共同联合所构造出来的运行系统。这个运行系统通常可以具体化为产业集群内部的生产，以及相关联企业、中介以及金融机构等行为主体的创新行为，集群外部行为影响着集群创新系统的制度、文化、市场等环境；在适合集群创新行为发生的信息畅通的环境中，产业集群内部的创新行为主体会共同制定产业集群的创新计划并确定相关的创新机制，这其中包括集群内外部共同作用构成的动力机制、创新主体相互依赖演化学习并且在此基础上促进产业集群创新能力不断增强的互动学习机制、产业集群内部企业之间的竞争与合作相互交织所形成的有效促进创新的竞争合作机制、源自产业集群内部企业或者机构之间自我更新所引起的自我更新机制；由市场中的消费者及专业技术部门组成的包括参与者创新主体和监督者、创新计划块、创新环境三个模块的相关监督者。

除此之外，产业集群创新体系也可以根据其创新主体对创新行为的不同影响程度被划分为核心层、中间层和外延层这三个层面。核心层主要包括了产业集群创新行为发生地，还有生产企业及其相关联企业在内的各类主体；中间层则主要包括了以高等学校为主体的科研教育机构、中介及金融机构，以及相关政府部门；外延层主要包括各种更可能对产业集群创新体系中技术创新产生影响的制度、文化、创新环境。

一、产业集群创新体系现存的问题分析

虽然，我国产业集群创新体系目前发展状态良好，但是其发展过程中仍然存在着很多的问题，这些问题在一定程度上阻碍了我国产业集群创新体系的进一步发展。

（一）产业集群创新体系核心层缺陷

作为产业集群创新体系的核心层面，主要在产业集群的层次、产业集群创新效率、产业集群创新体系内部的各个企业自我更新以及交流这三个方面存在一定程度上的缺陷。在中国情境中，产业集群发展起步比较晚，因而没有一个行之有效并可以遵循的科学发展体系，大部分产业集群在其初始阶段都可以视做许多同类型产业企业的简单堆积。此时的产业集群基础设施不完善不充分，产业链条和产业结构都不够合理完

整。不仅如此，薄弱的基础设施以及不完善不合理的发展结构使得我国产业集群只能使用最为基础的"低成本"方式来凝聚自己的竞争力，所形成的竞争优势可以说是具有非常大劣势的低级竞争优势，因此较低的基础水平决定了我国产业集群创新体系仍处于低端口的状态中，无法有效地在高层次上实现好的发展和循环。

此外，我国产业集群创新积极性和创新热情并不十分高涨。这是由于创新所需要的高昂投入、所需要面临的来自各方面的高风险特别是知识外溢风险、产业集群形成特征导致的成果不可独占性等各方面的因素所造成的。除此之外，我国目前产学研结合体系的构建还有所欠缺，导致了只有部分大企业能够有实力和精力去从事创新工作，而大部分中小企业因为缺乏独立创新的能力或者独立创新能力较低而只能对此望而却步。

产业集群内部企业之间的自我更新也是产业集群创新体系创新非常重要的动力之一。集群内部企业之间的自我更新不仅可以提高企业创新能力从而带动集群创新能力的提高，更重要的是可以通过集群内部企业之间的知识和技术方面的交流而促使更多企业创新行为的发生。但是目前由于我国产业集群内部企业之间的交流缺乏有效的交流平台、各企业之间的关系仍以相互竞争为主，缺乏能够普遍信任的信用体系等方面的缺陷，因而使得产业集群内部企业之间的顾虑较多地阻碍了整个产业集群的创新发展。

（二）产业集群创新体系中间层缺陷

中介机构在产业集群创新体系中扮演着不可或缺的角色，它能够有效地将集群内部各个要素、主体、环境连接成为一个主体，并有效地协调和调节这些主体要素之间的互动和交流。然而现阶段我国的中介组织发展程度无法有效满足产业集群创新体系创新的需要，中介机构不完善，协调程度低下等都阻碍了我国产业集群创新体系的发展。

除此之外，产业集群创新体系创新需要前期大量的资金投入，且这一行为具有长期性、高风险性、战略性等特征。但是目前我国产业集群创新体系在融资体系方面还有一定的缺陷，影响了技术创新的发展，无法高效服务于产业集群创新体系，导致资本市场不健全、企业融资困难，从而使得集群交易成本较高，产业集群创新体系创新困难。

产学研合作作为产业集群创新体系中的重要推动力和组成部分，可以帮助产业集群创新体系实现优势互补，分散各个创新主体因为创新行为所需要承受的各项风险、缩短研发周期提高整体创新能力。目前我国产业集群创新体系仍处于低端水平，阻碍了产业集群创新体系的发展。

（三）产业集群创新体系外延层缺陷

作为产业集群创新体系的外延层，制度、文化、市场等环境对集群创新的影响是深远持久的。积极的政策有利于构建积极的制度环境，并通过这种方式来助推产业集群创新体系的快速发展，但是在我国产业集群创新体系制度环境的演化过程中，却过于重视资金、人力、物力等方面而忽视了其过程的复杂性和不稳定性，造成了制度环境无法保障产业集群创新体系发展的局面。目前，我国市场环境主要从内外部的双向赋能以及信息交流共享等方面影响着产业集群创新体系的发展，导致了技术创新与市场需求脱节的"闭门造车"现象。

二、推进产业集群创新体系创新的政府行为

针对我国产业集群创新体系的发展现状以及发展过程中存在的各种问题，政府作为对产业集群创新体系影响最为重要的因素之一，也在方方面面推进着产业集群创新体系中创新行为的发生，本章主要通过两个视角来研究，政府是如何推动产业集群创新体系中的创新的。

（一）从产业集群创新体系的三个层次视角来研究政府行为

首先，为针对上面提出的我国产业集群创新体系的层次，就要大力投入资金来建设和不断完善产业集群所在地理区域内的公共基础设施，加大公共支持力度以及对公共物品的投资。通过建立完善的公共基础设施和提高公共服务力度能够有效地提高我国产业集群创新体系创新的层次，助推其在更高层次更高水平上实现创新行为，并且能够依此来优化完整现有产业集群创新体系的结构和功能，塑造更加合理的布局，为未来产业集群创新体系升级打下坚实的基础。政府要进一步完善相关机制并搭建好产业集群内部企业之间的一个信息交流平台。做到一边

提高产业集群创新体系技术创新的积极性和活力，一边为持久性创新和知识性创新保驾护航，这样才能够让产业集群创新体系的创新变得持久可观。同时需要注重在保障内部信息交流和共享的同时，加强对知识产权的保护力度。用规范的市场秩序和良好的信用机制建设来保障企业交流之间的安全性和可靠性，从而减少各方面的风险，让更多的企业真正的愿意走入创新的过程中，实现整个产业集群创新体系的创新发展。

其次，在介绍产业集群时提出过产业集群的特异性，也就是由于不同地理区域或者由于不同产业所聚集起来的产业集群是不同的，因此不同产业集群的创新体系也是有着千差万别的，政府要想从中间层面有效地推动产业集群的发展，就必须根据不同产业集群创新体系之间的不同阶段的特点来出台相关的政策法规，必须遵循产业集群初创、成长、成熟、衰退或更新的内在规律，并依据规律进行科学的规划和引导。在初级阶段时，政府的整体政策应当是向上的，不断地加强产业集群创新体系内部的结构完善程度，减少其不稳定性，从而推进过程的形成；在成长阶段，政府应当进一步促进产业集群创新体系的结构优化和升级，让创新资源能够以更为合理平均的方式进行分配，如建立相关中介机构，并制定相应的制度规范。而在成熟阶段中，政府应当以辅助性政策来推动产业集群创新体系的创新发展，因为此时的产业集群已经具备了自我更新的能力。

政府要充分发挥自身优势，不断完善推动风投体系的建立，加强对产业集群创新体系中小企业的资金支持，并且通过出台相关政策来引导鼓励金融机构与产业集群内部的企业之间的合作。政府要努力带动促进产学研融合，充当好产业集群和以高等学校为主体的科研机构之间的桥梁，加深二者之间的联系和合作，促进产业集群创新良性循环的发展。鼓励并引导越来越多的高校、科研院所和实验室融合到产业集群创新体系的内部，鼓励支持构建以人才为主要发展动力的科创型企业在产业集群内部的建立，以此来推动高新技术的产生和发展，破解产业集群内部出现的各种创新难题。

最后，政府要想有效推动产业集群创新体系创新，就必须做好充足的"后方准备"，让产业集群创新体系内部的各企业之间没有关于创新的后顾之忧。因此，政府必须要改善产业集群创新体系外部的环境，充分使其发挥出对促进产业集群创新体系创新的积极效应。政府要根据产业集群的特异性因地制宜地改善其外部环境，并且在此基础上构造出公平合理的市场环境和安全稳定可靠的交流环境。产业集群是建立在内部竞争合作关系上的，因此政府要进一步完善要素、产品、人才、资本、技术等市场，为产业集群创新体系的创新指出一条明路。

（二）从横向视角来研究政府如何推动产业集群创新体系的创新

政府作为推动产业集群创新体系创新发展的重要变量之一，主要是通过对构建合理有序的市场环境（竞争环境）；出台与产业集群创新体系有关的政策；提供必要的资金支持和财政补贴来推动产业集群内部投融资发展；推进技术和信息发展；改善产业集群运作模式；推动促进产学研结合六大方面来实现推动产业集群创新体系的创新。

第一，良好的市场环境和竞争环境市场能够对产业集群创新体系创新发挥积极的作用，因此政府可以通过提高诸如产品设计与市场预测的咨询服务等方面的市场服务，构建能够使产业集群中内部产品畅通无阻地进入市场等的方式来改善市场环境。政府还可以通过进一步完善市场监督管理，加大对产业集群创新体系的各个过程的监管，以增强竞争环境的公平性的方式来改善竞争环境。

第二，政府应根据各地的实际情况，因地制宜地制定统一的专项规划和政策，合理配置有限的资源。除此之外，政府可以通过构建一个科学性、可靠性、战略性的可持续发展战略框架和相应的对策来帮助产业集群直接指出在未来几年的主要发展方向，有效地帮助其制定总体目标和发展路径。政府还可以通过出台相应的财政政策来为产业集群创新体系创新提供后续的资金支持。

第三，在资金方面，政府应当为自己所辖区域内的产业集群提供必要的资金支持并且改善投、融资环境以及渠道。政府可以针对不同产业集群内部的损耗和投资情况给予一定的财政补贴和支持，以集群的外部获得收益来平和产业集群内部在创新行为的发生过程中产生的损失。

第四，技术创新与信息是推动产业集群创新体系创新最重要的因素之一。这就决定了政府必须从整个出发点来思考如何有效地推动提高产业集群创新体系的创新能力，不断调整自身在产业集群创新体系创新中所扮演的角色。首先政府应当通过直接增加供给来带动提高产业集群的新技术设计与新产品的组合，从而形成有利的资源辐射；其次政府要注重对人才的培养，产业集群创新体系的创新不能仅仅依靠一些人才和科研人员，要通过培训来提高产业集群内部的企业人员的技术能力和创新能力以及创新意识，特别是对一些集群内部的中小企业的人员而言，更应该加大对这部分人员的培训来带动提高中小企业的创新能力；要做好再创新成果以及项目的售后工作，做好保障工作；加大信息技术之间的流通和共享，政府在这个过程中要清晰地意识到自己所扮演的角色是一个中介，而不是直接的供给，政府应当作为信息中介而不断地帮助企业之间进行信息的交流与获得，才能使产业集群拥有更高层次，更加持久的创新能力；政府还应以技术设备引入为核心，以不同渠道引入不同技术资源，并通过政府的整合，来形成技术创新能力。

第五，政府可以通过采取公司化的运作模式，以此来提高创新能力并形成扩散机制。政府可以通过扶持大企业，将引入的新资源进行最为合理、最为优化的配置，通过这种配置方式形成产业集群创新体系中的具有核心创新能力的大企业，以此来带动同一集群内中小企业的创新与发展。或者将这样的资源视作一种公共产品，为集群内企业无偿提供，促进整体创新能力的提高。地方政府根据引入者数量与投入规模，建立一个专门负责创新资源分配和使用的机构，并以此来增强各个机构之间的竞争来激发创新活力。

第六，加强产学研连接，在极大程度上激发产业集群创新体系的知识创新。现阶段，我国产业集群与以高等院校为主体的科研机构之间的联系还不够密切，政府更应当扮演起架设桥梁的角色，通过类似"火炬计划""科技项目推动计划"等项目，引导和激励产业集群与科研机构之间的合作。同时，鼓励高校科研人员向企业流动，积极促进集群内企业与高校和科研机构共建博士后流动站、委托培养、项目联合开发，为产业集群发展培育一大批有知识、懂技术、善管理、具有开拓精神的专门人才。

三、总结以及相关建议

通过阅读大量国内外文献并进行讨论总结，得出我国政府助推产业集群创新体系中创新的作用机制和实现路径。我国政府主要是从三个层次来推动产业集群创新体系的创新发展。

首先政府必须要通过完善必要的基础设施诸如出台集群策动规划、产业集群优惠政策、规划使用土地、资金支持等方式来助力产业集群在更高层次上实现创新。否则，产业集群创新体系创新总会停留在最低端的水平之中。除此之外，还应当从园区建设、发展信息、通信、交通、水电等方面加强产业集群所在区域内的基础公共服务和措施，为产业集群创新体系的创新提供坚强有力的基础条件保障。

其次政府要摆正自己在产业集群创新体系创新过程中的角色，认识到自己身为中介的重要性和必要性，构建好集群创新网络，支持企业研发中心或科创型企业在集群内部的构建，致力于让产业集群获得创新的内生动力；加强对企业人员的培训，成果转化，科技咨询等信息中介服务，保障集群内部信息沟通交流的畅通无阻，确保产业集群内部的知识外溢和信息共享可以有效地推动产业集群创新的不断完成；政府还应当鼓励支持引导金融机构与产业集群的合作，拓宽产业集群的投融资渠道；加强对产业集群创新体系的软环境建设，出台知识产权保护等法律法规、鼓励创新大力渲染创新氛围从而带动整个产业集群进行创新；加强信任合作机制，充当好中介监督者角色，让产业集群的创新建立在良性合作与竞争的基础上。

最后政府可以通过产学研结合、出台克服集群"刚性"的支援性政策，为产业集群的发展提供更长久性、战略性、全局性的支撑。政府可以引导鼓励并支持人才进入到产业集群内部工作；建立健全区域创新合作机制，让产业集群创新体系创新实现良性循环。

第二节　品牌战略助推我国产业集群创新体系的发展思路

产业集群是某一区域内经济发展的重要方式之一，我国各级政府为促进经济建设而对产业集群的发展投入了大量的资源，这也成为日益普遍的现象。例如，产业集群内的企业可以更快地分享行业内技术以降低各类成本，最终以整体的形式赢得与行业内其他组织竞争，形成专业的行业市场以获利。但是，我国目前的产业集群存在着较为严重的集群内外部恶性竞争等影响产业集群共同获利的问题，解决这些产业集群内外部问题成为日后发展的重点工作。

近年来，我国政府也在对产业集群的发展上提高了关注度。在各种会议与文件中，国家主席习近平提出了"促进我国产业迈向全球价值链的中高端，培育若干世界级先进制造业的集群"等相关重要指示，我国企业应更加注重对自我高价值的发展而不仅仅是简单的产品制造。故此，产业集群内进行品牌化战略成为切实有效的解决产业集群内部问题的方式。打造产业集群品牌不仅能调节产业集群内外部激烈的恶性竞争，而且能为日后产业集群的发展与升级打下坚实的基础，最终实现我国产业集群在国际中的声誉与竞争力。

目前，在我国产业集群的相关研究问题中发现，各个产业集群和企业所实施的品牌化战略都存在各自的特点。例如，一部分产业集群和企业通过建设产业集群品牌的正宗性来实施其品牌化战略，另一部分产业集群和企业则通过把重心放在消费者群体以打造品牌体验感的方式来推动其品牌化战略。因此，目前存在多种品牌化战略来发展产业集群。

一、相关研究

总体而言，学术界对产业集群的研究和探讨是较为丰富和全面的。近年来，虽然与产业集群品牌化战略相关的研究内容逐渐增加且有许多值得探讨的内容，但是与产业集群的相关研究和探讨相对比，依旧面临着研究内容相对片面与缺乏的问题。

（一）产业集群

产业集群的相关内容最早是由马歇尔所提出的，马歇尔把产业集群这一现象概括为"专业化生产区"，认为产业集群是通过集群内部技术和信息共享、集群内部产业链中间商和市场共享、集群内部专业劳动力市场的形成和利用这三种方式为企业带来了规模经济的优势。除此之外，产业集群可以促使集群内企业进行集体行动以降低进入壁垒所带来的成本。

产业集群的概念最早是由波特所提出的，波特认为产业集群是在某个特定的领域内，通过聚合领域内企业与组织的方式所产生的。虽然产业集群在刺激集群内合作和创新等方面具有积极的效应，但是产业集群也存在着明显的弊端，如加剧集群内部竞争和过度模仿等问题，这些弊端会破坏产业集群自身的竞争优势与存续能力。

（二）区域品牌化

区域品牌一般是指以某一地理区域所命名的公共品牌，其包含了由国家、城市、地区、目的地、地理、集群等所命名的多种品牌类型。由于集群品牌化的研究兴起时间较晚并且专注于此研究领域的相关期刊较为有限，导致了国内外学者在集群品牌化的定义、理论框架、机制机理等各个方向上的研究成果并不丰硕，进而造成了学术界在集群品牌化的系统研究较为缺乏。相比之下，对区域品牌化的研究不论是在数量或质量上都优于对集群品牌化的研究。故此，区域品牌化是目前研究产业集群品牌化战略的主要方向之一。

目前，在区域品牌化研究中发现，对于非发达国家而言，实施品牌化战略的产业集群可以提升其在市场中的竞争优势，将产业集群本身作为品牌化战略的实施对象能使消费者区分市场内其他的竞争者，最终通过品牌的识别度来达到消费者的认可，如世界各地葡萄酒产业的新兴集群都利用了这一方法。国外学者在对丹麦和瑞典之间奥里桑德区域的迪肯山谷集群的研究中，发现产业集群品牌的建立是一个通过政府主导的自上而下的过程，在此过程中政府首先发现推动本地产业集群品牌化所能带来的竞争优势，通过政府指导本地产业集群内的集群品牌化，如为当地企业和组织提供政府财政支持和增加对本地集群的相关配套基础设施的投入，最终成功地将本地产业集群品牌化，加强了本地产业集群的竞争优势。

通过对产业集群的品牌架构的研究发现，一些产业集群在品牌结构中存在着各类不合理的问题，如一些产业集群并非系统性地发展其区域品牌，而是单纯地把产业集群内的所有相关企业捆绑至同一集群品牌下，缺乏对集群品牌内整体发展等各类构架问题的管理。在对产业集群品牌化的发展因素分析中，通过分析产业集群品牌生态系统与设计产业集群品牌竞争力的评价指标体系等方法，总结出了许多影响产业集群品牌的关键性发展要素，如品牌影响力、产业影响力、资源利用等集群外部要素与自我能力和协同支持等集群内部要素。

二、研究内涵

(一) 产业集群茁壮成长的重要方式之一就是实施品牌化战略

产业集群的最基础条件是某一区域内的行业相关企业处于相互作用的情况。因此，实施品牌化战略需要同时兼顾产业集群和产业集群内的企业，这意味着不仅是单一地建立起区域内的品牌，也包含了对集群内企业品牌的建设。但是，依照学术界普遍能接受的生命周期理论的角度来看，产业集群存在着形成、成长、成熟和衰退这四个时期，每个时期的发展思路与重点都存在差异。就我国的当下情境来看，我国产业集群的主要组成主体为某一区域内的大量行业相关中小企业，这些中小企业主要功能是生产行业相关产品且这些企业间有着明确的分工。但是我国产业集群在成长阶段往往受到规模经济不足和整体技术创新能力差等问题的制约，大量中小企业扮演行业内相同角色且其生产的产品高度类似，进而造成这些企业间在集群内相互攻伐。这一情况不仅会导致产业集群整体的竞争能力下降，而且会导致产业集群失去打造知名度的窗口期，最终将大大加快产业集群衰退期的到来。因此，就产业集群内中小企业缺乏资本和技术支持等重要资源和要素的情境下，如何帮助中小企业建立起品牌意识并重视对品牌的发展，是实现产业集群成功实施品牌化战略的前提，这也关系到产业集群能不能成功过渡到成熟期并尽可能推迟产业集群衰退期的到来。

与单一的企业品牌或产业集群品牌相比，区域品牌所发挥的效力具有更好的持久性和传播性，并且产业集群内的企业往往受益于区域品牌的作用。美国加州的硅谷高科技产业、印度班加罗尔的IT产业、法国波尔多的红酒产业、中国青岛的轨道交通设备产业等国内外著名产业集群都体现了这些特点。故此，将区域品牌与产业集群品牌有机结合也对产业集群的发展存在着重大意义，这也离不开产业集群实施品牌化战略。

(二) 产业集群品牌和企业品牌的发展离不开品牌化战略

为实现产业集群和集群内企业的品牌发展，仅关注中小企业是远远不够的。为实现区域品牌与产业集群品牌有机结合以助推产业集群的发展，集群内的龙头企业和政府需要带动其他企业共同发展，通过打造龙头企业的品牌知名度和美誉度来实现。就目前我国和国际情况而言，市场中的行为规则逐步确定、信息科技越来越发达、政策制度不断完善，这些情况都使企业需要更加注重其品牌的形象和声誉及产品的更新和升级。在应对这些情况中，产业集群内的龙头企业往往具有更好的表现，因为龙头企业不仅可以凭借自身体量来承担更多风险，而且其创新能力和技术开发能力也比集群内其他企业更强大。除此之外，与产业集群内其他企业相比，龙头企业能获得更多来自政府的政策等方面的支持。龙头企业的优势能顺利帮助其打造自身品牌并从中获得更强的行业竞争力以保证企业利润的增长。在龙头企业品牌稳立于行业内后，龙头企业为集群内其他企业注入了新的发展动力并提供了未来发展的经验，使产业集群内的所有企业获得各种能力的提升，这些将直接帮助集群内其他企业打造其自身品牌，最终这些具有知名度和美誉度的企业品牌群将与区域品牌有机结合以达到区域品牌的良性发展，形成一个具有良性循环的产业集群发展系统。

（三）加强企业－产业集群－区域三者之间的联系以实现品牌化战略并最终促进产业集群的发展

当产业集群发展到成熟期时，区域品牌已成为产业集群内企业发展的重要因素之一，产业集群内的企业可以更有效地利用区域品牌来协助发展自身企业的品牌。在企业打造自我品牌的过程中，企业往往能从区域品牌的知名度和美誉度中获得有利的影响，这不仅体现在企业自我品牌的知名度和美誉度上，也体现在企业在品牌发展的效率上。产业集群内企业的品牌影响力又通常能造成产业集群品牌和区域品牌的正向或负向发展波动。因此，当产业集群到达某个时间节点时，企业品牌、产业集群品牌、区域品牌将成为对方发展的重要影响因素之一，三者具有紧密的联系。就目前情况来看，我国产业集群内的龙头企业会主动发展企业品牌，增加其品牌的知名度与美誉度，企业品牌能促进区域品牌和产业集群品牌的良性发展；我国产业集群内的个别中小企业则以"搭便车"的思维，向市场提供不符合产业集群内标准或不达标产品，造成了对产业集群品牌和区域品牌的伤害，致使外界产生不利于产业集群发展的认知，最终形成对产业集群和区域内不可逆转的负向影响。因此，产业集群内的各个主体应该在获得产业集群内正向影响发展的同时，注重企业－产业集群－区域的联系以保证产业集群品牌化战略的实施，最终解决在促进产业集群发展过程中的问题。

三、问题与思路框架

本章以系统论的视角出发，发掘出产业集群在实现品牌化战略的思路框架，以此来解决产业集群内各方主体对于如何实施品牌化战略的疑惑，提供两个合理的进阶式发展模式框架。

（一）龙头企业带动式产业集群发展模式

通常情况下，产业集群中一般会出现一定数量的龙头企业，此种模式就是以产业集群中龙头企业为核心，令产业集群内其他企业作为龙头企业的上下游来围绕龙头企业来发展。通过此模式的发展思路，产业集群品牌化战略可以从打造龙头企业作为起点，逐渐建立起外界对整个产业集群的认知与认可，这是产业集群在发展过程中最重要的历程之一。

（二）区域品牌式产业集群发展模式

利用区域品牌式集群发展模式的必要前提是已经利用了龙头企业带动式集群发展模式并产生了对产业集群发展的积极效应。在这一集群发展模式中，总共需要经历两个发展阶段：第一阶段，政府和产业集群内的龙头企业需要确保集群内所有企业的联合与联系，在保证龙头企业的综合竞争力高于产业集群平均竞争力的情况下，集群内的龙头企业可以优先提高外界对产业集群的口碑与声誉，为最终转变成区域品牌式产业集群发展模式打下基础；第二阶段，产业集群内各个主体完成向区域品牌式产业集群发展模式的过渡，产业集群内的各个主体通过对产业集群发展的各个要素分析与判断，建立起一个拥有很高知名度与美誉度的区域品牌，以创造出一个能让各方共同参与进来而达到共赢的合作模式，实现产业集群内资源、能力、科技、生产、营销、运营等各个方面的互补与完善，最终形成高质量的成熟产业集群。在区域品牌式产业集群发展模式中，不仅需要政府在相关政策上的完善与支持，也需要产业集群内企业对集群内事务的共同治理和协商。

四、政策建议与措施

（一）产业集群内企业共同打造区域品牌

产业集群中的所有企业应该有着打造区域品牌的共同目标与愿景，避免内部的恶性竞争或者独立行为。除此之外，产业集群中的所有企业要加强打造区域品牌的意识，通过积极参加各种社会活动来宣传区域品牌，如产业集群内选择代表性企业参加各类商业会展、产业集群内企业积极邀请政府和学术组织考察参观、产业集群作为整体履行企业社会责任等。

（二）政府主导建立企业－区域－产业品牌伞以支持产业集群发展

当集群内的龙头企业竞争力和企业能力皆优于产业集群的平均水平时，龙头企业的不断壮大很有可能会挤压到其他企业的发展空间和潜力，其中包括恶性竞争或产生放弃带动产业集群的思维等行为，这就需要政府的指导性政策等手段来稳定企业集群的发展。政府利用企业－区域－产业品牌伞的理论与思想，不仅可以更好地让龙头企业为集群内的其他企业品牌提供培养与保护，也可以尝试联合其他行业以扩大产业集群的边界，最终促使产业集群内的区域品牌化战略可以成功实施与完成。

（三）创建与产业相关的大型专业市场以加速完成区域品牌

目前，我国各地产业集群都存在其专业市场，但是这些产业集群的专业市场规模是参差不齐的，只有一部分产业集群成功地做到了创立大型专业市场，而这些大型专业市场也成功地催化了产业集群的成长与发展，创建与产业相关的大型专业市场对于完成产业集群的区域品牌化有着重大意义。这些大型专业市场不仅可以为产业集群内的企业带来更多样化的客户来源以增加集群内的销售量，也可以为产业集群内的企业提供一个交流场所以对行业信息、行业科技、市场需求等有更好的了解。由于我国物流行业和信息行业处于高速发展期，产业集群的大型专业市场也得益于此能够更快更好地建立起来，并且大型专业市场建立后能更有效地传播销售产业集群内的产品。随着产业集群的不断发展与大型专业市场的建立和完善，产业集群品牌和企业品牌将不断地扩大影响范围，成为某一区域内的产业中心，最终达成产业集群的区域品牌化战略，从而助推产业集群的发展。

（四）产业集群升级与区域品牌化战略间的联动

产业集群不可避免地会面临衰退期，作为预防产业集群在衰退期所带来的负面影响，产业集群升级成为能解决这一问题的重要方案之一，而区域品牌化战略则与产业集群升级有着重要关联。在产业集群升级的过程中，新技术的产生与利用是一定存在的，这不仅会将国内外的先进技术、人才、组织引进至产业集群的网络中，也会刺激政府提供更多的支持性政策来推动产学研联合的发展。故此，作为产业集群升级的回报之一，区域品牌也会迅速地增加美誉度和知名度，这也达成了产业集群的区域品牌化战略。

第三节　产业集群创新体系助推
中小企业发展的思路

2021年3月发布的《中华人民共和国国民经济和社会发展第十四个五年规划和2035年远景目标纲要》（以下简称《纲要》）强调要发挥大企业引领支撑作用，鼓励大企业与中小微企业共建科技研发平台，进而推动产业链上中下、大中小企业融通创新。如何实现大企业引领、小企业配套、围绕共性技术共建区域产业集群商业生态，需要各区域探索针对性的发展模式和路径。近年来很多地方走出了一条企业"裂变式"驱动的区域产业集群商业生态化发展道路，从而实现企业的可持续发展，如青岛市铁塔制造业通过裂变式创新形成产业链创新发展模式，进而实现了打造优势产业链，发展特色产业集群，提升整体产业经济实力的目的，提升了区域创新能力，带动了青岛市经济发展。鲜明的案例预示着企业裂变式发展具有显著的产业溢出效应和创新溢出效应，能够有效助力区域性经济的发展。已有研究指出产业集群是企业裂变式发展的孵化器（Ponder et al.，1996），美国"硅谷"及"128 公路"、意大利塑料产业（Patrucco，2005）、美国汽车及轮胎产业（Klepper，2007）等众多产业集群实证研究表明，产业集群内部企业裂变发展活动非常活跃，企业裂变式发展是产业集群形成及发展的重要推动力量，也是知识传播、技术传递、资源转移、价值创造及创新精神发扬的重要途径。裂变创业会引发企业的集聚（Klepper，2007；马力和臧旭恒，2012），并对创新生态系统（姜鸣凤和马力，2019；李志刚等，2020）具有一定影响。综上所述，本章从产业集群视角出发，首先探究产业集群与企业裂变式发展的交互效应，继而探究企业裂变式发展的创新生态系统效应，在此基础上构建"产业集群 – 企业裂变式发展 – 区域经济和创新发展 – 创新生态系统发展"的中小企业可持续发展模型，最后探索如何设计支持或鼓励企业高质量裂变式发展的政策体系。

一、产业集群与企业裂变式发展的交互效应

（一）产业集群赋予裂变创业的独特性

产业集群自 20 世纪 60 年代起，因具有独特生命力在世界范围内取得极大成功，引起广泛关注，随后 20 世纪 90 年代引发研究热潮，马歇尔在其著作《国家竞争优势》明确了产业集群的概念：某个区域范围内，具备产业关联性的企业主体、配套服务主体、金融服务主体、衍生产业供应商及其他专业化平台、机构等聚集而成的地理上相对集中、产业联系较为密切的群体。此概念目前受到学术界的普遍认同，它强调地理空间的集聚性、企业间的相互联系性以及企业间的互动关系和学习创新。

从微观层面而言，产业集群形成了介于企业与市场之间的中间地带，为企业塑造自身竞争优势提供了新的立足点；而从宏观层面而言，产业集群形成了局部积聚，多主体之间的协同促成了专业化分工和知识溢出，最终带来规模经济。因此，产业集群情境具有如下三个典型特征：其一是多主体性，产业集群表现为一组企业网络，网络上的不同节点均为独立自主的主体，各主体按照自身战略进行决策，而并非接受某主体的统一领导。因此产业集群为多主体结构；其二是协同性，虽然产

业集群内存在多个独立主体，但主体之间彼此联系，或是存在上下游分工，或是存在资源配套，抑或者是互补资源的分享，总之多个主体相互协同，形成区域优势；其三是临近性，产业集群内协同的多个主体往往集中于某一特定区域，这种地理位置上的临近，背后反映出的是信息与资源交换的便利性。各企业可以更轻松地获取自己所需的信息和资源，知识溢出也更为便捷。

正是因为产业集群情境展现出的典型特征，这一情境下的裂变创业被赋予了独特表现，例如产业集群内包含的成套资源，蕴含的结构机会以及流行的企业家精神等。但对于产业集群的多主体性、协同性以及临近性，裂变创业在机会方面的表现尤其不同。首先，产业集群内的裂变创业机会体现为行业机会或者产业机会，往往由现有产业瓶颈或者需求催生。且由于多主体性的存在，产业集群内的这种机会往往可以由行业或产业内多个主体或主体内的员工所识别或构建，因此，这种机会最终体现为一种共同机会，通常也会造成多个裂变企业同时产生。其次，产业集群内部的协同性使得机会的开发往往体现为多主体之间的合作开发。特别是，在产业集群内部的协同体现为主体间的多边关系时，这种共同开发更为明显。一方面，裂变新企业作为新参与者为多边关系注入了新的活力，提升了整体价值，同时也在追求机会背后的潜在收益；另一方面，产生裂变企业的在位企业借由新价值的注入提升了自身竞争力，也反过来支持裂变企业活动；除此之外，多边关系中的其他企业也成为裂变企业的关联者，它们中也会有部分员工加入裂变企业中来成为开发新机会的一员。这种协同开发使得裂变创业更多表现出在为企业提供支持而非传统意义下的敌视与反对。最后，产业集群的临近性使得机会的时间窗口更加短暂。在谢恩的经典论述中，机会存在时间窗口，即机会有时间限制，仅在短时间内存在，需要被快速地识别和开发。而企业裂变式发展的机会常常存在于企业内部，更容易被企业内的员工所识别和构建。但在集群情境下，由于企业之间彼此临近，企业之间的信息与资源流动更为频繁，同时特定知识的流动也更为便利。而在这些信息、资源以及知识的背后，都蕴含着丰富的机会，特别是技术知识，在集群情境下带来了广泛溢出效应，使得新技术更容易扩散。这就意味着，这些潜在的机会不再具备独占性，不再仅为某个企业员工所熟悉。因此，这些机会的时间窗口也就更加短暂。

（二）企业裂变式发展的产业集群效应

1. 裂变式发展对产业集群形成和发展的影响

通常认为裂变式发展的典型特征在于由母体企业产生若干裂变企业，从而形成以母体为核心的多企业协同共生的商业生态系统。但实际上，裂变式发展导致的企业间协同效应并非局限于母体与裂变企业之间，随着裂变企业的不断产生，母体企业与裂变企业开始不断拓展和探索新的业务，一方面会涌现新的商业机会，进而催生更多非裂变的新企业涌现，另一方面会形成全新的区位优势，从而吸引更多的资本进入。因此，企业裂变式发展的一大显著溢出效应在于促进了本地区相关产业集群的形成和发展。

首先，良好的竞争发展、技术上的互相支持等因素可能直接或间接影响推进产业集群的形成。其次，在产业集群的形成过程中，区域创业政策的便利性会支持局部地区企业裂变出更多的新企业，并引发外部新企业不断涌入；信息技术的发展为局部企业之间的沟通协调提供了便利，从而提升了企业间的关联度。最后，需要强调的是产业集群内的企业集聚与产业关联不仅仅依赖于母体企业，其本质是母体企业裂变式发展所带来的溢出效应与社会整体层面的连锁结果，特别是引发了众多外部企业（非裂变企业）的进入。因此，企业裂变式发展不仅促使企业区域化集聚，更重要的是助推了产业的关联性强化。

2. 裂变式发展引致的产业集群效应对区域经济的影响

裂变式发展所带来的产业集群效益有利于知识和技术的传播，产业集群内的行业、企业及员工等多主体之间的正式及非正式沟通，有助于产业集群内的各大中小型企业更快掌握行业领先技术及经验。当其发展到一定规模后，会以自身的发展来壮大区域经济，促使地方形成良好产业环境和区位优势，逐步吸纳集群产业链条，并进一步刺激地方发展与集群相关的服务与配套产业，从而提振区域经济。

裂变式发展的产业集群效应可能从两个维度促进地方经济的发展。第一是规模效应带来的企业虹吸效应。即随着产业集群的规模不断扩大发展，其内部企业将会加大对技术原材料、人才及资金的需求，从而启动企业集聚的正反馈机制，这种虹吸效应导致区域内资源配置改善、专业化分工细化进而促进地区经济高质量发展。第二是互补产业发展带来的生态改善效应。裂变式发展的产业集群会催生大量服务企业、中介机构以及一系列配套性产业发展，这些产业一方面能够产生巨大的经济效益，另一方面能改善区域的商业生态。

二、企业裂变式发展的创新生态系统效应

（一）裂变式发展推动创新生态系统形成与发展

当前我国经济情况较为严峻，全国经济亟待新一轮的转型升级，要适应新常态、引领新常态，急需抢占新一轮科技革命先机。企业裂变式发展由于对知识流动具有促进作用而有助于满足这一重点需求，其基本模式在于推动创新生态系统的形成与发展，即产生一种"创新生态系统效应"。其主要包括企业、产业、区域及国家四个层次。创新生态系统是一个基于技术创新组织及环境的资源创新和信息沟通的有机系统，是单一或多区域内某产业之间创新驱动与系统共生发展的新型组织形态。

（二）"创新生态系统效应"对区域创新能力的影响

《纲要》明确指出坚持创新驱动发展，全面塑造发展新优势，并且支持企业牵头组建创新联合体，裂变式发展催生的区域创新生态系统就是一种网络式创新联合体，其内部主要包括创新的主体及环境两大要素。各主体之间、主体和环境之间的协同共生，有助于内部不同组织要素的持续创新，不同组织要素之间通过多种形式的沟通，助推了知识资源转移及技术突破，从而提高了整个区域的创新绩效，并使得区域内的网络系统得到演化升级，使得传统的线性创新模式转化为多主体多层次立体的系统性创新范式，构建了一种全新的区域创新生态。企业通过裂变式发展创立了更多创新资源共享平台，形成了更加专业且符合市场需求的众创空间，进而形成创新生态系统。基于上述条件所构建的创新生态系统更加的便捷与开放，能够有效地使得多种创新要素协同共生，通过对创新资源有组织有计划的利用，促进了区域创新的发展效率实现整体突破。多种情境下的创新生态系统能够对创新能力起到不同的推动作用。第一，政府参与情境下。在政府的统一协调下，从创新驱动和内生增长两方面入手，能够有效利用政府的宏观引导及服务功能，大力引进

高端人才。此外，应以企业为主要创新主体，合理配置市场资源，发挥其决定性作用，从而促进区域创新。在此过程中不同的政策实施可能会对区域创新能力产生差异化影响。第二，市场主导情境下。面向市场的创新生态系统按照市场化原则投资建设，企业化方式运营管理，专业化模式进行服务，加强与市场对接、与人才对接、与资本对接，有效增强自身造血能力和可持续发展能力，推动区域创新体系的建设与发展。

三、产业集群背景下裂变企业生成过程研究

随着创业研究的深入，中小企业中的新创企业逐渐成为一个重要的研究领域。在千姿百态的新企业创建活动中，裂变创业是一种愈发受到研究者关注的创业类型。裂变新创企业是指具有一定先前工作经验的创业者在离开母体企业创建独立的新企业，这种独特的新企业创建方式由于受到创业者在母体企业工作经历的影响，往往具有自身独特的发展规律。

研究者们逐渐发现除了母体企业会孕育和衍生裂变型新创企业，产业集群也是裂变型新创企业的重要孵化器。美国"硅谷"及"128"公路、意大利塑料产业等众多产业集群实践表明，产业集群内部的裂变创业活动非常活跃，与产业集群外部大多因为潜在创业者与母体企业发生冲突不同，产业集群内部的裂变创业在创业者特征、创业动机、创业学习等方面都表现出了不同于以往研究的独特性。

目前有关产业集群、创业学习和裂变创业等研究领域均有很多理论成果，但产业集群背景下的先前经验研究、裂变创业研究相对较少。针对裂变创业在产业集群背景下表现出哪些独特规律的研究更是非常缺乏。产业集群环境对于裂变新创企业的生成过程有着其独特影响，系统研究产业集群对裂变新创企业生成过程具体有什么样的影响，识别产业集群环境下裂变新创企业生成过程的一些独特规律，深入地探讨分析产业集群环境下裂变新创企业的生成机理对于分析产业集群如何助推裂变新创企业可持续发展是非常有必要的。

（一）产业集群环境中潜在创业者的培养

麦肯德里克等（McKendrick et al.，2009）认为创业能力是一种综

合性的能力，包含了识别市场机会、进行产品和服务的开发、考虑环境要素、开发可利用机会等在内的一系列能力。张玉利等（2008）也认为创业能力是包含机会识别与开发能力与运营管理能力在内的综合性的能力。通过上述学者们的研究可以发现，产业集群背景下的创业能力是指创业者利用在母体企业积累的先前经验、在产业集群环境中受到的外部影响，识别并开发创业机会并促使创业新创企业不断成长的能力。

1. 创业者个人特质

产业集群中企业相似性较高，企业间的竞合关系也更为密切。企业间产品高相似度使得企业间的竞争更为激烈，这就要求企业不断改善产品质量、提升企业能力；也要求创业者不断成长，培养创新意识、不断顺应潮流变革企业，以谋求企业的生存和发展。产业集群中激烈的竞合关系加强了产业集群中企业间纵向、横向的各种交流，为潜在的创业者提供各种学习机会。成功的创业者往往具有良好的个人特质，如冒险精神、创造力等。产业集群背景下，潜在的创业者更容易接触到成功的创业者，通常，他们会以成功者为标杆，寻找自己目前的差距所在，通过产业集群内知识溢出效应来不断提高创业所需的个人特质，不断缩小与成功者的差距，锻炼创业所需的合作协调能力。

此外，产业集群环境中存在着积极的创业文化，这会对潜在创业者形成潜移默化的影响，使其在创业理念、创业意愿等方面都会有较大的提升。而且产业集群中的非正式制度有助于形成相互信任、相互制约的非正式制裁机制，在这一机制作用下，潜在创业者与成功创业者间的相互学习必然会不断强化，对于区域企业家精神的形成和潜在创业者个人特质的培育都起到良好的促进作用。

2. 创业机会识别能力

创业机会识别能力是创业能力的重要组成部分，创业过程始于对创业机会的识别与开发。创业机会可能是市场机会，也可能是商业机会，成功地识别到创业机会并顺利地开发是创业成功的前提条件。创业者先前经验的积累对创业机会的识别有着非常重要的影响，创业猜想有赖于创业者对新信息的识别，只有先前信息与新信息相匹配时，创业者才有可能准确识别出新信息中蕴含的创业机会。

此外，新信息的来源对于创业者来说也是十分重要的。相较于非产业集群内的创业者，处于产业集群中的创业者存在着更多的强联系和弱联系，在产业集群网络背景下，潜在创业者可以借助地缘的强联系优势获得大量有价值有时效的创业信息。此外，产业集群有助于潜在创业者形成社交网络——这是潜在创业者捕捉新信息的重要途径——复杂且广阔的社交网络能够帮助潜在创业者了解更多、更有价值的市场变化信息。

产业集群的非正式机制中一般存在着较为完善的教育和培训机制，这可以帮助创业者获得有关创业知识，培训创业分析、思考的能力，进而提高创业机会识别的能力。"练中学，学中练"是掌握技能亘古不变的技巧，创业者在产业集群的环境中不断尝试发现新信息并与所拥有的先前信息结合，不断尝试抓住创业机会，锻炼自己的机会识别与开发能力。

3. 创业资源获得能力

新创企业的顺利创建和持续成长都离不开创业者对所拥有创业资源的不断拼凑，不断通过创业资源为新创企业注入活力。产业集群中存在着复杂而紧密的关系网络，能够较为容易地帮助创业者形成社会资本。创业者社会网络的质量与创业资源的获取量呈明显的正相关关系，有高质量社会网络的创业者更容易获得成功。产业集群这一大外部环境为产业集群中的创业者提供了建立高质量社会网络的原始条件。

此外，产业集群对区域经济发展推动作用明显，因此，政府政策对于产业集群多有倾斜，处于产业集群内部的创业者更容易获得政策和资金的倾斜优势。而且处于产业集群环境中的创业者，更容易通过地缘、人缘等强联系与产业集群内政府部门、科研院所等掌握关键创业资源的人员建立起较高水平的信任关系。较产业集群外部创业者而言，处于产业集群中的创业者更容易获得较低成本的优质创业资源。

产业集群具有市场开放程度高、知识流动速度快、研发转移能力强等优势，使得产业集群中的创业者更容易获得创业所需的各种关键资源。而产业集群中的知识溢出效应更是增加了创业者的隐性资源，产业集群中的创业者可以通过频繁的正式、非正式沟通获得先进的技术和前沿的信息，这些重要资源对于新创企业的创建和健康成长起到至关重要的作用。

（二）产业集群环境中创业动机的形成

潜在创业者演变为创业者过程中的重要一环就是创业动机的形成。

创业动机是创业研究的重要内容，创业动机可能来自创业者生存需要、自我满足需要等内部驱动力，也可能来自外部拉动，母体企业孵化固然是创业动机的重要来源，但处于产业集群这一特殊的环境中，外部吸引也可能对创业者创业动机的形成起到了相当的促进作用。

1. 产业集群外部吸引

产业集群在发展过程中，其中的分工合作和发展演变会创造出众多的创业机会。以往的研究更多关注于母体企业对裂变创业动机的影响作用，较少有研究考虑产业集群环境对于裂变创业动机形成的促进作用。

产业集群环境中，企业间的分工合作和发展演变都会创造出众多的创业机会，当然这些机会的数量和质量会因产业集群的类型及发展阶段而有所差异，但总体而言，产业集群环境下，外部环境吸引对裂变创业者创业动机的形成起到了重要的推动作用。

2. 母体企业内部孵化

产业集群中的裂变创业动机还可能来自矛盾冲突的萌发、演化、积累和激化，这种矛盾冲突主要来自母体企业内部，而外部产业集群引发的冲突相对较少，矛盾的化解和规避往往具有被动性。如果潜在创业者在母体企业中不能有效实现自身价值，个人所拥有的经验、技能得不到充分的发挥，或者个人的抱负无法充分施展；抑或母体企业出现兼并收购、业务重组等重大变革活动，使得潜在创业者个人在不再适应母体企业的环境等，都有可能引发潜在创业者与母体企业的矛盾冲突。若与母体企业间的矛盾冲突无法调和，潜在创业者在评估自己的创业能力、创业资源后，多会对创业机会进行关注，甚至部分潜在创业者在没有创业机会的情况下，也会考虑离职后创业。

（三）产业集群对创业学习的促进作用

产业集群在培养创业者创业能力、促进创业者创业动机形成等方面有着重要作用。新创企业形成过程中，创业学习成为提升机会把握能力和资源整合能力的重要途径，进而也成为提高裂变新创企业成功率和提高新创企业绩效的重要因素。产业集群中的裂变创业者可以通过产业集群中的创业学习来支持新企业的创建活动。裂变创业者离职前后创业学习的类型和内容都会存在发展变化，创业学习推动新企业创建的具体过程也有待深入探索，本小节从创业学习演化过程、裂变企业创建过程、产业集群学习机制三个角度入手，分析产业集群环境对裂变新创企业生成过程中创业学习的促进作用。

1. 创业学习演化过程

创业者从母体企业离职前的创业学习主要表现为，潜在创业者在产业集群以及母体企业内部的经验式学习，例如从过去的工作经历中积累经验，通过对经验的掌握与运用，把过去的经验运用于当前或未来问题的解决。这种类型的创业学习以追求效率、稳健、标准化和精益化为主，此种创业学习属于"理论驱动"型创业学习，主要可以帮助潜在的创业者掌握和积累经验，为创业机会开发与利用这一过程打下坚实基础。

创业者在离职后的学习过程则表现出与离职前的创业学习完全不同的倾向，这一阶段的创业学习多以探索产业集群发展机遇或寻觅创业机会为主要目标，学习类型主要为"数据驱动"型学习，学习内容大多以追求效果、创新、个性化和变革力为主，学习方式也主要为探索式学习与试错式学习。

创业者在离职前多集中精力于运营型知识的学习，而离职后则更多关注于创新型知识的扩充，通过这两个过程不间断地学习不同类型的创业知识，创业能力得到充分提升的创业者开始高效整合和运用产业集群内部社会资本以创建新企业，新企业创建的标志通常为获得了第一份订单、进账第一笔收入或首次融资成功等。

2. 裂变企业创建过程

产业集群中的裂变新创企业有其很多独特之处，主要表现在裂变企业在新创建时离不开创业者、创业学习和社会资本的共同影响，三者的共同作用很大程度上决定了裂变新创企业的创业类型。具体而言，创业学习会受到创业者先前经验的影响，也会受到所处的产业集群中整个创业网络和创业环境的影响；反过来，创业学习也可以帮助创业者更好地整合创业资源、提升创业技能、搭建社交网络，进而更好地利用创业者的社会资本来支持裂变新创企业的创建。

产业集群环境也会影响到创业者的学习模式，这对裂变企业创建后的发展有着很大的影响。创业者的学习活动存在着路径依赖效应，裂变创业者能否成功地从经验学习转化为探索学习，除了创业者的个人特质外，产业集群外部环境和社会资本等因素的影响也起到了十分重要的作用。如果产业集群环境中社交网络联系不密切、企业间信任机制不够完善，创业者多会选择沿袭离职前的经验学习模式，这种模式下创业者对社会资本的利用水平就会偏低，对于产业集群中的价值网络难以有效利用，新创的裂变企业多会倾向于模仿型创业；反之，如果产业集群中的非正式机制完善、企业间信任与合作关系较强，创业者多会选择突破离职前的经验学习模式，转而寻求探索式学习，那么产业集群中的社交网络就会得到较为充分的利用，新创的裂变企业也会倾向于创新型创业。

3. 产业集群学习机制

产业集群主要通过集群内的学习机制来推动创业者的创业学习，而产业集群内学习机制的完善主要依靠集群软环境建设、集群内文化根植等途径。一方面，通过创业学习软环境的建设促进学习型区域的构建，进而完善产业集群内的学习机制是助推裂变企业生成的一条重要路径。集群内创业学习软环境建设是指加强集群中创业学习的文化氛围，通过集群内学习来助推裂变企业的生成。产业集群内企业间信任程度、相似程度较集群外部高，在建设创业学习软环境方面有着天然的优势。

另一方面，通过集群内创业文化根植强化产业集群内企业的创业承诺、创业意愿，也是助推裂变企业生成的另一重要途径。通过加强产业集群内创业文化的根植，提高产业集群内知识流通的效率与质量，引导技术人才在产业集群内流通等方式来完善产业集群内的学习机制。

（四）产业集群助推裂变企业生成建议

前文在产业集群助推裂变企业生成过程研究中已穿插分析产业集群效应如何更高效高质地助推新创企业生成，总结前文结论，产业集群可从如下方面为激励裂变新创企业生成提供助力。

1. 关注机会型创业者

较外部创业者而言，产业集群内部的潜在创业者更容易接触到前沿的市场信息和商业信息，也就会产生大批受到外部吸引的机会型创业者。而机会型创业多发生在技术更新迭代快、创新能力要求高的领域，这就使得裂变企业面临着较大的风险性。产业集群需在政策上给予相应的扶持，帮助裂变新创企业克服创业初期资源不足的弱势。

2. 优化集群文化环境

产业集群内有着良好的创业氛围，这为潜在创业者走向真正的创业实践提供了良好的环境基础。集群也应向外拓展，不断用集群的创业热情来激活社会中潜在创业者的创业意识，响应"大众创业，万众创新"的号召，通过集群创业文化外溢营造出大胆尝试、不惧失败的创业氛围。

第四节　产业集群创新体系中绿色管理创新思路

近年来，我国经济保持着平稳高速增长，在助力世界经济增长方面作出了重要贡献。产业集群作为一种重要产业组织形式，在其中发挥了十分重要的支撑作用，但与此同时也引发了严重的生态环境问题。根据2021年《BP世界能源统计年鉴》，自2010年以来我国一次能源消费量一直呈现出增长趋势，2020年占全球总消费量比率高达26.1%，由此带来的污染问题不仅制约了经济的高质量发展，也对人类的生命健康和可持续发展产生了严重威胁，高消耗、高排放、高污染的发展模式已不再适应我国现阶段的发展需要，绿色创新作为一种以实现经济、社会、人口、环境和谐发展的创新方式和创新理念成为企业发展和产业集群升级的必然选择。

目前，我国产业结构性升级与生态环境改善的双重压力不断加大，国家层面也提出要进行生态文明建设，实现绿色发展。党的十八大以来，党中央对生态文明建设提出了一系列新思想新要求，绿色发展理念已成为企业和产业发展的新的指导思想，与此同时出台的一系列指导意见，如2011年《环境保护部　商务部　科技部关于加强国家生态工业示范园区建设的指导意见》、2021年国务院印发《国务院关于加快建立健全绿色低碳循环发展经济体系的指导意见》等对绿色经济发展和产业集群发展指明了方向，除此之外，地方政府也纷纷响应国家的政策，如山东省发布关于《科技引领产业绿色低碳高质量发展的实施意见》。

由此可见，绿色发展已成为时代发展的必然，而产业集群中的绿色创新，是实现绿色经济的重要手段。产业集群要实现绿色发展、绿色创新，一方面需要采用新的绿色技术从生产过程中实现绿色化，另一方面也需要在管理方面进行创新，在管理理念、组织方式、管理方法等方面实现绿色化。目前关于绿色技术创新的研究已有深入的发展，而在绿色管理创新方面涉及较少。本节将从管理创新的角度，分析产业集群实现绿色管理创新的特点、优势，讨论我国产业集群绿色创新管理中存在的问题，并基于此提出相关建议以帮助产业集群实现绿色发展。

一、产业集群中的绿色管理创新

（一）绿色管理创新的内涵

1. 绿色创新

当前，绿色创新尚未得出被广泛认可和接受的定义，由于研究视角不同，学者们在创新主体、内容和维度等方面存在一定的差异性。多数的研究是基于企业视角，即将企业看作创新主体对绿色创新进行研究，如布拉特－明克（Blattel－Mink）认为企业在新产品、新技术、新生产流程、新资源、新市场和新系统等方面引入生态维度均属于绿色创新，李东伟认为管理者将新的环境管理理念和技能纳入企业持续发展战略中，促使采取绿色措施对产品生产工艺和质量进行改进均属于绿色创新；也有学者将绿色创新的主体范围进行扩大，如陈华斌将绿色创新的范围扩展到人类社会。但从本质上来看，绿色创新可简单地理解为以减少环境污染，实现生态、经济可持续发展为目的的一系列创新活动。

2. 绿色管理创新

绿色创新是一个比较宽泛的概念，国内学者刘薇通过对相关文献进行综述，将绿色创新分为"技术、制度、文化"三个方面，并指出其中涉及管理、制度等方面的创新。也有学者将绿色创新分为产品、工艺和管理创新，其中绿色管理创新是指通过重新定义经营和生产过程以实现绿色管理。结合管理创新相关定义，本书认为绿色管理创新是指将环境保护思想引入管理当中，形成新的管理理念、新的组织机构、新的管理方法、新的管理文化、新的经营模式等以实现资源节约、环境保护、经济发展的目的。

（二）产业集群中的绿色管理创新特点

产业集群是指大量的相关企业按照一定的经济联系在某一区域内形成一个类似生物有机体系统的产业群落。产业集群的绿色管理创新要求产业集群内的系统要素（如企业、政府）均以绿色管理的思想实现自我创新并通过对要素间相互关系的管理实现区域内社会、经济、政策、生态共同可持续发展的创新目标。由此可见，产业集群的绿色管理创新与企业中的绿色管理创新存在一定差异，具体如表8-1所示。同样，产业集群绿色管理创新与产业集群传统管理创新也存在一定的差异，具体如表8-2所示。

表8-1　　　　产业集群绿色管理创新与企业绿色管理创新的差异

类别	产业集群绿色管理创新	企业绿色管理创新
立足点	中观层面——产业组织	微观层面——企业自身
创新主体	企业、政府等产业集群系统要素	企业本身
创新管理对象	系统要素内部管理以及要素间的相互关系管理	企业内部管理
创新绩效衡量	区域内的绿色效率	企业的绿色效率

表8-2　　　　产业集群绿色管理创新与产业集群传统创新的区别

类别	产业集群绿色管理创新	产业集群传统管理创新
指导理念	绿色发展	经济增长
基本假设	经济人、社会人（生态人）	经济人
关注点	不仅解决经济增长，同时也关注资源节约和环境保护，关注社会进步和人的生存与发展	只关注追求经济利益
集群结构	生态化	专业化或多样化

（三）产业集群绿色管理创新的优势

1. 要素层面

首先，产业集群绿色管理创新要求集群内的所有主体（本文主要指企业和政府），均要以绿色管理的思想进行要素系统内部的创新，实现各主体的绿色发展，企业内部实施绿色管理创新有利于企业形成绿色的文化及管理方式，从而促使企业自发打开企业边界，积极与产业集群内的企业展开绿色合作，促进技术、工艺等方面的创新。政府的绿色管理创新有利于服务型政府的形成，其通过整体规划、环境规制、政策引导等手段能够为企业实行绿色管理创新提供良好的创新环境。

2. 产业集群层面

产业集群的优势在于其能够产生规模效应、协同效应、知识外溢效应，由此能够促成集群内所有企业实现绿色管理创新，加强企业间的绿色联系以获取整体竞争优势。

（1）规模效应。在产业集群内部实施绿色管理创新，需要形成生态化的集群结构，而集聚区内的企业通过集聚行为可以产生规模效应，即集群内部企业一方面能够共享部分基础设施，另一方面集群可以形成完整的产业链，从而减少消耗，提高资源的利用效率，同时企业也能够共享由管理理念优化带来的正效应，降低企业边际污染治理成本。

（2）知识外溢效用。集群具备地理邻近性优势，集群网络内的强相互关系，使得企业能够以较低成本进行内部搜索，从而可以学习同行企业先进的生态技术、管理理念，企业间的知识互动，能够帮助相关企业深度挖掘和利用专用性绿色技术知识，促进企业绿色技术的创新。

（3）协同效应。产业集群能够为企业间知识重组提供更大的可能。产业集群的协同效应主要表现在能形成横向和纵向交错的协同网络，通过异质性企业间的互补作用，将"资源－生产－排污"的发展模式改变为"资源－生产－再循环"，实现变废为宝，促进产业集群整体绿色发展。

总体而言，在产业集群中进行绿色管理创新，一方面企业的绿色管理创新会促进产业集群整体绿色创新的实现，另一方面产业集群层面的绿色管理创新会反过来作用于企业，进一步拉动企业的绿色管理创新，企业与集群呈现出相互促进，共同发展的趋势。

二、我国产业集群绿色管理创新的问题及原因分析

（一）我国产业集群绿色管理创新的问题

尽管我国已经出台了许多政策以促进产业集群的绿色发展，但从现状上看，产业集群整体绿色创新效率较为低下，资源与能源消耗问题仍然存在，环境污染带来的负外部性问题仍然突出。具体表现为以下两点。

1. 集群内部产业结构不合理

一方面，产业集群的集聚从一定程度上看会带来规模效应，促进绿色发展，但其边际收益遵循收敛铁律，也就是说随着集群规模的不断扩大，超过了一定的阈值，会产生拥挤效应。现有集群内同质化企业过多，它们对同类资源的消耗也会加大，当共用公共产品带来的绿色效率无法抵消同质化企业聚集带来的绿色消耗时，就会产生大量的资源消耗，环境污染问题也会随之而来。另一方面，已有的产业集群内部产业结构并未形成生态化结构，或者并没有将环保产业引入产业集群内部，因此无法将产生的污染循环再利用，无法发挥集群的绿色管理创新优势。

2. 集群内产业关联性较弱

我国虽然推动建立了多个生态化产业园区，但已有的产业园区规模小而分散，产业关联性较弱，并没有实现真正意义上的生态化集聚。一方面，现有的生态产业园区内的企业多为中小型企业，创新意愿与能力不足，另一方面产业关联性较弱，因此集群内部企业无法依靠集群内的协同效应、知识外溢效应进行低成本的绿色创新活动，由此无法达到环境保护的目的。

（二）我国产业集群绿色管理创新问题的原因分析

1. 企业层面

影响产业集群绿色管理创新的因素在企业层面上一方面表现为企业绿色意识不强，这意味着管理者并没有意识到绿色发展对于企业、社会发展的重要性，因此他们从本质上缺乏绿色创新的动力；另一方面企业绿色管理创新可能涉及绿色知识的获取、绿色技术的引用、管理系统的更替等，其所需成本是巨大的，因此对于集群内部的一些中小企业而言，它们没有足够的资金去进行创新。

2. 集群层面

影响产业集群绿色管理创新的因素在集群层面上主要表现为整个产业体系建设不够完善。一方面是集群内部企业间的相互关系管理不够完善，缺乏适时、合理的沟通、交流与交易平台，导致集群内企业间关联程度较低，从而无法使得集群优势得以发挥。另一方面是集群的基础设施和服务型机构缺乏，无法为集群提供解决问题的配套措施和相关方案。

3. 政府层面

政府对产业集群绿色管理创新的影响主要体现在创新环境，即政府通过相关政策的制定为企业、产业集群营造不同的创新环境。"波特假说"指出适当的环境规制会促使企业加强创新。但目前政府制定的环境规制存在不合理不完善的地方，如不同规模企业对于环境规制强度的反应程度不一致，但现有的相关政策并没有针对性；另外，政府也会对产业集群的发展起到引导作用，但目前由于相关配套政策不完善，使得有关政策在落地时存在一定的困难。

三、我国产业集群绿色管理创新的对策建议

基于上述的原因分析，本节将基于绿色管理创新的视角从企业层面、集群层面、政府层面提出相关建议，以促进我国产业集群实施绿色管理创新，实现经济、社会的循环发展。

1. 企业层面

对于集群内部的企业而言，第一，要提高自我的绿色管理意识，形成绿色的企业文化，积极引入相关人才，在企业生产经营的全过程、管理的全方位贯穿环境保护的理念。第二，要形成相对灵活、开放的组织结构，以能够快速感知到顾客的绿色需求，并积极与外部企业、大学等科研机构展开绿色合作。第三，应当根据政府的相关政策以及自身拥有的资源状况，积极投入产业集群的绿色创新中，如对产业集群中的龙头企业而言，应充分发挥带头引领作用，通过创新创业的方式带领相关企业发展，并解决集群中可能存在的污染问题。对于一些中小企业而言，可以通过模仿创新的方式复制已有的成功方式方法，或从互补的角度出发，寻找自己在集群中的合适位置，从而完善集群生态结构的完整性。

2. 集群层面

在集群层面，要不断完善产业集群生态体系的建设。第一，要形成合理的产业布局，不仅要规模合理也要结构合理。规模合理要求产业集群形成有效的进出壁垒和竞争模式，以使得产业集群规模始终保持在使得其绿色效益最大化的水平。结构合理要求集群内部要存在环保型产业或实现废物再利用的企业，以实现资源的有效循环，如可通过集群内部

企业共同孵化新企业来实现集群内的循环再利用。第二，要加强各企业间的联系与沟通，以实现集群的管理优势，在互联网信息时代下，可通过要加强信息技术建设，在集群中引入平台思维和跨界思维，从而加强企业间的沟通交流，为企业间合作提供更多的便利性和可行性。第三，要在企业内部成立专门的管理与治理机构，如建立"环境医院"，可通过各企业选派代表参与其中也可通过引入新的中介服务结构形成，以此为平台加强企业间的合作、企业与高校科研机构的合作，从而共同解决集群内部的污染问题。

3. 政府层面

在政府层面上，主要是为产业集群绿色创新创造良好的环境氛围。第一，要制定完善的相关产业政策，来发挥促进者和中间人的功能，主要可通过"引导－消减－评估－再发展"四个方面进行：引导是指政府要有针对性地制定相关引导性政策，在企业集群内部倡导绿色管理理念，激发不同规模企业的绿色管理热情，同时也可通过引导性政策吸引绿色环保产业进入，形成合理的生态化结构，构建生态化工业园区；消减指政府要制定相关的激励和约束机制，通过加大税收减免力度，财政补贴力度来激励企业自发进行绿色创新，通过加大处罚力度来对污染行为进行约束，倒逼企业进行绿色创新；评估是指要制定各种标准对集群的绿色效率进行测度，并以此为依据进行奖励或者惩罚；再发展是指政府要出面牵头联合企业和科研院所对已有的污染问题进行解决，以促进经济的可持续发展。第二，要进一步完善相关的交易制度。如碳排放权交易、排污权交易等。一方面要进一步将环境污染的外部性问题市场化，即针对污染物的不同建立起市场交易机制，从而达到产权明晰，责任明确的目的，促使企业进行绿色管理创新。另一方面，要对已有的交易制度进行完善，如针对碳排放权交易制度中初始分配不合理，权利转移制度不完善等问题进行探讨，以保证市场交易的公平、公正。

总体而言，产业集群在助推企业绿色管理创新，促进区域经济协调发展过程中具有至关重要的价值。但目前我国产业集群在绿色管理创新方面的发展仍存在诸多问题，这需要我国企业、集群、政府三方共同努力去解决。企业需要从自身出发转变管理理念，结合政府政策和自身资源情况选择适合自己的发展方式；集群层面要加强基础设施建设，强化关系管理，为企业绿色管理创新搭建良好的合作交流平台；政府则需要为集群的绿色发展创造良好的创新氛围,以此来发挥集群在创新中的优势,实现环境保护、资源节约、经济增长的多重目标。产业集群的建设不是一蹴而就的,绿色管理创新的实现也需要多方共同努力,不论是企业还是政府都需要参与其中。

第五节 产业集群创新体系助推经济 高质量发展的思路

一、产业集群助推我国制造业高质量发展的思路及建议

改革开放以来,中国制造业发展迅速,制造业规模增长迅速,竞争能力不断增强,产量增加值稳步提升,仅用了 40 年左右的时间,制造业的规模便追上了美国和日本等发达国家,目前我国的制造业产量和进出口总额已经连续多年排在世界第一位,中国已经成为世界公认的制造业大国。

但是,在制造业质量和效益方面,我国还是难以与美国等制造业先行国家相比,大而不强成为我国制造业发展的主要特点。为了提升制造业发展质量,我国从 2015 年开始一直在出台相关规划,党的十九大强调要尽快实现制造业向中高端迈进。在"十四五"规划中指出要加快推进制造业高质量发展,尽快实现制造强国的转变。

近几年,学者们越来越关注制造业高质量发展的相关研究,学者们纷纷从提升产品质量、数字化转型、建立创新体系、绿色低碳生产等方面提出建议,苗圩(2019)提出,提高产品质量、推动科技创新和绿色生产等转型可以实现制造业高质量发展;孙柏林(2019)则从品牌创立和技术产业聚集等方面提出建议。而目前关于通过产业集群的方式推动制造业高质量发展的研究相对较少。产业集群可以整合各种要素资源,吸引人才汇集,并且竞合机制可以促使企业开始自主创新。例如,在株洲轨道交通先进制造业集群中,汇集了相关企业 300 多家,大量的相关专业技术人才集聚在该集群当中。产业集群具备的优势可以解决制造业在高质量发展过程中遇到的问题,推动制造业向着高质量方向发

展，可以通过构建和完善先进制造业产业集群来实现。

本节通过分析中国制造业高质量发展过程中遇到的问题，结合产业集群的优势，提出产业集群助推制造业高质量发展的建议，扩充制造业高质量发展的路径研究，实现中国由制造大国向制造强国的转型。

产业集群是指以某一主导产业为核心，有关企业和机构以及基础配套设施在地理上的集聚。产业集群能够将某个地区的资源要素有效地组织在一起，增强资源的配置效率，提高企业竞争力。产业集聚的对象包括整条产业链当中的各个相关企业，如供应商、金融机构、销售商等。产业集群最早是由马歇尔（1890）开始研究的，他发现了产业集聚会产生外部经济效应，集群内部劳动力市场共享以及技术外溢都会增加企业的效益。根据威廉姆森的交易费用论得出，产业集聚中的企业通过相互合作可以降低成本，后来迈克尔·波特提出了竞争创新论，认为产业集群可以有效地刺激集群内企业的创新活动[6]。创新是促进制造业高质量发展的关键，因此从产业集群的角度可以解决高质量发展过程中的问题。王缉慈（2001）认为企业突破自身边界，与其他企业进行资源共享和互补，是可以获得 1 + 1 > 2 的效果的。

20 世纪 90 年代中后期，我国产业集群大量出现，但发展过程中也慢慢显现出一些问题，比如集群规模小、档次低、创新能力弱、缺少长期的发展规划等，曹洪军（2005）提出构建和完善我国产业集群创新体系，实现产业集群的可持续发展。2017 年，党的十九大报告中提出，"促进我国产业迈向全球价值链中高端，培育若干世界级先进制造业集群"。

2018 年中央经济工作会议指出，要将"推动制造业高质量发展"放在工作第一位。苗圩（2019）在融合了发展理念的基础上指出，实现制造业高质量发展要提高产品质量，提升产业效益，推动科技创新，实现区域之间的协调发展，实行绿色制造，推进产品向价值链中高端发展，实现产业间的协同集聚。孙柏林（2019）认为制造业高质量发展需要创立自主品牌，融合高新技术，实现先进制造服务业集聚。

响应国家号召，全国各地区都逐步采取措施推动制造业高质量发展，不少学者也开始以国内外具体的地区制造业为研究对象，开展制造业高质量发展的路径研究，藤堂伟（2018）通过研究加州制造业发展，提出创新驱动制造业高质量发展。刘晓慧（2018）研究河南省制造业，提出发挥国家综合部署的优势，结合互联网、科技创新，建立完善双创平台。李少波（2019）以贵州省制造业为研究对象，建议制造业与服务业聚集发展、充分利用互联网、提高技术创新水平、培养高端技术人才。

首先，由产业集群和制造业高质量发展的相关理论研究可以得出，产业集群的优势可以很好地满足制造业在向高质量发展过程中的需求，比如产业集群可以将各种优势资源进行汇聚整合，集群内的企业可以一起使用基础的配套设施，降低成本，具有很强的成本优势，相对应制造业要实现高质量发展，就要降低成本，提高效率；其次，集群中的企业之间方便进行信息、技术交流和知识传递，可以更好地刺激创新活动，而制造业朝向高质量发展首先需要的就是创新驱动力，来提升产品的技术和知识含量；再次，利用群体优势可以建立区域品牌，可以提升产品竞争力，形成市场优势，而制造业迈向高质量发展需要中高端产品的支撑；最后，政府对于产业集群的统一管理更加方便，可以有针对性地制定政策，这有利于督促解决制造业高质量发展过程的环境污染问题。

总之，制造业高质量发展不再是依靠单个企业的努力，而需要整个产业甚至多个产业之间进行合作，强健整条产业链，而集群是企业深化合作的重要载体和平台，因此发展制造业产业集群是推动制造业高质量发展的一个有效方式。

但是关于制造业高质量发展的路径研究中，没有特别多的文献提到通过产业集群推动制造业高质量发展。2021 年，在"十四五"规划《纲要》中进一步提出要发展先进制造集群。可见，"集群"成为新发展阶段重塑竞争新优势、推动制造业高质量发展的重要举措。因此，本节从产业集群的角度提出推动制造业高质量发展的思路和建议。

（一）制造业发展现状

改革开放之后，中国开始集中精力发展制造业，一系列的科学技术政策推动了制造业的高速发展，目前我国已经成为国际上公认的制造业大国，整体发展呈现稳定趋势，制造业的强大也让中国从落后开始转向具有国际影响力的大国。

根据有关统计数据显示，从 1978 年至 2017 年中国制造业规模扩大了将近 60 倍，中国制造业出口在全球制造业出口中的比重增长了 17%

左右，劳动生产率也大幅提高，科技研发投入强度多年连续增加，使得制造业增长的技术含量越来越高。近几年，我国制造业更是呈现出高品质绿色发展趋势，产量产品不断增长，智能制造和高端制造业不断发展。2020 年安徽省多数规模以上制造业产量实现了增加，同时，制造业呈现出智能化和高端化的发展趋势，新能源汽车、生物医药、信息技术等产业产量有显著增长，安徽省还采取了控制"三废"排放量的措施，使得制造业朝向绿色方向发展。此外，据天津市发布的制造业高质量发展"十四五"规划报告显示，"十三五"时期，产业结构调整成效显著，2020 年天津市工业增加值达到 4188 亿元；累计建成 11 个国家新型工业化产业示范基地，产业集聚进一步增强。①

尽管某些区域制造业开始向高质量发展靠近，但是深入分析近几年中国整体制造业发展形势，可以看到制造业增长还是存在一些问题。中国能源消耗很高，单位能源利用效率不高，高端产品还是依赖进口，制造业产品集中在价值链中低端。刘佩（2021）根据《中国工业统计年鉴》数据指出，2007 年之后，我国制造业产值同比增速呈现下降趋势，2011 年开始，制造业产值将近达到峰值，开始平缓发展。刘佩选取了中国 30 个省份 13 年的面板数据对制造业高质量发展进行了测算，发现制造业区域发展不平衡，制造业仍然位于全球价值链的低端水平。说明我国制造业需要转变以往的发展方式，要由追求高速增长转变到追求可持续发展。

（二）制造业高质量发展困境

通过分析我国制造业高质量发展现状，中国制造业在由数量向质量转变发展过程中，存在一些发展困境和问题，归纳为以下 7 个方面：

1. 制造业市场占有率不高，传统制造业的规模经济优势下降，新兴产业发展不充分

中国制造业现在受到产业链两端的挤压，一面是美国、日本等发达国家，它们是制造业先行国家，与它们相比中国制造业存在很大差距；另一面是韩国等制造业后来者，它们逐渐显现出更低的要素成本优势，而中国近几年劳动力、水电气等要素成本上升，使得之前的低成本优势

---

① 中国社会科学院工业经济研究所课题组，史丹. "十四五"时期中国工业发展战略研究 [J]. 中国工业经济，2020（02）：5－27.

逐渐变弱，中国制造业总体处于全球产业链的中低端环节，传统规模优势逐渐减少。此外，当前有竞争力的产品仍然集中在能源行业，新一代信息技术、新材料、生物医药等产业没有得到广泛的推广和发展。

2. 绿色转型不力，环境污染严重，仍存在高能耗、高排放等问题

实现高质量发展首先要解决绿色问题，目前制造业大部分还是采取粗放式的生产方式，"三废"排放严重，每家企业单独购买清洁设备，进行污染处理的成本极高，所以有些企业并没有真正承担起环境治理的责任。环境污染也使制造业得不到良性发展，利润有下降趋势，利润降低后企业更不会拿出更多的钱去进行污染治理，也不敢投入研发新产品。此外，中国制造业体系长期处于污染严重的低效率运转模式，使得制造业的质量效益仍处于中低端水平。

3. 技术创新实力相对较弱，现有产业集群内部创新意识不强，创新成果转化率较低

新一轮的科技革命和产业革命让中国制造业的技术创新实力与之前相比有所提升，但是和发达国家相比，中国制造业的技术创新实力仍然有所落后；中国制造业开始走向高端市场的行动，使得发达国家开始对中国进行"技术压制"，中国只有走自主创新的道路，才能摆脱发达国家对我国技术发展的压制，推动制造业突破中低端水平，向高质量发展。

4. 研发投入相对不足，产品技术和知识含量不高

与美国、日本和韩国相比，中国的制造业企业在科技研发方面投入的资金和强度还是不够大，研发产出专利少，制造业体系升级迟迟不能完成。

5. 产业集群创新程度不够

现有制造业集群集约化水平不高，龙头企业没发挥出应有的扩散效应，企业间分工协作水平不高，产业集群得不到可持续发展，从而对制造业高质量发展的推动作用得不到发挥。此外，由于集群内的制度环境和基础设施不够完善，营商环境较差，集群内的企业信息不流通，存在信息不对称、业务技术交流匮乏、生产同质化等问题。

6. 产品竞争力不强，缺少品牌效应

全球化不断发展，拥有一个国际知名品牌更有益于制造业企业在全球竞争环境中生存。我国制造业刚开始发展时以模仿和代工为主，逐渐

形成了价格低廉、缺少有影响力品牌的"中国制造"模式，要想改变国际上对中国制造业的固有印象，实现制造业高质量发展，必须生产出有个性化的产品，提高产品竞争力，打造属于自己的有影响力的国际品牌。

7. 急需高端技术人才

不管是经济转型升级，还是制造业结构优化，都需要大量的高尖技术人才，但是根据 2021 年人力资源统计数据显示，我国就业人员当中，技能劳动者仅占 26%，在数量不多的技能劳动者当中，高端技术人才数量更少，因此实现制造业高质量发展需要在制造业领域继续吸引、汇集高端技术人才。[①]

（三）产业集群助推制造业高质量发展思路与建议

针对制造业高质量发展过程中遇到的问题，结合产业集群的特色优势，本节从产业集群的角度提出推动制造业高质量发展的思路与建议。

1. 培育先进制造业集群，构建产业集群创新体系

一是在没有集群的地区建立制造业集群；在已有产业集群的地区，倡导建立更多、更先进的制造业产业集群。产业集群可以使大量企业和机构聚集到一起，形成完整的制造业产业链，各企业分工协作，可以在短期内形成规模优势，提高专业化、高效化的竞争力；二是政府统一规划，整合资源，统一招商引资，加强产业关联度。三是推动形成电子信息、生物医药、汽车等世界级先进制造业集群，为制造业高质量发展奠定基础。

2. 完善产业集群体系，降低制造业生产成本

一是在产业集群内建立完善的基础配套设施，企业共同使用，可以降低生产和服务平均使用成本。二是合理规划集群内企业布局，产业链上下游按照一定顺序进行布局，缩短上下游之间的地理距离，降低供应链上下游的运输成本。三是集群内供应商和制造商之间采取准时生产、精益生产模式，将原材料和中间品库存降到最低，减少库存管理成本，同时增强制造业企业对市场的反应能力。四是加强企业间的合作与要素快速流动，增强市场需求信息的交流，降低信息收集的时间成本。五是

---

① 童馨乐. 阶层流动视角下流动人口经济行为研究［M］. 南京：南京大学出版社，2021.

在集群内发展第三方物流，所有制造业企业都可以外包物流业务，集中化处理，降低流转成本。

3. 加快实现绿色转型，提高制造业可持续发展能力

一是对于污染问题，采用集群管理的方式，设立公共绿色回收处置中心，由专门的企业承担环境污染责任，集中处理制造业的"三废"，其他企业通过购买"排污权"来降低污染治理成本。二是政府对集群内的企业进行整体规划管理，制定新的制造业企业绿色政策，加强节能减排力度，对于没有达到节能减排标准的企业进行惩罚，比如罚金，降低排污权等，多次达不到标准的可以取消集群内的经营权资格。

4. 增强制造业技术创新能力

首先，政府要将创新的相关主体汇集起来，提供支撑性的基础设施，制定有利于企业、高校、科研机构合作的相关政策，营造有利于创新的环境，通过产学研用加快创新成果转化，同时要实行创新管理的工作方式，比如对于集群内项目审批等活动尽量加快时间，简化贷款、专利申请流程。政府还要引入相关创新企业，让企业在竞争中不断成长。其次，在集群内建设技术创新平台、技术咨询中心、科技成果交易中心、创业服务中心，企业之间联合进行技术攻关，发展高新技术产业。再次，企业内建立激励机制，如股权激励、奖金激励等，让更多的员工参与到创新当中，以创新驱动转型升级。最后，集群内的大企业帮助中小企业解决技术难题，提高产业集群整体创新水平。

5. 推动制造业数字化转型升级

对制造业实行数字化转型升级，将先进的信息和数字化技术引入生产经营的各个方面，引入数字化设备和数字人才，逐步实现"智能制造"。首先集群内的企业要保证经营观念一致，其次政府要严格把控进入集群的企业的质量，然后在企业之间构建数字化平台，需求供给信息实时分享，降低信息不对称造成的成本。最后通过数字化创新缩短用户与企业之间的距离，增加产品附加值，不断创造新的用户，提高制造业的质量和效益。

6. 加强与其他产业融合，建立国际品牌，提升制造业国际竞争能力

注重三次产业融合，以制造业为核心，跨越产业边界，使制造业发展拉动其他产业的发展。在集群内汇集服务业、制造业等多种产业，实现从研发到售后整条产业链的融合。密切制造企业和商业企业的利益关

系，建立自营销网络，利用群体优势建立有影响力的国际品牌。加强区域集群之间的合作和监督，提高制造业整体质量，通过监督避免不良效应的产生。

7. 构建制造业人才培养体系

在集群内建立人才培育机构，政府制定政策吸引科研机构和高校，与服务业合作建立基础设施，提升集群内的生活质量，这样才能留住人才，才能吸引更多的人才进入集群当中，人才的聚集更有利于彼此之间的技术交流，从而推动创新的产生，制造出高质量的产品，推动制造业向产业链中高端发展。

二、产业集群助推农业高质量发展的思路与建议

随着互联网的普及和科技的飞速发展，各国的经济活动开始在世界范围内活跃起来，全世界都开始慢慢加入一个国家或地区的经济合作中，称为"经济全球化"，经济的全球化使得参与其中的任何一个国家的经济、金融等行业的变动和任何一个产业的快速、低速发展，都会引起世界经济整体的变动。"经济全球化"的渗透过程，是利弊结合的过程，其中就为很多国家尤其是发展中国家提供了大量经济发展的机会，很多产品可以在世界范围内进行出口，从而带动整个国家内部的经济发展，对于农业产业来说也不例外，因此全球经济一体化进程的加快会给农业产业经济的发展带来良好的契机，农业产业化进程中需要农业高质量发展作为依托，更需要不断寻求创新和裂变来适应当前快速变化的外部经济发展环境。对于我国来说，为了更快适应全球性的发展环境，应当推进我国农业产业经营的集约化、农业耕地的规模化、农业科技的专业化、农业产业园的现代化经营，全面形成农业高质量发展的形式，有效配置我国的农业产业中的农地资源配置，为农业现代化提供良好发展环境。

在此"新经济"发展大背景下，形势要求各个国家的农业发展都应瞄准"新农业"形势——农业高质量进行发展规划，做到农产品出口全球化、农业生产标准化、农业经营有序化、农产品品牌化、农作物绿色化、农业技术创新化等一系列高标准要求。而"新农业"的高质量发展也应依托于"新工具"的合理有效实施，其中被许多农业发达

国家所认可的便是农业产业集群。

目前，学术界在农业高质量发展目标下发展农业产业集群的研究较为广泛，已有一定的研究成果，主要侧重于以下几个方面：一是农业产业集群；以往学术界对农业产业集群从多个角度进行了研究，首先是对农业产业集群的概念区分，从空间角度方面的集聚（邹蓉，2008）到产业集群过程中的网络关联性（李二玲，2007）都有不同程度的研究。其次是从多个模式对农业产业集群进行了分类，以往研究可以看出，农业产业集群发展从不同引导主体来看，可以分为政府主导型农业产业集群、企业主导型农业产业集群、产学研合作互动型农业产业集群等不同模式（武云亮，2009）。最后还有学者从农业产业集群的演化过程和未来的发展对策等角度对农业产业集群进行了深入探讨，可以看出不同地区间不同的环境条件、自然资源禀赋条件和经济基础的不同都会对农业产业集群发展产生影响（邓志宏，2022），农业产业集群为提高农业生产力促进农业综合协调发展提供了动能，学者从农业科技创新、农产品市场供应、农产品国际贸易等多方面给出了农业产业集群的发展建议。二是农业高质量发展；农业高质量发展是适应当前形势发展的优质路径，也是发展路径中的必然阶段，已有研究从农业高质量发展内涵概念、农业高质量指标测度、农业高质量发展水平、影响因素等多个方面在理论和实证多个角度对农业高质量研究进行了丰富和完善。王晓鸿等（2021）基于农业全要素发展构建了农业高质量发展评价指标体系，并利用加权主成分分析法和莫兰指数等方法对其空间耦合度进行了分析；祁迪等（2022）从粮食产业出发，构建了农业高质量发展评价指标；还有学者从数字技术赋能农业高质量发展的角度探讨了理论机制和实现路径（杨建利，2021）；三是农业产业集群助推农业高质量发展的路径探索。目前学术界对于农业产业集群助推农业高质量发展的路径探索的文章鲜有。基于以上研究综述，在梳理农业产业集群和农业高质量发展概念基础之上，本节从规模经济、范围经济、小农户衔接大市场、稳定农产品市场价格四个角度提出了农业产业集群助推农业高质量发展的思路与建议，力求为农业产业集群助推农业高质量发展提供政策建议。

（一）农业产业集群与农业高质量发展的内涵释义

1990 年，波特提出了"产业集群"这一新型产业组织模式的概念，引起了学术界的广泛关注，结合上述文献综述中所提到的研究，本书认为"产业集群"是基于企业网络合作之上，由于集聚而产生的生产成本降低、空间内部创新性学习等正向外部效应显著的产业发展模式，农业也不例外。"农业产业集群"是指相关的农业企业，例如对农产品进行生产、加工的农业经营企业和相关的农业生产的支撑企业，在一定区域内由于集聚而进行网络合作的农业发展模式。农业产业集群初始形成条件需要相应地区的地理优势，农产品生产集中地区域更容易形成产业集群规模，农产品品质也更容易提升。因此农业产业集群也被许多国家选为助推农业发展的新型助推器。

结合以往研究，本节从供给侧、需求侧、农业发展内部环境和农业发展外部环境四个角度来理解农业高质量发展的内涵。从供给侧来看，随着科技进步逐渐深入农业产业中，农业基础设施的投资开始逐步增加，加之政府追加一批农业改革创新和农机补贴等一系列惠农支农政策，使得农业从以往的数量竞争模式转为了质量竞争，农产品的质量要求越来越高，也成为农产品市场中关键的一环。从需求侧来看，我国经济发展从改革开放以来，进入快速增长时期，人民对于食物的需求也从吃得饱开始向吃得好转变，农作物的安全健康是最基础的，而高端个性和多功能性的农产品也开始进入人们的视野。因此，高质量、高标准也成为农业高质量发展中的重要环节。一方面，从农业发展内部环境来看，我国农业虽然从最初的粗放式经营慢慢向集约型经营方式转变，但以往大量的化肥、农业、农膜等农业物资的使用导致我国农业过度依赖于这些高污染生产要素，农业生态环境面临巨大的压力，农业转向高质量发展过程中需要解决农业生态这一制约农业发展的问题。另一方面，从农业发展外部环境来看，国外农产品严重冲击了我国的农产品市场，对我国自身农产品价格形成了巨大打击，农业增收问题显著，但随着新发展理念的提出，农业可持续发展理念开始植根于人们心中，也更开始注重农业的园林、休闲、生态等功能，农业高质量发展也更为丰富。

（二）农业高质量发展目标要求

第一是保证国家粮食安全。粮食安全分为数量安全和质量安全，从数量安全角度看，保证基本的粮食供给是农业发展的第一要务，适度进口的基础上，尽量实现"自给自足"的目标，确保十八亿亩耕地红线，将我国粮食安全的主动权牢牢掌握在自己手里，在分析我国各个省份农产品生产能力和生产潜力基础上，制定合适的发展目标和方案，优化农业空间格局，结合产业集群模式发展规模化农业，保证在全球粮食出现减产和供应不足的情况下，能够有效、足量提供充足的农产品，增强粮食风险管控能力；从质量安全角度来看，农作物质量需要有所保证，在数量保证的前提下，确保食物质量安全。

第二是保障国家农业的生态安全。农作物在生长发育过程中，可以通过光合作用实现固碳功能，还可以保证生物的多样性，改善我国社会生活环境，有效发挥水土保持功能，是我国生态系统中的重要组成部分。在我国生态文明建设提出之际，发挥好农业系统的生态功能尤为重要。基于国家生态安全发展，合理有序进行退耕还林、还湖、还草工作，在尽量满足人们对美好生活环境的需求，保证基本农用耕地的基础上，将非耕地区域逐步有序转为生态功能区，积极推进农业低碳转型工作，引导农业转向绿色、健康、可持续性发展，减轻农业生产所带来的生态压力。

第三可以提高农业资源的配置效率。农业生产是极易受自然环境影响的产业，农业生产耕地、气候、水资源拥有量都是影响农产品产量和质量的重要因素，农业的空间配置效率可以极大提高农业的生产效率，但其取决于区域内农业自然资源的禀赋程度，农业自然资源禀赋度高的区域，农业产业发展效率越高，反之亦然。因此，在农业高质量发展过程中，需要考虑农业的区域优势，借助于比较优势理论，基于区域差异，分析不同区域的自然、经济和社会条件匹配度，选择合适的农业生产方式，打造适宜的粮食生产主产区和农产品发展产业带，借助于农业产业集聚，发挥农业空间联动效应，将创新性的农业技术和先进的农业装备武装到生产条件较为落后的区域，实现农业的可持续发展，提高农业的资源配置效率，从整体上提高我国的农业生产效率和我国农产品的市场竞争力。

第四是要服务于乡村振兴。自乡村振兴战略提出以来，我国农业现代化水平有所提升，生产力水平也相应提高，农产品品质也更为丰富，但这远远不够，我国应当打造高质量标准的农业产业链，将农产品生产、加工、销售一条龙产业链加速建设，积极推动农业物流建设，加大农产品品牌推广力度，巩固提升我国自身的粮食自给率。加快优化我国农业空间布局力度，优化不同省份的农作物种植结构，对于相对优势明显的区域可以打造自身特色产品，培育自身优势产业，提高农业产业链的运转效率，促进农业高质量发展，从农业角度早日实现乡村振兴目标。

（三）农业产业集群助推农业高质量发展思路与建议

第一，从农业产业集群推动农业规模经济发展来看：农业产业集群可以解决生产成本过高、农产品销售困难和流通效率低下的问题。农业高质量发展离不开农业经济的规模化，农业生产规模化主要体现在成本的降低，农业产业集群可以通过农用公共设施的共享和农用物资的批量购买来降低农业生产成本，农产品盈利空间增大。同时，农业产业集群在销售过程中便于信息集中和信息共享，销售渠道和销售价格也更利于被广泛传播，农业产业集群中农产品更为集中，品牌效应凸显，同时吸引更多的批发商进行农产品批发，有助于解决农产品销售难题。农业产业集群中农户不必每人都拥有大型机械，但其耕地可以实现低成本的机械化，全面提高农业技术进步和农业生产效率，这也在一定程度上促进了和商家的流通效率，增加了农业生产利润。因此要充分发挥产业集聚的优势，大力发展农业规模经济，形成农业特色产业链。

第二，从农业产业集群推动农业范围经济发展来看：农业产业集群主要通过促进农业产业链条发展来推动农业范围经济。农业产业集群可以有效带动农产品的产业链条发展，在一定的范围内，生产、加工、包装、销售链条围绕农业生产在上下游环节形成完整的产业链条，相关企业和农业劳动力参与到全产业链条内，带动了大量劳动力就业，有效解决了农闲时的劳动力就业问题，对于老人、妇女也可以参与到产业链条内，减少农村贫困问题。同时，产业集群更加集中了农业信息的传递，对现有知识可以学习交流，有利于相关信息的创新和进步。应当打造农业特色产业，结合产业链条大力发展农业现代化。建立农业技术交流平台，推动现有产业改革。

第三，从农业产业集群助推小农户与大市场衔接来看：产业集群模式有力地推动了小农户与大市场的衔接，主要体现在全球价值链的自我提升中。全球价值链是在全球贸易自由化进程中，农产品加入全球市场经济中所形成的全球范围内的价值生产模式，以往由于低端的技术和影响低下的农产品品牌效应，我国农产品在全球市场中一直被跨国公司认定为价值链的底端，农业产业集群为这一困境注入了新活力，农业产业集群有助于小农户自身的团结，在范围与区域内形成一定的规模经济，有利于农业企业的内部创新和技术进步，更便于农产品和外部市场的对接，创新是发展的动力，农产品的自身提升更便于加入全球价值链的高端环节，有助于小农户有效和大市场对接，将农产品通过新型模式推广到更大的市场中，提升农产品自身的品牌效应，提高农产品销量。要结合产业集群升级发展农业产业创新，利用产业集聚节点打造全球高端农业价值链，使得小农户顺利衔接大市场。

第四，从农业产业集群稳定农产品市场价格来看：市场上交易商品的价格会受各种因素的影响，在各种外部环境的影响下，农产品价格会出现在大环境影响下大起大落的情形，农业集群中，农户可以不用自身与农产品批发商直接交流，而是通过合作社或者专业市场进行交易，相对来说，农产品市场价格变动幅度较小，也更加稳定，此外，农业产业集群过程中所形成的稳定销售渠道，有利于农产品交易过程中的信息有效沟通，降低农产品交易成本，增加农户收益利润。在发展过程中，建立农业市场稳定机制，促进农业产业集聚和市场的有效互动，保障信息的高效传递，稳定农产品市场价格。

三、产业集群助推海洋经济产业发展的思路与建议

（一）海洋产业集群理论和发展现况

1. 产业集群和海洋产业集群

集群的概念可以从集成经济理论中找到其起源，源于阿尔弗雷德·马歇尔（Marshall，1890）所说的"国家经济的成功部分取决于特色产业是否在特定地区集中发展"。此后，随着学者们对经济学和经济地理学领域进行集成经济相关研究，逐渐将其发展为产业集群理论。产业集群的概念从涉及产业、大学、研究机关、公共机关及其他支援机关之间的联系与相互作用等相关内容的广义概念，到只涉及同一以及不同行业之间的联系与相互作用等相关内容的协议概念，内容逐渐丰富。

以波特（Michael Porter，1998）为例，将产业集群定义为"地理上

相邻的相关联企业、特定领域的相关机构等通过相似性、补充性等连接的集团"。①

伯格曼和费雪（Bergmann & Feser，1999）认为，产业集群是指"一定的企业及产业在地理位置、革新力量、供给及生产要素共享等多种活动领域保持着密切的连接关系"，② 这可以说是产业集群中强调产业间经济关联性、地理相邻性、主体间相互作用等特性，也是最普遍讨论的产业集群概念。

海洋产业集群是指为促进海洋产业和海洋相关产业的集成、融合及复合，以闲置港口设施为中心建立的区域。地球70%以上是海洋。随着陆地资源逐渐出现不足的现象，人们开始关注海洋领域。随着海洋经济的发展，全世界海洋产业的比重逐年提高，大力发展海洋产业、构建海洋产业集群成为促进海洋经济发展的必要过程。不同时期的各种海洋资源开发活动形成各种海洋产业，主要包括海洋渔业、海洋交通运输业、海洋船舶工业、海盐业、海洋油气业、滨海旅游业等。另外还有一些正处于技术储备阶段的未来海洋产业，如海洋能利用、深海采矿业、海洋信息产业、海水综合利用等。田甜（2014）定义了海洋产业集群通常是指海洋产业中形成稳定的产业链的几个产业聚集在一个地区或集中在一个城市进行合作的状态。在产业集群中，各产业的集中度高、相互关联性强、革新和合作的作用明显、成本费用大幅降低、政策执行力强、效率高。李华豪（2015）认为海洋产业集群是指在海洋产业中，以一定经济技术为基础的企业或相关机构集中在特定空间内进行合作和发展的现象，地区内各企业或相关机构通过密切的内在联系和交往、数量上的竞争和合作，谋求地区社会的发展，提高地区竞争水平。

2. 山东省海洋产业集群现况

山东省是中国的海洋经济强省，在多个沿海省市中保持着高水平。海洋产业发展历史清晰，具有稳定的发展基础。海洋经济结构优化条件及海洋科学技术及研究实力都很突出，专业人才条件较好。拥有海洋工程装备制造业、渔业产业集群、临港石油化学产业等众多海洋产业集群，形成了多种现代海洋产业集群。此外，山东省海洋生物医药、海洋电力、海洋交通运输事业规模居全国首位。目前，在东营省内经济开发区石油装备产业园区建设的石油装备制造产业园区在全国相关产业中密集度最高，技术水平和产业规模最先进。

3. 工程装备制造业集群方面

（1）产业发展速度不断加快。据统计，2020年山东省船舶及海洋工程装备产业的收益共达450.6亿元，继江苏、上海之后居全国第三位。到2021年，山东省船舶和海洋工程装备产业总额达到518亿元，居全国第三位，同比增长15.1%，居全国首位。而且计划加速向新型海洋工程装备产业转换，制造了"深蓝1号""长鲸1号"等8座深远的渔业相关养殖装备，并在全国率先将综合现代生态海洋牧场复合体平台和国内最早的海上宇宙发射平台落户山东省。

（2）产业创新能力大大增强，船舶和海洋工程装备产业的科技基础能力有所提高。在山东省，业界内的主要革新平台占据了一席之地。其中包括：中国船舶集团海洋装备研究院、青岛海洋科学及技术示范国家实验室、中国海洋工程研究院（青岛）等。同时最近兴建了一批"国之重器"和重大设备，标志着中国深水油气勘探开发能力达到世界先进水平。投入了阳红01、蛟龙号、科学号等海龙号、潜龙一号等深海科学探测装备。①

（3）相匹配的供给体系不断加强完善，山东省内部在重点配套商品上取得巨大进展。山东省内重点零部件和甲板机械、低速柴油发动机、船舶用曲轴等大型铸件产品的研究开发能力大幅提高，进军综合电力推进系统、中高速船用柴油发动机等附属设备市场，全国内需沿海线用发动机在国内市场占有率达到60%以上，天然气发动机国家第二阶段排放核心技术已突破。

（4）集聚发展水平显著提升。以青岛、烟台、威海三个城市为中心，船舶和海洋工程装备制造基地正在快速发展，生产总额占全省的70%以上，上述城市的产业集中度进一步提高。青岛形成了船舶、海洋工程装备及装备建设企业和配套企业协同发展的局面。烟台通过新型海洋工程装备、海洋石油天然气资源开发装备的不断发展，形成了全国领

---

① 刘洋. 海洋管理及案例分析［M］. 南京：东南大学出版社，2019.

先的海洋工程装备制造产业集群。威海形成了大型客轮、远洋渔船及游艇等特色产品聚集区，济宁内河船舶基地快速发展，形成了长江以北最大的高需求市场。

4. 渔业集群方面

2019年山东省渔业经济总产值为4123亿元，占全国的15.6%，其中渔业相关产值为1474亿元，占全国的11.4%。[①] 现有海洋渔业的产业内部结构也发生了很大变化，以第一产业、第二产业为主的结构逐渐消失，海洋水产第三产业海洋水产服务业大幅上升，海洋水产流通业、服务业、休闲渔业的生产总额所占的比重逐渐提高。多种海洋渔业企业与研究所和大学合作，不断研究各种捕鱼和养殖等问题，最终海水产品保鲜及精密加工水平均有所提高。在这一阶段，山东省海洋渔业产业集群开始出现，并不断完善和发展。从此逐渐形成完整的海洋渔业产业结构，主导产业及相关辅助产业得到发展，这些产业随着成功的空间集成化，开始形成专业化的分工和合作，随之出现了代表材料产业制定规则的相关产业协会，大学和科研机构对山东省海洋渔业产业感兴趣，相互竞争、合作，形成了现在的山东省海洋渔业产业集群。

5. 新兴产业集群方面

山东省目前已形成现代海洋渔业、海洋油气产业、海水淡化产业、海洋电力产业、生物医药产业、滨海旅游业六大新产业集群。

（1）现代海洋渔业。

山东省2007年渔业养殖量为353万吨左右，海洋捕捞产量244.5万吨中远洋捕捞产量为8万吨左右，2012年渔业养殖总产量为436万吨，海洋捕捞产量为236万吨，其中远洋捕捞产量为13.5万吨。持续发展的海水养殖业作为现代海洋渔业中的主导产业，对山东省海洋产业的未来有着光明的前景。

（2）海洋油气产业。

在山东省计划区域内的青岛等4个城市内，属于石油化学产业的企业共有14家。拥有着规模巨大的石油化学事业的42个省级以上经济开发区，例如国家"蓬莱19-3"油田等，[②] 山东省为建设青岛、渤海湾

---

① 王一邦. 山东近海鱼类生物多样性及资源变动的初步研究［D］. 青岛：青岛科技大学，2021.

② 井波. 供需视角下的人地系统可持续发展研究［D］. 济南：山东师范大学，2021.

等国家层面的大型、重要的石油化学基地，推进了议案提议和计划。

（3）海水淡化与综合利用产业。

据自然资源部 2021 年 12 月发表的《全国海水利用报告书》显示，2020 年末，山东省在中国海水淡化事业中，规模位居第二位；以 2022 年为准，海水淡化事业规模达 37 万吨左右，在全国占有 22% 的市场份额，仅次于浙江省。而且 2020 年山东省推进的新海水淡化工程共有 9 个，新工程的规模为一天 40584 吨，占全国新建海水淡化工程总规模的 70%，在全国所有省份中均处于领先地位。

（4）海洋电力产业。

山东省目前拥有国内最高的海上风场，地处渤海和近海海域，地形复杂多样，风力资源丰富，基本上可以说是资源丰富的地区。从 2018 年 4 月开始，山东省为海上风电融合和海洋牧政发展试验开始了事前调查及论证工作，并多次召开相关会议，指明实验的整体方向等，经过积极的投资和支援，具备了目前的试验条件。

根据《山东省新能源产业发展规划（2018－2028 年）》山东省通过开发千万千瓦级海上风电基地，实现风电集团、风资源评估及核心部件的生产和制造。到 2022 年为止，山东省海上电力产业的目标产值为 600 亿元。

根据山东省电力发展"十三五"规划，到 2020 年建设 1400 万瓦风电场，在 6 个地区开发百万千瓦级海上风电场。

（5）海洋生物医药产业。

全国生物技术之所以具备医药品包装产品体系，就是因为具备了辅助传统制药及保健品生产及和新材料研究开发与运用的医药产业结构。最近青岛等沿海城市利用山东半岛丰富的生物资源，大量生产生物降解材料等海洋新材料，每年生产总额达 600 亿元左右。另外，健康的海洋食品产业得益于低热量、高吸收的特征得以快速发展，仅威海就有近800 家与海洋食品相关的专门企业。山东省新旧能源转换海洋生物医药产业投资基金规模为 1.5 亿元人民币，正在积极支援海洋生物医药的研究开发，中国正在认真准备"蓝色药库"的开发计划，国家免疫抗肿瘤海洋新药 BG136 即将开始临床试验。①

---

① 王奎峰. 山东半岛资源环境承载力综合评价与区划 [D]. 徐州：中国矿业大学，2015.

（6）滨海旅游业。

山东省为有效发展海洋旅游产业，提出了五项海洋产业战略。第一，充分利用黄河三角洲特殊地区位置优势，打造出色的生态经济区，打造全国领先的生态特色旅游区。第二，由特色渔业带和海岸线观光带两种组成。第三，包括莱州等 3 个经济地区。第四，在青岛港等 4 个沿海附近设置港口。第五，充分利用包括苗岛多个岛群、岛屿在内的地区独特的海洋资源，把海洋产业及临港产业物流业作为重要发展点，形成具有竞争力的海洋经济体系。

（二）山东省海洋产业集群存在的问题

1. 工程装备制造业方面

（1）创新能力不强，产业链衔接不畅。核心研发设计能力不足、基础技术共同研究系统不足。虽然最近取得了飞跃性的发展，但是仍然在大量进口高性能核心零件或系统，以模仿为主。省内协同创新能力不足、创新资源不足，产学研合作连接机制结构不完善，新材料、新技术、新产品的产业化应用也被推迟。山东省内顺畅的产业结构上下级合作社机制不足，总装备建设企业和零部件企业的联系也严重不足。

（2）人才流失严重。目前，工程装备制造业产业对人才的吸引力并不高，拥有核心技术能力的专业人才离职及流失严重，战略型人才、复合型工程人才不足。想要进入这个产业的人才也十分匮乏，业界的招聘难度十分大。

（3）整个市场的停滞阻碍了海洋工程装备制造业技术的发展。在山东省海洋工程装备产业大幅上升的过程中，世界市场低迷、世界原油价格的大幅变动和海洋工程装备产业发展过剩等各种问题交织在一起，且海洋工程装备产业结构不完善，质量不高。

2. 海洋渔业方面

（1）渔港设备水平不高，基础设施薄弱，阻碍渔港经济区发展。目前，虽然山东省已建成大小沿海渔港 238 座，但是渔港设备整体水平较低，港口停泊空间不足、通信导航消防设施不足等问题普遍存在。目前全省海岸线上平均每 145 千米设置一个一级以上的渔港，难以作为渔船动线和休渔期渔船停泊的充分场所。而且山东省大多数渔港缺乏完整的主体设施、消防安全设施、渔港管理设施等，阻碍了渔港特色的发挥和渔港经济地区的快速发展。

（2）海洋渔业生态问题严重，相关制度有待完善。山东黄渤海地区的渔业资源经过长时间的开发和利用后，海洋渔业资源持续减退，近海水域渔业产量大幅减少，多数主要渔业经济品种资源量明显减少，部分品种几乎处于绝境；海洋渔业环境遭到严重破坏，未能管理好海洋污染问题，且未能实施重要的海洋生态环境综合整治。

（3）海洋渔业产业集群组织力弱。山东省海洋渔业产业集群因相关组织能力不足，在产业内部呈现出比较严重的不均衡的经济结构。由于山东省的渔业产业集群主要以中小企业为主，所以很难通过合作创造大规模的经济收益。另外，渔业协会等与海洋渔业产业相关的中介机构在与其他渔业企业的交流中并没有起到重要的作用。此外，海洋渔业产业集群还缺乏相关专业设施。虽然海洋渔业产业相关的休闲渔业等得到了较好的发展，但其规模还不是很大。

3. 海洋新兴产业方面

（1）新兴产业的核心共同技术研发集中度不足，要素集约及支持保障体系不足。海洋科学技术革新平台建设滞后，海洋相关企业的研究能力和革新能力不高，内部核心技术能力和自主知识产权技术相对不足。产业集群内的各研究机构之间、企业和研究机构之间未能很好地聚焦相互研究开发目标，未能整合和共享各领域的优秀资源。目前海洋人才大多进入海洋渔业、海洋天然气、海洋化学等传统产业领域，海洋生物医药、海洋尖端装备制造、海洋新能源等领域高级科学技术人才不足。在资本方面，私募股权基金（PEF）、风险基金等相对较少，因此很难对有实力的中小企业进行充分的支援。

（2）新兴产业的产业化进程缓慢。海洋的生物药品、海洋新材料等新兴产业的海洋战略能否成功的不确定性较大、技术和产业链十分复杂，工业化也较为缓慢。

（3）产业资金流通结构和支援体系不完善。山东省的新兴产业结构中最大的不足之一就是金融支援革新环节。山东省已经为吸引各种风险投资者进入该产业，设立了产业发展基金等，同时也进行了很多支援，但由于成果评价、风险控制等，资金需求方的资金供应存在困难，基金大量闲置。特别是在产业化周期较长的海洋药物领域和危险预测比较困难的新兴领域，这些问题更加突出。该问题表明，山东省产业发展基金的地位不明确，财政出资筹集的资金与金融机构的市场化基金划分不明确，财政资金的良性循环作用并不明显。

（三）山东海洋经济产业集群发展战略设想

1. 工程装备制造业方面

（1）通过将各城市的主力生产装备分工化，提高海洋工程装备制造业的水平。找出山东省深海和沿岸等重要的战略需求和海洋能源发展格局，推进钻井、处理等新技术、新型装备的研究开发，追求海洋天然气工程装备的功能化发展，强力支援深海天然气资源开发。要全面发展海洋再生能源装备、海洋风电装备、海水淡化综合利用平台，进行深水煤气水合物开发装备、海上风电制氢、海上浮式核电站平台等的研究开发。对各城市的核心领域进行集中研究与开发，全面提高全省的产业水平。青岛市将推进以海西湾为核心的海洋工程装备产业集群的高品质化，集聚海洋工程装备领域的革新资源，加强产业链的整体合作，打造世界级海洋工程装备革新产业集群。烟台市要管理高新区、芝罘区等产业基础和海洋资源，为海洋油气开采装备的制作和深原海洋式与海上风电等新概念的海洋工程装备产业的建设发展而努力。威海则向稍微不同的方向发展，进一步加强远洋渔船、游艇等方面的优势，全面发展海空天潜一体花系列装备。因此，要切实发挥国家海洋综合试验场的作用，与国际知名船舶一起走向山东特色的海洋装备制造基地。通过使各城市优点最大化的分工化和集中化，在山东半岛上建设优秀的尖端船舶和海洋工程装备产业集群，将山东省发展成为中国海洋工程装备制造业的重要支柱和全世界领先的海洋工程装备制造基地，为建设海洋强国做出贡献。

（2）着力培养专业人才。应该给山东省注入海洋人才发掘和支援的概念，构建比以前更灵活的人才发掘和培养的结构，在国际上打造高水平的海洋人才城市。要努力打造青年科学技术人才、科学技术先导人才等高水平的人才队伍。扩大海洋工程装备领域高级人才的引进，在山东省内选拔和支援进行海洋基础研究、革新研究、共同技术研究的高层次先导人才。通过发放奖金，培养目的意识，进行强化激励。另外，支援人才聚集的海洋产业集群园区建设人才公寓，提供充裕的工作环境。进一步鼓励各市加大人才政策力度，特别是要根据各城市的产业、主要领域特点，正确寻找目标城市，根据统计结果斟酌目标城市人才政策，达到引进人才的目的。另外，全省应制定特别奖学金制度，鼓励各大学研究机构和中小企业提供多种支援及增加工作岗位。沿海各市要提高海洋尖端技术企业和科学研究院的工作环境质量，通过构筑平台引导人才。为了培养高级人才，必须营造相应的环境，并完善人才引进机制和政策。

（3）要区分地区重点产业领域，最大限度地减少国际趋势的不良影响力。要学习先进装备产业服务概念和设计概念，并使其与国际市场接轨。应该以各地区为重点，明确掌握和发展优势产业领域，形成一个"各有所长，互不牵绊"的结构。要主导国内海洋工程装备的发展，加大地区互补及优势产品的研发，通过国内市场进军国际市场，近期内筹划多元化的产品先导政策，扩大企业间的创新联动，摒弃同质化竞争，提高动力装备和核心设备的生产能力，奠定坚实的产业基础。

2. 海洋渔业方面

（1）渔港经济区是加快推进山东省海洋强盛建设计划的重要支柱平台。山东省的海岸线一般为基岩港湾式海岸，与岬湾接壤，渔港建设条件优越。但是整体渔港水平不高，基础设施也需要发展。

第一，要通过加强新式渔港建设和管理，努力构建码头和防潮堤等基础设施，通过整顿港口渔业需求物资供应和船舶等渔业服务设施、高效管理渔业资源、提高渔港综合服务能力，谋求渔港经济区域的发展。

第二，通过渔港和锚地检查及维修，培养危险应对能力，进行应对。锚地是为给运行中抛锚的船舶提供顺利停泊、防风避浪、检验等待、进行水上过驳等作业的水上区域。在渔港经济中，自然灾害及危险因素造成的打击尤为严重。因此，要想最大限度地减少损失，维持稳定的产业集群，必须对渔港及锚地实施改造和维修，提高其应对危险的能力及整体水平。

第三，对于山东省渔港经济区，政府应通过制定积极的政策，扩大渔港设备投资建设规模，在渔港经济区，相关人员要配合政策共同努力，积极参与渔港经济区的多元化建设。

（2）要健全近海水质考核制度，制定具体目标。

第一，加强水质管理相关政策间的联合，构思未来的长期计划及相应的详细计划，各计划之间相互协调、相互补充，完善海洋水质环境规划体系。

第二，建设绿色港口。为了打造世界先进水平的"绿色港湾群"，加速船舶和港湾的污染物质收容及处理管理系统和相关设施设备的建设，实现绿色低碳发展，果断减少港湾周边的污染物质排放，节约污染资源净化资源，建设环境优秀健康的绿色港湾。其主要核心是管理好进入大海的排污口，并以此积极推进全省海洋水质环境的改善，改善山东省近岸海域的水质。

（3）要通过灵活的计划设计强化整个产业的组织力。在山东省渔业集群的组织力活性化中，要充分理解产业集群的作用和重要性，并以促进现有渔业产业发展转换的有效方法培育渔业产业集群。各地区、各部门要结合目前的实际情况和并展望未来，制定符合各地区渔业产业集群发展的总体规划，编制相关产业政策结构和灵活的工作体制，提出面向未来的渔业发展项目，逐步强化渔业产业集群发展的宏观计划，作为山东省地区经济的新增长跳板。通过切实掌握各地区相对优势行业和领域并集中发展，充分拓宽渔业设施设备的功能和活动空间，提高渔业产业集群的综合发展水平。

3. 新兴产业方面

（1）提升省级层面对市级层面的支持力度。重新考虑全省人才引进统筹工作，对发展较慢的地区提供更多人才优惠政策和差别化的扶持政策。要具备新兴产业集群内的企业重点培养战略，制定针对性地培养方案，培育成长可能性高、面向未来的海洋战略新产业。与省智库、专家、相关市建立战略平台，充分发挥"现代海洋产业智库"的作用，为新产业发展提供持续的财政支援。

（2）强化核心资源要素。对新兴产业发展所需的平台进行革新，注重人才引进、培养引进事业、新技术研究开发事业等核心资源要素，进行攻击性的政策安排和地区间的比较研究，并精密整顿政策支援结构。

（3）形成灵活的资本流通结构。作为海洋新兴事业管理部门，要组成专门机构，制定海洋新兴产业的战略发展目标和发展战略，强化对海洋新兴产业集群的资金支援规模，建立政府管理的建设基金，扩大对产业革新平台和相关产业集群的资金支援，战略性开展研究开发费加算扣除等税金优惠政策。

　　另外，要扩大与金融机构的合作和沟通，扩大金融机构对海洋新兴产业集群的直接资金支援规模，实施海洋新兴产业的上市培育计划，扩大企业与融资渠道的关系，强化与外国企业的合作关系，鼓励外国人直接投资。由此，建设富裕资本结构的新兴海洋产业集群，优化产业布局，结合山东省沿海资源环境条件和地区需求，形成世界先进水平的新兴产业集群。

　　（4）加强优势。山东省利用地区资源和科学技术等优越条件，正在形成产业规模效果和集成效果，并推进山东海阳生物医药产业规模发展。在国内，海洋生物医药产业虽然山东省处于领先地位，但是不应满足于现状，应该最大限度地发挥优势。青岛将按照"国家海洋生物医药先导城市"的标准，以世界水平进行企划，并按照国际标准进行建设，全面发展相关研究开发水平，加快海洋生物医药的变化和革新速度；烟台将加强山东国际生物科技园和中国科学院上海药物研究所烟台分所等的药物开发和平台功能，打造全国先进水平的医药健康产业集群。利用山东现有的产业基础和优势，强调科学技术的先导作用，根据海洋生物医药的技术发展情况，筛选出地区内具有较大规模或投资前景较好的大型海洋生物医药企业进行集中支援，从而加快培养具有世界先进水平的革新企业的速度。

第九章

培育我国产业集群创新体系的
政策建议

产业集群创新体系是在特定的环境下形成、发展的，借居于某一区域的产业集群其创新发展离不开相应政策的保驾护航。为使我国产业集群创新体系充分发挥其创新功能，提高集群的创新能力，保持集群竞争优势的可持续发展，促进地方经济、产业集群和企业的共同发展，本书从宏观（国家政府层）、中观（区域产业层面）、微观（企业层面）三个层面提出对策建议。

第一节　培育我国产业集群体系
创新的政策措施设计

针对如何提出促进产业集群体系创新的政策措施，当前研究尚未形成一个较为清晰的理论框架，绝大多数论文主要是针对单个的研究区域或者是某一特殊产业所存在的产业集群体系创新问题，提出相对应的政策措施建议，那么对于现存的国内的产业集群体系，是否存在普适性的政策措施，能够有效提升其创新水平与创新绩效是本书主要探讨的核心内容。

在普适性的政策措施提出之前，本书认为应先去探讨产业集群体系创新的影响机制，深入了解产业集群体系创新的具体过程，通过剖析创新成果形成的过程，找出影响产业集群体系创新水平与创新绩效的关键性因素，从关键因素的改善与提升入手提出政策措施。因此本章主要包含两个核心部分，第一部分为介绍产业集群体系创新的影响机制，第二部分则是提出对应的政策措施建议。

一、产业集群体系创新的影响机制

根据以往研究者对于产业集群体系创新影响机制的相关研究成果，本章构建了一个更为清晰准确的影响机制，如图 9 - 1 所示，以此说明产业集群创新的重要过程。

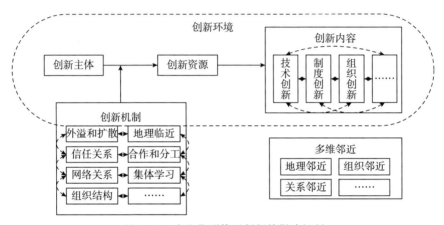

图 9 - 1　产业集群体系创新的影响机制

在该影响机制框架当中，较为核心的部分则为左下角所提出的一系列影响创新绩效的关键性因素，包含知识的外溢和扩散、地理邻近等，这些因素将影响创新资源在创新主体之间的分配状况，进而引发包含技术创新和制度创新在内的产业集群创新。除此之外，多维邻近作为一个多层次的概念，也将会在产业集群创新过程中发挥着特殊的作用。接下来我将会按照所提出的影响机制框架，对产业集群创新过程中的关键要素进行介绍。

（一）产业集群体系创新主体

产业集群体系创新的主体是由若干地理或行业上相近，并且积极交互与相互学习的行为主体组成的。创新主体主要由五个部分所组成，包括由主导企业、竞争性企业、相关与互补性企业等组成的企业主体，提供相关基础设施和公共产品的政府主体，提供专业化人才和增强员工技能的教育培训类主体，提供相关科学发现、技术发明的科研主体，提供相关市场信息的中介服务主体，提供金融服务的金融投资主体。由此可见，产业集群创新其实并非是企业主体的独有任务，需要各个创新主体之间利用正式或者非正式的合作方式，相互影响与相互作用，共同协调创新资源的配置与利用，协调推进产业集群的创新发展。

（二）知识的外溢和扩散

集群创新能力的本质特征即为知识的溢出。知识的溢出在产业集群创新影响机制中占据着举足轻重的位置，直接能够影响创新资源在产业集群各个主体直接的传播与配置。知识能够分为显性知识和隐性知识两类，其中显性知识能够通过文字或者语言等外在形式进行表达，属于客观性知识，能够进行分类编码，因此便于扩散与模仿，由此可见显性知识是不局限于产业集群之内进行传播的，集群外部的企业同样可以获取到这类知识。而隐性知识正好相反，是难以通过外在媒介进行表达，通常表现为高度个人化并且难以传授他人的技术、技巧或心智模式，因此这一类知识是无法进行买卖的，而且只能够通过近距离学习来获取。同时由于知识编码的滞后性，隐性知识的传播高度依赖于面对面的直接沟通，在直接沟通的过程中便能够实现隐性知识的显性化，进一步提升了创新的活力。

因此在产业集群创新的知识外溢中，隐性知识的外溢是能够实现产业集群独有的，产业集群所形成的地理上的相近性为隐性知识的外溢提供了有利的外在条件，使得隐性知识在传播过程中能够精准排除产业集群以外的主体，实现隐性知识私有化，从而实现产业集群创新能力的提升。

（三）地理临近

产业集群层面上的地理临近主要是指产业集群内的主体在地理位置上是处于聚集状态的，由此导致各主体直接的地理距离相较于集群外企业是比较近的。与此同时，地理上的临近使得产业集群内企业的创新成果能够顺利地被其他行为主体所接纳吸收，并成为一种新的创新思想来源。

此外，地理临近从影响机制上也是服务于知识的外溢与扩散的；较近的地理位置大大降低了隐性知识在产业集群内部的扩散障碍。例如学者杰夫（Jaffe）的研究认为知识溢出的局限性使得其只能发生在一定的地理范围内，那么主体之间越靠近，知识溢出的可能性就越大，这是由于"邻近效应"能够促进知识的充分流动。同时学者弗尔德曼也认为得益于知识外溢在地理位置上的局限性，集群能够使得创新仅发生于集群内部，而不会产生创造资源的泄露。

如果从创新环境的方面来看待地理临近，那么产业集群的地理集聚不仅能够实现信息集中与人才集中，同时也能够降低创新风险与交易成本；如果从创新主体之间的合作关系来看，各创新主体之间相近的地理位置能够为企业间的顺畅沟通合作提供便利，实现各主体之间的面对面沟通交流，而交流增加也伴随着合作关系的日渐密切，创新知识的交换也会更加畅通，从而形成良性循环，不断推动产业集群的创新。

（四）集体学习

产业集群内部的集体学习也能够划分为两个类型，一种是创新主体之间有意识地交流与扩散，而另一种是集群内部的自主学习，这是由于集群本身的结构化而引起的集群内的自发性和无意识地学习。集体学习不仅能够使得创新主体能够源源不断获取到有利于企业发展的知识，同时能够促进知识在不同创新主体的交换和转移，实现知识在产业集群内部的共享，从而提升产业集群体系整体的创新水平。

（五）网络关系与社会氛围

创新主体之间所形成的网络关系是以本地根植性与正式或非正式的分工合作为基础的，创新主体之间频繁地沟通与合作，能够编织出一张集体学习氛围浓厚的关系网络，有助于集群集体学习机制的形成，促进知识的高效传播，进一步推动创新。

同时，网络关系的形成也会受到集群内文化根植效应的影响，集群内部如果能够形成彼此信任的友好交往氛围，也能够促进密切的关系网络的形成，产生一定的正向反馈，加快隐性知识的产生与传播，提升产业集群创新的整体绩效。

（六）组织结构

集群内部的组织创新不仅是集群创新的重要组成部分，同时也在集群创新优势的提升上发挥着至关重要的作用。在产业集群所形成的创新网络当中，存在着像贸易协会、商业财团等中介组织，这些中介组织能够推进集群内企业与当地社区和政府之间的交流，获取更多的市场信息与政策方向。除此之外，集群内的支持性机构能够为企业的经营活动提供一定的服务，也能够为企业的发展和创新方向决策提供必要的指导。

在集群内各个主体之间相互合作与协调下，集群内能够形成一定的组织厚度，产生该集群独有的创新组织模式，不同的组织模式类型，能够为产业集群产生不同的创新成果，例如稳定型组织结构更有利于生成渐进性创新，而富有活力的组织结构则往往会产生根本性创新。对于产业集群而言，无论是形成了何种组织模式，只要能够实现创新主体之间知识与技术的协调和融合，都能够产生最适合集群的组织厚度，实现多种创新类型的融合发展。

（七）多维邻近

多维邻近包含多个层次，其中对于产业集群创新水平影响较为显著的因素主要有三个，分别为：地理临近、组织临近、认知临近。其中地理临近能够单独影响产业集群内部知识溢出的效果，对于产业集群创新绩效的提升有较为显著的促进作用。但是地理临近并不能完全替代多维临近，多维临近对于产业集群创新的促进作为是由地理临近、组织临近和认知临近等多层次有机结合形成的结果。换句话说，集群创新的发生，是地理临近、组织临近和认知临近相互作用与融合的结果。组织临近是约束与维系集群创新过程中知识外溢和交互合作的关键协调机制；认知邻近是创新主体之间实现知识外溢的必要条件，只有认知上的关系密切，才能够实现知识的顺畅交换。三种维度的邻近性之间不但能够相互影响与作用，也能够彼此补充和替代，它们之间的有效组合对集群创新的不同阶段产生着不同的影响。

其实从之前各个因素的介绍中也可以看出来，无论是地理邻近、集体学习，还是分工协作、产业关联、网络关系等，主要目的都是服务于知识的外溢和扩散，通过交互学习和组织合作促进知识的扩散，实现创新要素在创新主体间的最优配置。

除了上文所提及的关键性因素以外，影响创新能力的因素还包括：集群聚集度、产业集群嵌入全球网络的程度、市场化程度、产品多样化程度、基础设施的完善程度等。

二、促进产业集群体系创新的政策措施

鉴于前文所提出的产业集群体系创新的影响机制，结合影响集群创新的驱动力因素，能够提出促进产业集群创新水平与创新能力的普适性的政策建议。

（一）知识的外溢与扩散

1. 提升集群内公共知识的存量

无论是政府、行业还是集群，都需要考虑增加知识的来源问题，不能仅仅依靠集群内部的知识创造，还需要引进外部的知识，大大增加知识的获取量，提升创新的可能性。获取到知识之后还需要着手打造共享创新平台，要求集群内的企业将关键性的知识和技术实现共享，同时也要求企业所面临的技术难题也实现共同研究，积极建立企业联盟，进一步推动知识的流动与共享。

2. 利用好龙头企业的关键性作用

政府应当积极引导集群内地位较高并且实力强劲的龙头企业加大技术的研发投入以及其与集群内其他企业之间的合作研发，可以通过减税和财政拨款等实际补偿的方式，给予龙头企业在资金和政策方面的支持，减少它们的顾虑，加大龙头企业和其他企业之间的合作，同时也可以通过舆论引导的方式增加龙头企业的责任感和归属感，让龙头企业能够自觉重视集群内部的交流与合作，促进共同创新。

3. 为中小企业创新创造良好环境

除了集群内的龙头企业和大企业外，中小企业和刚刚创立发展的初创企业往往占据产业集群的大多数，因此提升产业集群的整体创新水平，也不能忽略中小企业，必须为它们创造一个更好的创新环境。现有的创新政策大多都对创新企业比较友好，而忽视了大多数模仿创新的小

公司。政府要改变只注重直接补贴创新型企业的做法，向创新企业的模仿者提供帮助和支持，为企业创造更良性的外部环境。

（二）信任关系

1. 规范集群内秩序

对于产业集群内主体信任关系的建立，政府需要发挥规范秩序的作用。政府之所以被选择执行该项工作，是因为它在建立和维持集群秩序的强制力和再分配能力方面具有天然的优势，使其在提供秩序的服务方面可以实现规模效益。因而政府最适合建立并维护与秩序有关的产权制度体系、市场法律体系以及提供相应的司法服务。政府不仅有责任管理公司间的非法贸易、非正式的做法或行为，而且也有责任消除集群的不利外部因素，提供一个有管制的市场环境，保护各利益攸关方的合法利益，并刺激对创业的投资。

此外，政府可以通过鼓励公司之间的人员流动、建立社会诚信系统和开放的关系网络、指导其信任文化的积极发展、支持利用集群以外的关系资本，在创造其文化环境方面发挥作用。

2. 信用与法律体系建设

为了消除集群内企业对于知识的扩散与技术共享上的顾虑，政府可以联合集群内企业建设良好的信用网络体系，保障集群的健康发展，加强企业之间的信用建设，消除企业沟通中的后顾之忧。

（三）集体学习

1. 制定集群技术发展战略

政府可以与产业集群代理机构根据当前行业的发展前景和产业集群的状况共同制定产业集群技术发展战略，使得各个企业在技术研发过程中能够有共同的、准确的发展方向；同时政府也可以引导集群主体与当地战略性技术开发活动进行合作，利用当地的资源和技术发展自身能力。

2. 团队建立与学习文化优化

产业集群团队能够使得在产业上关系密切的企业实现更紧密的技术交流。因此政府在促进团队建立方面的政策建议应更加注重提升团队参与者的参与热情，规避参与者在研发能力方面的差异，保证每一位参与者都能够在团队中找到自己的位置，提升他们的归属感。

在集群文化学习氛围的打造方面，政府的政策措施应当积极引导其自主学习意识的崛起，加强企业之间密切沟通的同时也要规避企业之间的过度依赖，各个主体应该既吸收其他主体的知识与技术，又要注重自身能力的提升。

3. 控制非理性行为

政府还需要对非理性行为进行控制。政府需要进行控制机制的设计，要建立产品质量和生产行为道德性的制约程序，要求产业集群主体避免非理性的竞争行为与生产经营活动，提升对商业信誉和诚信的正确认识，保证产业集群的健康和可持续发展。

（四）组织结构

产业集群的创新主体不只是包括企业的，还包括非常多其他的机构，那么作为政府可以帮助去建立通道，或者通过政策加强集群内企业之间以及企业和大学、研究机构之间的合作；

1. 设立组织管理协调机构

政府可在财政资源的支持下建立适当的管理和行政协调机构，以便通过建立一系列产学研相结合的项目，如"火炬计划""科技研发计划"等，除此之外还可以设立专项基金，引导集群主体和社会各部门之间的合作，从而实现社会资源的最佳利用。

2. 促进人才流动

人才是一个企业进行创新至关重要的因素，只有人才能够流入产业集群内部，创新成果才能够实现源源不断的产出。因此政府应鼓励高校学生、科研人员甚至是老师能够进入产业集群内工作或者进行指导，保障企业科研工作的顺利展开。同时政府还可以建立博士后流动站、委托培养、项目联合开发、人才培育基地等，在集群与高校、科研院所之间架设起人才输送的桥梁，共同培育高质量的专业人才。

3. 建立完善的中介服务机构

中介服务机构包括行业协会、企业孵化器等，能够促进集群内部以及企业、大学和研究机构之间的公司间合作，并培训这一领域的专家，使他们能够履行市场披露、信息收集、资源优化分配、高质量服务等职能，从而顶替政府原有的中介行为，并为产业集群的发展创造有利的外部条件。

（五）多维临近

在多维邻近这个方面，最主要的就是培育多维邻近关系，形成集群创新氛围和态势。

在地理维度已经形成邻近关系的园区，应该在现有的基础上，提升临近关系，培育园区内的组织邻近关系；在了解产业未来的发展方向的基础上，引导园区内的认知邻近关系。也就是要为每个企业需要去找到适合自己的一个定位。

如果已经形成了一定的组织临近，政府就需要委派熟悉产业发展规律及行业特征的专业人员参与到产业集群的管理和运营中，聚合园区内不同企业之间的协作，为园内企业搭建一个沟通、交流、合作的桥梁，在当前的市场环境中为企业不断挖掘到新的发展方向，形成集群创新的态势，提升和巩固园区的竞争优势。同时政府还需要提高产业集群主体的归属感和黏性，提高园区管理或运营方的号召力，从而为搭建园区内的交互平台打下基础，避免陌生的邻近的问题，达到多种层次上的临近关系。

（六）其他因素

1. 以市场为调节基础

对于产业集群体系的创新还需要坚持"市场为基础，政府为补充"的基本原则，那么这个措施其实是把市场也引入这个里面了，充分发挥市场配置资源的基础性作用，提升产业集群所处环境的市场化程度。

2. 实施开发互动战略

政府应积极执行开放的科学技术互动战略，开展跨区域科学技术合作，建立跨区域创新系统，并促进工业集群融入更广泛的区域和全球工业价值链。

3. 完善基础设施建设

政府需要加强产业集群的基础设施建设，提高区域信息化与生活便利水平，给予区域内产业集群企业在硬件方面的支持。

4. 推进多产业共生并存

最后是要推进多产业共生并存、融合发展，因为产业的多样化能够促进创新，所以政府要推动多种产业集成产业集群，避免一个集群内只有一种产业，从而保证企业能够顺利吸收到不同行业的知识。

第二节 宏观层面——从国家政府宏观政策角度来讲

一、积极发挥政府的调控、协调和服务功能明晰各级政府部门的功能定位

党和政府要充分认识产业集群创新的重要性，强调产业集群创新对于维持我国经济可持续发展和产业可持续发展的意义，以此为基点明确政府各部门在产业集群创新体系中的定位并出台相应的政策。从集群角度来看，政府主体作为创新主体应该发挥促进者和中间人的功能，把相关参与者聚集起来，提供支撑性的基础设施，建立动态比较优势和有利于产业集群发展的制度，创造一个有益的创新环境以消除创新系统的系统失效。因此，政府应制定促进企业之间、企业与大学、研究机构、社会中介机构之间合作的相关政策，并且为这些合作创造良好的环境和必要的条件。这就要求政府改变原有的工作方式，建立面向创新管理的政府工作平台；改变过去传统的计划时期的工作模式，如审批、投资不利于产业集群创新体系发展的模式；转变各级政府职能，从过去的单纯行政干预、项目投入支持，转向创造一个适宜产业集群创新、企业创新的环境和完善的技术创新环境。发达国家和发达地区的经验表明，政府用直接干预的方式来推动产业集群创新，并不能有效地达到目的，而对技术研究开发的支持，是提高创新能力的关键。

二、通过政策推动，建立良好的市场环境

进一步健全和完善社会主义市场经济体制，加快我国市场整体环境建设，为产业集群创新创造良好宏观环境的政策。一是我国国家创新系统和产业集群创新效率低下的问题，在知识经济时代愈显突出，其关键

原因是市场发育不良，导致创新活力不够。为了推动产业集群创新地发展，提高我国整体创新能力，促进经济增长，我们需要不断完善有助于激励创新的良好市场环境。首先，完善市场机制和创新机制的建设，以企业为创新的主体、所在行业为创新动力，将企业和产业发展的中心扭转到依靠创新上来，将制定创新政策的重点放在加紧市场制度建设、法律建设、规范市场的行为准则、消除不利于市场经济发展的各种限制和壁垒上，为产业、企业的发展创造一个公正、公开、公平的竞争环境，使市场对创新的需求能反馈到企业的经营活动中，将市场需求变成企业成长、产业发展的压力和动力，提高企业对科技的需求。二是加快市场机制的健全，进一步促进资本、劳动力、知识技能的流动，以加快我国不同类型产业集群的形成。我国传统计划经济下，部门利益和地方利益各霸一方，导致各个产业大量重复建设，浪费了资源，改变这一局面的根本手段在于发挥市场对资源配置和经济活动的主导作用，而具有竞争优势的产业集群能吸引来自资源和知识技能，进一步加快知识技能在产业集群内的扩散和集聚，促使创新的出现。

三、推进建立创新体系的政策服务和基础设施建设

以政府部门为龙头营造产业集群创新的社会网络环境。抓住知识经济和加入世界贸易组织这一契机，结合我国产业集群的发展，制定相关的对策，加强产业集群内外的联系，促使集群所在的社会网络的形成，为产业集群营造良好的环境。产业集群创新能力取决于知识技能的存量，在知识经济时代更取决于知识技能在产业集群内的扩散与学习效应，而后者依赖于产业集群内各主体联系与相互作用的程度。为促进产业集群创新能力，需要加强创新主体之间、创新主体与相关支撑机构的联系，构成密切联系互动的知识流动网络。

（1）要建立健全有利于创新的制度和政策体系。政府应培育关于创新的技术标准，知识产权制度，科技咨询和服务体系，有关合同、人事、雇用制度的认识观念，乃至鼓励人们敢冒风险的文化价值观，制定促进创新的教育政策、收入分配政策、社会保障政策、就业政策等。

（2）以加强群内外企业与企业之间的联系为出发点，制定利用产业集群内相关企业的竞争与合作动力的政策和规定。对于科技创新这样

的高风险项目，单个企业难以承担投资和风险，政府可通过项目、财税、融资等手段促使企业自发变成有行业组织牵头，以共同开发、共建研发机构，共同支持项目研发，形成产业集群等形式，从互补的人力与技术资源中获得协同作用，促进企业之间的知识扩散和集聚，从而推进创新。

（3）各级政府在出台相应的财税、金融政策措施的同时，加强创新支撑机构的建设，使中介组织、科技创业服务中心、技术转移机构、人才交流机构等的行为更加规范，效率得到充分发挥，促进科技成果转化、人才交流、技术转移，培育高新技术和成果，实现企业间技术联盟和知识网络的相互作用并推动产业的整体创新。此外，政府要制定促进风险投资发展的政策，为创新提供有效的金融支持，通过政府的直接投资、项目和社会投入建成可以支撑不断创新的基础设施，包括图书馆、计算机网络基础、资料采集处理中心以及教育培训机构。

四、制定完善信用体系、加强法制建设的相关政策

一方面国家应出台相关的引导、监督、检查政策，既要建立信任保障机制，树立以信为本的商业道德规范，又要监督市场监督评价体系的建立及运行；通过各种类规范的行业组织、行业协会，规范产品质量标准，建立质量监督体系，加强行业自律，形成自我监督、公平、有序竞争的新秩序，坚决维护地区产业信誉。另一方面要给当地政府适当的立法自主权，使其能因地制宜地建立地方产业群保护法规，同时督促各级政府加强执法力度，切实保护产业群的合法权益，在进一步加强对研究机构、大学知识产权管理的基础上，大力发展科技中心。

五、拓宽发展产业集群的投融资渠道

各级政府制定相应的投资引资政策，广拓融资渠道，保证产业集群创新所需资金，促进产业群资本集聚。各地区各级政府应采取措施放开行业投资准入政策，通过组建股份制商业银行，推行企业财产抵押贷款，组建企业跟踪监督机构、建立专门的信用担保机制和企业债权维护机制等措施，构筑群内企业发展需要的地方融资体系。采取相应的鼓励

政策，创立集群产业发展基金，拓宽融资渠道，建立"政府宏观指导、企业自主投资、银行独立审贷"的新型投融资体制，促进民间投资注入产业集群。

六、创造良好的群内外竞争合作环境

政府应制定营造竞争合作环境的宏观政策，加速创新速度、提高创新效率。在产业集群的创新体系建设过程中，大胆引入相关企业，对群内优势产业或潜力产业采取适度保护的同时，促进企业在竞争中快速发展。产业集群的环境与企业之间激烈的竞争关系密不可分。另外，产业集群内必然会形成企业间的竞争关系，应制定相关的政策措施，提倡在竞争的过程中进行相互间的合作，主要包括成立行业协会、专家委员会等，加强信息交流、开展合作研究开发、发展专业性基础设施，正如我国家电产业发展到今天，获得可持续发展竞争优势一样，要创造良好的群内外竞争合作的环境。

第三节　产业层面——从产业集群所属的中观层面来讲

促进产业集群创新体系的发展意味着通过激励产业集群创新主体之间的合作竞争，以创新机制来运行创新活动，最终实现创新的效果。产业集群创新体系作为一个整体，要实现创新效果、提高创新优势的持续发展，有关产业集群创新的关于集群创新的宏观政策是非常重要的，是保证产业集群可持续发展和群内企业可持续发展的基础。

一、将创新体系建设与区域产业结构调整结合起来

明确创新的产业集群属性政策。在构建创新体系过程中，应针对不同的产业特点和区域特点，结合经济结构和产业结构的调整方向，有所突出地强调其中一种或几种创新方式，制定有所倾斜的产业政策和产业创新政策。一方面要构建完整的产业创新体系，把组织创新、技术创新

和管理创新结合起来，在产业内外协调运作；另一方面，出台政策鼓励多样化的具体创新方式，在保证大量的创新技术和市场信息需求基础上，培育创新产业集群的科技人员的创造性思维，注意产业集群所在地区的科技资源尤其是智力资源的积累，在各专业、各行业的协作配合之下，真正达到产业集群创新方式的推陈出新。

二、重视服务体系建设

制定有利于产业集群创新的产业——社会的"小网络环境"政策。以产业集群所属产业为核心，制定关于完善产业集群内部、外部创新环境，特别是各类型、各层次服务体系的政策。每一个产业集群都不是孤立发展的，而是由各个不同节点构成的完整的社会网络聚合形成的，产业集群的创新发展离不开网络环境，必须有一个完善的服务体系与之配套。这个体系主要应包括：①各种规范的咨询和中介服务机构，如市场调查机构、技术咨询机构、科技成果交易中心、知识产权事务中心、律师事务所、会计师事务所等。②创业服务中心，为区内处于创建阶段的高新技术企业的成长提供孵化器功能。③教育培训体系，其主要职能是提供产业创新的人才保障。④政府还应出台相应的行政法规和措施，降低高新技术企业创业条件，简便创建手续纳入，提高服务效率，如美国的高新技术企业登记实行"无门槛"制，即不要求最低注册资金（美国思科公司的创始人仅用几美元就注册了该公司），也不要求场地和专职人员等。⑤结合产业集群所在地区的地方经济现状，制定促进经济共同发展的公共环境建设的政策与措施，加强地方公共机构的建设，提供有效的公共服务，推进产业集群创新体系的成长与升级。公共机构可以加强集群企业与集群关联企业以及国际市场的联系，促进群内外企业间互助协作及同业对话，如共同营销、共同设计、合作培训等；还可以在提高信息、提供基础设施等方面提高效率；公共机构改革还可以改善政府行为，如收集行业的市场与技术信息、制定行业标准、强化本地厂商的产品质量意识与管理等；此外，通过建立公共培训机构，组织所属地区各企业联合技术攻关，督促与厂商之间对话机制的形成，共同制定产业集群发展的远景与战略规划等，既可以树立地区的良好形象，创建区域和产业品牌，也可以提升产业集群及企业成长与升级的竞争能力。为此，应吸取各发展中国家的集群发展经验，积极建立地方和部门公共机构，如市场调查机构、技术咨询机构、律师事务所等，鼓励公共机构在集群内发行专业性报纸和学术杂志，对产业进行深入研究，推动地方的信息传播与交流。

三、建立相应的人才引进和培育机制

完善产业集群创新的人才政策，建立人才引进和培育机制，提高产业集群整体人员素质。不仅要建立地方人才市场，吸引区外、群外优秀的专业人才加盟，更要注重培育集群内部的人才市场，搭建由集群内部各类（技术、财会、运输、服务等）所需人才、各层次急需人才（高层管理者、中层监督者、基层蓝领等）构成的完整的人才市场体系，通过对各类人才的专业化教育和培训，提高全体员工的专业知识与技能；另外，制定具体政策，注重培养集群内部所有员工现代管理理念和勇于创新、团结协作的精神，创造一个激励、创新、宽容的文化氛围，激发员工的积极性和创造力，促进集群新陈代谢，保持集群的持续竞争优势。

第四节　企业层面——从微观创新主体企业角度来讲

对于产业集群内的企业而言，保证创新效果的实现及集群整体竞争优势的可持续发展，以提升企业的竞争能力，单个企业的主体行为是非常重要的。作为集群创新的主体，每一个企业应配合集群整体创新目标和创新计划的实施，采取相应的政策与措施，着力增强提升集群技术能力、竞争能力、创新能力的各种创新活动能力。

一、走品牌兴业之路

以群内企业为主体，突出质量核心，制定培养企业品牌意识、强化集群品牌意识的主流政策。任何性质的群内企业都要坚持注重产品质

量，质量是创新之本，产品质量是集群内企业生存与发展的重要保证，质量的优劣也是产业集群国际竞争力强弱的重要体现，要想在竞争中取胜并保持竞争优势的持续发展，就必须不断提高集群产品质量和服务质量，加快产品升级换代，努力开发高科技含量、高附加值、高市场容量的优质产品，并制定相关政策，积极强化集群区位品牌意识，开展区位品牌营销，以名牌取胜，以名牌创造维持竞争优势。

二、重视企业人力资源开发与建设

改革传统的用人机制，以创新的发展观科学的制定各种类企业用人政策，优化用人制度。以适应经济全球化和区域经济一体化潮流的需要为契机，以适应知识经济的发展要求为基本出发点，要求集群全体员工，包括企业家及各类专家、各专业人才加强学习，广泛开展文化交流，改善知识结构，既要在横向上有比较广博的知识，也要在纵向上对本行业本专业有较深的理解，从而提高自身素质，增强经营管理水平，要善于开拓、勇于实践、目光远大；同时，各企业应切实贯彻"以人为本"的企业精神，把员工真正当作企业的主人，不分工种、等级，尊重员工，把员工的个人发展计划纳入企业总体发展规划中，采取各种有效措施，通过各种形式，培养、营造员工的创新意识，提高员工的各方面素质。此外，合理改进集群内各企业的管理模式，采取措施鼓励其建立起一套完善的人才的培养、选拔机制，优化用人机制。

三、加强企业技术研发和技术创新

制定专门的政策，鼓励企业科技创新的积极性，强化集群创新的动力，促进集群创新地发展。在当今技术变化速度加快、产品生命周期日趋缩短、市场竞争日益激烈的情况下，要想加速产业集群创新发展，必须要营造一个有利于促进集群企业技术进步和技术创新的良好环境，这就需要相关政策把产业集群特有的传统文化与现代科技文化融为一个有机整体，以激发企业实施技术创新的动力，建立和完善企业技术创新的运行机制，形成一个开放、协作、高效、快捷、规范、竞争有序的技术创新服务体系，最大程度地发挥科研人员的创新积极性、创造能动性，最终推动群内各主体企业技术创新的持续发展。对于目前产业集群内众多的中小企业而言，通过产业集群创新体系的实施，改变它们在生产技术上模仿多于创新、独立发明创新能力不足的现状是非常有效的。作为集群内创新个体的企业，具体的创新有以下几方面的重点措施：

（1）从企业的战略规划层次、战略定位出发，合理确定产业集群创新和本企业创新、群内其他企业创新和本企业创新的关系，合理确定企业产品创新和工艺创新的结构、产品创新和工艺创新比例的政策措施。按照地区发展规划和产业集群持续发展规划、以产业整体发展为依托，在保证产业集群整体利益的前提下确定企业与集群、企业与企业之间的种种关系和利益，最终实现"双赢"目标。

（2）制定专项政策，完善企业技术创新的激励机制。企业的技术创新激励机制是推动企业技术创新活动的根本，是实现创新效果的有效方式之一，也是推动企业可持续发展的动力源泉。对于产业集群创新体系内的企业，其技术创新也是产业集群整体创新的基础，因此企业技术创新机制的功能如何也决定着产业集群整体创新的效果如何。对于集群内不同的企业来说，如上所述，激励机制主要有竞争合作机制、动力机制，这些机制的运营使得企业拥有相对了独立的用人自主权、分配自主权，再按照科技人员实际劳动成果的价值，进行评估奖励，可以大大激发科技人员的创新活力。

（3）通过制定相关政策，鼓励国家和地方、产业和企业对研发的投入。在建设产业集群创新体系时，充分重视作为创新主体——企业的作用，明确界定企业是创新核心这一思路。我国现有的产业集群创新体系主体包括的企业不仅有国有企业，还有数量和质量快速增长的非国有企业，以及数量有限但潜力很大的跨国公司。构建产业集群创新体系时，不仅要考虑到大企业的创新需求，而且要考虑到数量巨大的中小企业的特殊需求。目前我国政府与企业研发投入远不成比例，制定鼓励企业研发投入、参与创新的激励政策，是我国保持产业集群可持续发展能力和企业竞争优势、保证国民经济高速平稳发展的首要问题。

参 考 文 献

[1] 阿尔弗雷德·马歇尔著，朱志泰/陈良璧译. 经济学原理 [M]. 北京：商务印书馆，2019.

[2] 阿尔弗雷德·韦伯. 工业区位论 [M]. 北京：商务印书馆，2006.

[3] [以] 埃尔赫南·赫尔普曼，[美] 保罗·R. 克鲁格曼. 贸易政策和市场结构 [M]. 李增刚译. 上海：上海人民出版社，2009.

[4] 埃德加·胡佛. 区域经济学导论 [M]. 北京：商务印书馆，1990（英文版 1975）.

[5] 安虎森，朱妍. 产业集群理论及其进展 [J]. 南开经济研究，2003（3）：31 – 36.

[6] 安纳利·萨克森宁. 地区优势：硅谷和 128 公路地区的文化与竞争 [M]. 上海：上海远东出版社，1999.

[7] 保罗·克鲁格曼. 地理与贸易 [M]. 北京：中国人民大学出版社，2017.

[8] 蔡铂，聂鸣. 社会网络对产业集群创新的影响 [C]. 第四届中国软科学学术年会论文集，2003：343 – 357.

[9] 曹彩杰，藏良运. 产业集群理论及其效应研究 [J]. 商业经济，2005（6）：99 – 100.

[10] 曹洪军，王鹏飞. 建立和完善我国产业集群创新体系的对策研究 [J]. 科技进步与对策，2005（7）：107 – 109.

[11] 曹洪军，王乙伊. 国外产业集群的发展模式及其启示 [J]. 宏观经济研究，2004（10）：38 – 40.

［12］曹洪军，张红霞，王鹏．产业集群创新体系研究［J］．商业研究，2006（4）：46－48.

［13］曹清峰，倪鹏飞，马洪福．中国城市体系可持续竞争力的国际比较研究［J］．河南社会科学，2021，29（4）：49－56.

［14］陈德宁．区域竞争力理论的提出与发展［J］．广州大学学报，2003，2.

［15］陈东景，刘海朋．海洋战略性新兴产业支撑条件评价与障碍因素诊断［J］．东方论坛，2008（2）.

［16］陈华斌．试论绿色创新及其激励机制［J］．软科学，1999（3）：2.

［17］陈铧，谢蓓．产业集群与国内外高科技园区的发展［J］．经济地理，2002（S1）：109－112.

［18］陈继海，唐翌．中国产业集聚模式的动态考察［J］．当代财经，2003（10）：96－97.

［19］陈剑锋，唐振鹏．国外产业集群研究综述［J］．外国经济与管理，2002（8）：22－27.

［20］陈健，安明玉．国际清洁技术产业集群的发展及我国的应对之策［J］．经济纵横，2014（6）：83－86.

［21］陈劲，吴航，刘文澜．中关村：未来全球第一的创新集群［J］．科学学研究，2014，32（1）：5－13.

［22］陈林生．以产业集群促进区域创新体系建设研究［J］．经济问题探索，2005（4）：108－110.

［23］陈鹏宇．溢出效应、不确定性和企业集群［J］．中国工业经济，2002，11.

［24］陈强，王艳艳．KIBS创新集群发展的动力机制研究［J］．科技管理研究，2011，31（19）：1－4＋8.

［25］陈文华，刘善庆．产业集群概念辨析［J］．经济问题，2006（4）：1－3.

［26］陈小勇．产业集群的虚拟转型［J］．中国工业经济，2017（12）：78－94.

［27］陈肖飞，郭建峰，胡志强，苗长虹．汽车产业集群网络演化与驱动机制研究——以奇瑞汽车集群为例［J］．地理科学，2019，39

（3）：467 – 476.

［28］陈瑶瑶，池仁勇．产业集群发展过程中创新资源的聚集和优化［J］．科学学与科学技术管理，2005（9）：63 – 66.

［29］陈云，王浣尘，杨继红，戴晓波．产业集群中的信息共享与合作创新研究［J］．系统工程理论与实践，2004（8）：54 – 57.

［30］程楠．培育先进制造业集群 推进制造业高质量发展［J］．中国工业和信息化，2021（11）：60 – 63.

［31］楚应敬，周阳敏．产业集群协同创新、空间关联与创新集聚［J］．统计与决策，2020，12.

［32］崔剑峰．简析产业集群和技术创新的关系［J］．社会科学战线，2011（11）：252 – 253.

［33］单可栋．河南省构建产业（集群）技术创新体系研究［D］．郑州：郑州大学，2015.

［34］邓志宏，韦素琼，游小珺，陈进栋．基于 CiteSpace 中国农业产业集群研究：述评与展望［J］．中国农业资源与区划：1 – 14［2022 – 04 – 18］.

［35］杜静．产业集群发展的绿色创新模式研究［D］．长沙：中南大学，2010.

［36］段淳林．产业集群升级及其自主品牌创建研究［D］．武汉：武汉大学，2009.

［37］敦帅，陈强，马永智．创新策源能力评价研究：指标构建、区域比较与提升举措［J］．科学管理研究，2021，39（1）：83 – 89.

［38］范如国，叶菁，李星．产业集群复杂网络中的信任机制研究——以浙江永康星月集团与双健集团合作创新为例［J］．学习与实践，2012（2）：20 – 31.

［39］范硕，何彬．创新激励政策是否能提升高新区的创新效率［J］．中国科技论坛，2018（7）：45 – 55 + 63.

［40］冯楚建，蒋艳辉．引入"在线社会网络"的三重螺旋创新系统模型研究［J］．科研管理，2014，35（11）：84 – 91.

［41］冯严超，王晓红．智力资本、生态环境与区域竞争力——基于 PLS – SEM 和 PLS – DA 的实证分析［J］．科技管理研究，2018，38（15）：93 – 98.

[42] 奉小斌，刘皓．集群企业跨界搜索对绿色创新的影响研究——管理解释的调节作用 [J]．研究与发展管理，2021，33（4）：28 - 40.

[43] 龚荒，聂锐．区域创新体系的构建原则、组织结构与推进措施 [J]．软科学，2002，6.

[44] 谷建全．构建区域创新体系的理论思考 [J]．中州学刊，2003，6.

[45] 郭丽娟，刘佳．美国产业集群创新生态系统运行机制及其启示——以硅谷为例 [J]．科技管理研究，2020，40（19）：36 - 41.

[46] 郭树东，关忠良，肖永青．以企业为主体的国家创新系统的构建研究 [J]．中国软科学，2004，6.

[47] 郭志强，吕斌．国家中心城市竞争力评价 [J]．城市问题，2018（11）：28 - 36.

[48] 韩立红，孙佩龙．山东省海洋渔业产业集群发展探析，2013.

[49] 郝寿义，安虎森．区域经济学（第三版）[M]．北京：经济科学出版社，2015.

[50] 郝艳萍，王圣．港口整合"裂变效应"的路径选择 [N]．中国水运报，2019 - 09 - 04（008）.

[51] 郝艳萍，王圣．山东港口集团：下好"一盘棋"做好"合"文章 [N]．中国水运报，2019 - 08 - 14（005）.

[52] 何小雨，李郑．基于全球价值链的宁波模具产业集群创新体系研究 [J]．华东经济管理，2009，23（5）：1 - 4.

[53] 何中兵，谭力文，赵满路，曲世友．集群企业共享经济与共创价值路径研究 [J]．中国软科学，2018（10）：71 - 78.

[54] 荷勇，项利国．基于模糊聚类的 BP 神经网络模型研究及应用 [J]．系统工程理论与实践，2004，2.

[55] 贺小荣，胡强盛．湖南省旅游产业集群与区域经济的互动机制 [J]．经济地理，2018，38（7）：209 - 216.

[56] 胡计虎．区域经济 长三角一体化战略下电子商务产业集群发展研究 [J]．商业经济研究，2021（5）：163 - 166.

[57] 胡俊峰．中小企业集群创新网络相关问题的研究与展望——基于文献的述评 [J]．工业技术经济，2011，2.

[58] 胡雅蓓，霍焱．网络嵌入、治理机制与创新绩效——以高科

技产业集群为例 [J]. 北京理工大学学报（社会科学版），2017，19 (5)：80 – 88 + 112.

[59] 胡雅蓓. 产业集群生态系统：主题、演进和方法 [J]. 外国经济与管理，2022，44 (5)：114 – 135.

[60] 吉蓉蓉. 山东省海洋渔业产业集群发展的影响因素研究 [D]. 青岛：中国海洋大学，2015.

[61] 计春阳，晏雨晴. 基于虚拟产业集群的港口物流企业供应链金融创新研究 [J]. 广西社会科学，2018 (6)：110 – 115.

[62] 贾蔚文. 关于国家创新系统的几个问题 [J]. 中国软科学，1999 (2)：51 – 53.

[63] 贾晓辉. 基于复杂适应系统理论的产业集群创新主体行为研究 [D]. 哈尔滨：哈尔滨工业大学，2016.

[64] 姜宏. 产业集群低碳化建设路径探讨 [J]. 学术交流，2016 (5)：124 – 130.

[65] 姜江，胡振华. 内陆城市群产业集群的区域创新机制研究 [J]. 湖南师范大学社会科学学报，2012，41 (4)：114 – 117.

[66] 姜鸣凤，马力. 企业衍生效应对创新网络演化的作用机理研究——以高技术产业集群为例 [J]. 科技进步与对策，2019，36 (14)：53 – 61.

[67] 蒋自然，朱华友. 产业集群创新政策的提出及理念体系探讨 [J]. 科学管理研究，2007 (4)：5 – 8.

[68] 金玉石. 基于灰色关联模型的省域技术创新能力测度 [J]. 统计与决策，2019，35 (4)：59 – 62.

[69] 康学召，王明友. 产业集群创新体系中政府行为研究 [J]. 中国发展，2012，12 (5)：4.

[70] 邝国良，王霞霞，龚玉策. 珠江三角洲产业集群模式下技术扩散机制的博弈分析 [J]. 科学学与科学技术管理，2007，3.

[71] 雷俐，刘静，刘洋. 外商直接投资是否推进了长江经济带区域经济协调发展：空间收敛视阈的研究 [J]. 经济问题探索，2020，3.

[72] 李大庆，李庆满，单丽娟. 产业集群中科技型小微企业协同创新模式选择研究 [J]. 科技进步与对策，2013，30 (24)：117 – 122.

[73] 李丹，刘春红，李康. 区域环境对时尚创意产业集群创新绩

效的影响研究——创新网络的中介作用 [J]. 华东经济管理, 2019, 33 (3): 72 - 78.

[74] 李电生, 张欢, 高爱颖. 中国港口大宗商品交易市场空间布局问题研究 [J]. 地理科学, 2019, 39 (4): 541 - 549.

[75] 李冬伟, 张春婷. 环境战略、绿色创新与绿色形象 [J]. 财会月刊, 2017 (32): 3 - 10.

[76] 李二玲, 李小建. 论产业集群的网络本质 [J]. 经济经纬, 2007 (1): 66 - 70.

[77] 李二玲, 史焱文, 李小建. 基于农业产业集群的农业创新体系结构分析——以河南省鄢陵县花木产业集群为例 [J]. 经济地理, 2012, 32 (11): 113 - 119.

[78] 李福刚, 王学军. 地理邻近性与区域创新关系探讨 [J]. 中国人口·资源与环境, 2007 (3): 35 - 39.

[79] 李国飞. 我国渔业产业集群发展模式研究 [D]. 青岛: 中国海洋大学, 2015.

[80] 李华豪. 山东半岛蓝色经济区海洋产业集群发展研究 [D]. 青岛: 中国海洋大学, 2015.

[81] 李俭峰, 苏立峰. 产业集群发展与技术创新 [J]. 南昌大学学报 (人文社会科学版), 2005 (4): 56 - 60.

[82] 李建, 金占明. 战略联盟内部企业竞合关系研究 [J]. 科学学与科学技术管理, 2008, 6.

[83] 李洁, 葛燕飞, 高丽娜. 我国生物医药产业创新集群演化动力机制研究——基于复杂适应系统理论 [J]. 科技管理研究, 2022, 42 (3): 176 - 183.

[84] 李俊峰, 柏晶菁, 王淑婧. 镇域传统产业集群创新网络演进特征及形成机理——以安徽高沟镇电缆产业为例 [J]. 地理科学, 2021, 41 (6): 1039 - 1049.

[85] 李少波. 推动贵州制造业高质量发展 [J]. 当代贵州, 2019 (3): 119.

[86] 李晟婷, 周晓唯, 武增海. 产业生态化协同集聚的绿色经济效应与空间溢出效应 [J]. 科技进步与对策, 2022, 39 (5): 72 - 82.

[87] 李帅帅, 范郢, 沈体雁. 基于知识图谱的产业集群研究进展

评述与展望 [J]. 地域研究与开发，2020，39（3）：6 – 12.

[88] 李晓博. 知识溢出对产业集群技术创新的影响机制研究 [J]. 广西民族大学学报（哲学社会科学版），2017，39（3）：173 – 178.

[89] 李永刚. 论产业集群创新与模仿的战略选择 [J]. 中国工业经济，2004（12）：46 – 54.

[90] 李宇，芮明杰，陈帅. 论有意识的知识溢出对产业集群创新绩效的促进机制——基于集群衍生的视角 [J]. 复旦学报（社会科学版），2019，61（3）：141 – 154.

[91] 李宇，王俊倩. 产业集群技术溢出的正向利用机制与创新绩效——兼论如何减小技术模仿等负效应 [J]. 经济管理，2015，37（3）：23 – 32.

[92] 李云. 新时代构建民营企业自主创新内生动力机制研究 [J]. 中州学刊，2020（9）：18 – 25.

[93] 李振立. 山东省巧进海洋战略新兴产业发展的财政政策研究. 2015.

[94] 李志刚，杜鑫，张敬伟. 裂变创业视角下核心企业商业生态系统重塑机理——基于"蒙牛系"创业活动的嵌入式单案例研究 [J]. 管理世界，2020，36（11）：80 – 96.

[95] 李志刚，刘振，张玉利. 产业集群背景下的裂变型创业探索性研究——来自青岛的案例证据 [J]. 现代财经（天津财经大学学报），2012，32（12）：76 – 84.

[96] 李志刚. 基于网络结构的产业集群创新机制和创新绩效研究 [D]. 合肥：中国科学技术大学，2007.

[97] 梁海山，魏江，万新明. 企业技术创新能力体系变迁及其绩效影响机制——海尔开放式创新新范式 [J]. 管理评论，2018，30（7）：281 – 291.

[98] 梁琦. 产业集聚论 [M]. 北京：商务印书馆，2004.

[99] 林中燕. "互联网"区域合作与产业创新 [M]. 北京：社会科学文献出版社，2019.

[100] 刘爱东，刘文静. 我国家电产业集群升级的战略思考——以青岛家电集群分析为例 [J]. 中南大学学报（社会科学版），2011，12.

[101] 刘东. 企业网络论 [M]. 北京：中国人民大学出版，2003：

35 – 42.

[102] 刘凡，侯宇凡．安徽省制造业高质量发展的困境与对策 [J]．长春工程学院学报（社会科学版），2021，22（3）：54 – 59 + 119.

[103] 刘汉民，冯芷莹，齐宇．现代企业理论三大流派的比较分析 [J]．经济社会体制比较，2021（1）：171 – 179.

[104] 刘荷，王健．跨国公司嵌入对物流产业集群本土企业创新绩效的影响 [J]．国际贸易问题，2016（3）：128 – 138.

[105] 刘铠维．京津冀协同发展背景下天津市第三产业主导产业选择研究 [J]．软科学，2016，12.

[106] 刘佩．环境规制对制造业高质量发展的影响研究 [D]．西安：西安石油大学，2021.

[107] 刘奇中．以产业集群撬动区域经济的发展 [J]．调研世界，2004（1）：17 – 18.

[108] 刘世伟．产业集群技术创新体系构建 [J]．商场现代化，2009（5）：1.

[109] 刘薇．国内外绿色创新与发展研究动态综述 [J]．中国环境管理干部学院学报，2012，22（5）：17 – 20.

[110] 刘晓慧．创新驱动河南省制造业高质量发展路径研究 [J]．当代经济，2018（15）：56 – 59.

[111] 刘艳．东部产业集群对西部开发的若干影响研究 [D]．广州：华南师范大学，2003.

[112] 刘友金．论集群式创新的组织模式 [J]．中国软科学，2002，2.

[113] 刘志彪．新冠肺炎疫情下经济全球化的新趋势与全球产业链集群重构 [J]．江苏社会科学，2020（4）：16 – 23 + 241.

[114] 刘志峰，王娜．产业集群创新系统的构成、运行及优化研究 [J]．科技管理研究，2010，30（7）：89 – 92.

[115] 柳卸林．技术创新经济学（第2版）[M]．北京：清华大学出版社，2014.

[116] 卢方元，李晓洋．产业集群技术创新体系运行机制分析 [J]．商业经济研究，2015（8）：2.

[117] 陆瑜萍．高新技术产业集群的创新体系研究——以中关村企

业集群为例 [J]. 中国商界（下半月），2008（9）：135.

[118] 吕铁，刘丹. 制造业高质量发展：差距、问题与举措 [J]. 学习与探索，2019（1）：111 – 117.

[119] 罗芳，王琦. 产业集群的涌现性与产业集群共性技术创新体系研究 [J]. 现代情报，2006（11）：178 – 180.

[120] 罗伟. 汽车产业集群的机理与实证研究 [D]. 武汉：武汉理工大学，2007：17 – 19.

[121] 罗胤晨，谷人旭，王春萌. 经济地理学视角下西方产业集群研究的演进及其新动向 [J]. 世界地理研究，2016，25（6）：96 – 108

[122] 马力，臧旭恒. 企业衍生研究述评 [J]. 管理学报，2012，9（12）：1869 – 1874.

[123] 马训，程俊杰. 新发展格局下中国产业集群升级多元化路径构建探析 [J]. 现代经济探讨，2022（1）：104 – 113 + 123.

[124] 马子红，姚焱. 人口老龄化对省域产业结构调整的影响——以云南为例 [J]. 学术探索，2021（10）：92 – 102.

[125] 迈克尔·波特著，高登第等译. 竞争论 [M]. 北京：中信出版社，2012.

[126] 迈克尔·波特著，李明轩等译. 国家竞争优势 [M]. 北京：中信出版社，2012.

[127] 梅燕，蒋雨清. 乡村振兴背景下农村电商产业集聚与区域经济协同发展机制——基于产业集群生命周期理论的多案例研究 [J]. 中国农村经济，2020（6）：56 – 74.

[128] 苗峻玮，冯华. 区域高质量发展评价体系的构建与测度 [J]. 经济问题，2020（11）：111 – 118.

[129] 苗圩. 如何推动新能源汽车产业高质量发展？[J]. 汽车纵横，2019（3）：22 – 23.

[130] 慕静. 基于循环创新链的物流企业集群服务创新体系研究 [J]. 商业经济与管理，2012（6）：5 – 12.

[131] 倪慧君，丛阳. 基于PAEI分析的集群创新体系成长阶段的识别与应用 [J]. 科技进步与对策，2008，25（4）：48 – 51.

[132] 倪鹏飞，徐海东，沈立，曹清峰. 城市经济竞争力：关键因素与作用机制——基于亚洲566个城市的结构方程分析 [J]. 北京工业

大学学报（社会科学版），2018，12.

[133] 聂鸣. 产业集群与武汉·中国光谷创新能力的提高 [J]. 科技进步与对策，2001（11）：13 –14.

[134] 宁钟，司春林. 创新集群的特征及产业结构演进过程中的技术能力和生产能力 [J]. 中国科技论坛，2003（5）：61 –63.

[135] 欧光军，杨青，雷霖. 国家高新区产业集群创新生态能力评价研究 [J]. 科研管理，2018，39（8）：63 –71.

[136] 潘文卿，张晓寒. 知识价值导向政策对产业集群发展的影响——来自湖北自勺经验 [J]. 中国软科学，2016（12）：182 –192.

[137] 彭勃. 基于产业集群模式的港口物流柔性供应链：概念及运作机制 [J]. 科技管理研究，2012（3）：144 –152.

[138] 彭宇文. 产业集群创新动力机制研究评述 [J]. 经济学动态，2012（7）：77 –81.

[139] 齐宇，刘汉民. 产业集群数字化治理：一个理论框架 [J]. 湖湘论坛，2022，35（4）：116 –128.

[140] 祁迪，祁华清，樊琦. 粮食产业高质量发展评价指标体系构建 [J]. 统计与决策，2022，38（5）：106 –110.

[141] 钱平凡. 中国产业集群的发展状况，特点与问题（节选）[J]. 经济理论与经济管理，2003（12）：6.

[142] 谯薇. 产业集群促进区域创新体系构建的对策思考 [J]. 经济体制改革，2009（3）：127 –129.

[143] 邱永辉，沈志渔. 全球价值链下产业集群技术创新机制——基于昆山市模具产业集群的研究 [J]. 现代管理科学，2017（6）：21 –23.

[144] 任鹏，袁军晓，方永恒. 产业集群评价综合模型研究 [J]. 科技管理研究，2012，12.

[145] 阮建青，石琦，张晓波. 产业集群动态演化规律与地方政府政策 [J]. 管理世界，2014（12）：79 –91.

[146] 商燕劼，庞庆华，李涵. 江苏省城市竞争力、区域创新与生态效率的时空耦合研究 [J]. 华东经济管理，2020，34（12）：9 –17.

[147] 邵彬涛. 产业集群对区域竞争力影响的实证分析——兼论产业集群对中原经济区贡献 [J]. 科技管理研究，2014，2.

［148］邵云飞，范群林，唐小我．产业集群创新的竞争扩散模型研究［J］．科学学与科学技术管理，2010，31（12）：43－49.

［149］申军．中小企业集群技术创新系统研究——以浙江省为例［D］．杭州：浙江大学，2002.

［150］申通远，朱玉杰．创新合作社会网络中企业中心性特征的影响因素［J］．技术经济，2018，37（11）：19－29＋77.

［151］沈青．区域产业集群发展与实施品牌战略的协同演进思考［J］．科技管理研究，2007，4.

［152］寿建敏，易琦．我国港口发展重点回顾及新时期发展展望［J］．特区经济，2018（4）：87－88.

［153］苏熹．以国家科技发展战略目标为主导——中国国家实验室建设和发展历程述略［J］．当代中国史研究，2020，27（6）：87－101＋159.

［154］孙柏林．中国装备制造业及其高质量发展的对策建议［J］．电气时代，2019（2）：13－17.

［155］孙从军，晁蓉．产业集群技术创新的动因分析［J］．企业经济，2008（6）：3.

［156］孙祖荣，施萍．产业集群与区域经济发展［J］．生产力研究，2006（7）：202－203＋208.

［157］谭维佳．产业集群中企业间竞合关系分析——以深圳新一代信息通信产业集群促进机构的角色为例［J］．科研管理，2021，42（12）：29－35.

［158］唐红祥，张祥祯，吴艳，贺正楚．中国制造业发展质量与国际竞争力提升研究［J］．中国软科学，2019（2）：128－142.

［159］滕堂伟，瞿丛艺．借鉴加州制造业创新生态系统促进上海制造业高质量发展［J］．科学发展，2018（4）：21－29.

［160］滕堂伟．从地方集群到集群网络：产业集群研究的国际前沿进展［J］．甘肃社会科学，2015.

［161］田甜．广东省海洋产业集群化发展研究［D］．湛江：广东海洋大学，2014.

［162］田颖，田增瑞，韩阳，吴晓隽．国家创新型产业集群建立是否促进区域创新？［J］．科学学研究，2019，37（5）：817－825＋844.

[163] 万幼清, 王云云. 产业集群协同创新的企业竞合关系研究 [J]. 管理世界, 2014 (8): 175-176.

[164] 汪彩君, 邱梦. 规模异质性与集聚拥挤效应 [J]. 科研管理, 2017, 38 (S1): 348-354.

[165] 汪明峰, 李健. 互联网、产业集群与全球生产网络——新的信息和通信技术对产业空间组织的影响 [J]. 人文地理, 2009, 24 (2): 17-22.

[166] 汪秀婷, 杜海波. 系统视角下战略性新兴产业创新系统架构与培育路径研究 [J]. 科学管理研究, 2012, 30 (1): 10-14.

[167] 王炳富, 刘芳. 创新产业集群内知识转移的模式与特点研究 [J]. 科技进步与对策, 2010, 27 (16): 135-138.

[168] 王博, 吴天航, 冯淑怡. 地方政府土地出让干预对区域工业碳排放影响的对比分析——以中国8大经济区为例 [J]. 地理科学进展, 2020, 39 (9): 1436-1446.

[169] 王欢. 创新型产业集群试点政策促进了城市高技术产业发展水平提升吗 [J]. 现代经济探讨, 2022 (4): 94-104.

[170] 王欢芳, 陈惠, 傅贻忙, 宾厚. 区域高新技术产业集群创新网络结构特征研究——基于湖南省数据 [J]. 财经理论与实践, 2021, 42 (4): 123-130.

[171] 王欢芳, 胡振华. 产业集群低碳化升级路径研究——以长株潭城市群为例 [J]. 现代城市研究, 2012, 27 (2): 76-81.

[172] 王缉慈, 谭文柱, 林涛, 等. 产业集群概念理解的若干误区评析 [J]. 地域研究与开发, 2006 (2): 1-6.

[173] 王缉慈. 超越集群——关于中国产业集聚问题的看法 [J]. 上海城市规划, 2011 (1): 52-54.

[174] 王缉慈等. 创新的空间——企业集群与区域发展 [M]. 北京: 北京大学出版社, 2001.

[175] 王缉慈. 关于发展创新型产业集群的政策建议 [J]. 经济地理, 2004 (4): 433-436.

[176] 王缉慈. 关于中国产业集群研究的若干概念辨析 [J]. 地理学报, 2004 (S1): 47-52.

[177] 王辑慈. 地方产业群战略 [J]. 中国工业经济, 2002, 3.

［178］王节祥，蔡宁，盛亚. 龙头企业跨界创业、双平台架构与产业集群生态升级——基于江苏宜兴"环境医院"模式的案例研究 ［J］. 中国工业经济，2018（2）：157 – 175.

［179］王洁. 农区产业集群创新体系的形成过程与演化机理 ［D］. 开封：河南大学，2018.

［180］王娟，韩立民. 探索青岛经验 推进"海上丝路"国际贸易投资合作 ［N］. 青岛日报，2018 – 03 – 03（006）.

［181］王俊岭，吴宾，徐怡等. 改进 AHP 法优化供水绩效指标权重研究 ［J］. 科技管理研究，2019，39（9）：49 – 55.

［182］王美霞，周国华，王永明. 多维视角下长株潭工程机械产业集群成长机制 ［J］. 经济地理，2020，40（7）：104 – 114.

［183］王鹏，钟敏. 产业集群网络、技术创新与城市经济韧性 ［J］. 城市问题，2021（8）：63 – 71.

［184］王琦，陈才. 产业集群与区域经济空间的耦合度分析 ［J］. 地理科学，2008（2）：145 – 149.

［185］王诠. 产业集群的竞争优势分析 ［J］. 西安石油大学学报（社会科学版），2014，23（6）：39 – 42 + 72.

［186］王瑞，范德成. 产业集群连锁裂变式创新模型研究——产业集群企业开放式创新视角 ［J］. 科技进步与对策，2017，34（5）：52 – 57.

［187］王涛，石丹. 中国区域工业竞争力的测度与比较 ［J］. 统计与决策，2019，4.

［188］王薇，李祥. 农业产业集群助推产业振兴：一个"主体嵌入 – 治理赋权"的解释性框架 ［J］. 南京农业大学学报（社会科学版），2021，21（4）：39 – 49.

［189］王薇. 经济发展质量评价理论与方法及应用研究 ［D］. 秦皇岛：燕山大学，2021.

［190］王先磊，何乃波，李友训，黄博，马哲. 山东海洋生物医药产业发展战略研究 ［J］. 海洋开发与管理，2020，37（10）：73 – 78.

［191］王晓鸿，赵晓菲. 农业高质量发展水平测度与空间耦合度分析 ［J］. 统计与决策，2021，37（24）：106 – 110.

［192］王孝斌，李福刚. 地理邻近在区域创新中的作用机理及其启

示 [J]. 经济地理, 2007 (4): 543 – 546 + 552.

[193] 王兴元, 孙平. 高新技术产业集群创新体系"双钻石"框架模型 [J]. 科技管理研究, 2005 (12): 103 – 107.

[194] 王秀山, 刘则渊. 区域技术创新集群的非线性问题研究 [J]. 科学学与科学技术管理, 2004 (12): 40 – 43.

[195] 王旭, 王宏, 王文辉. 人工神经网络原理与应用 [M]. 沈阳: 东北大学出版社, 2000.

[196] 王业强, 魏后凯. 中国产业集群战略与政策考察 [J]. 经济研究参考, 2009 (55): 2 – 19.

[197] 王钺. 市场整合、资源有效配置与产业结构调整 [J]. 经济经纬, 2021, 38 (6): 3 – 12.

[198] 魏锋, 冯柏明, 王健. 西江经济带汽车产业集群生态创新: 绩效评价与优化路径 [J]. 学术论坛, 2017, 40 (2): 174 – 180.

[199] 魏江, 王江龙. 平行过程主导的产业集群创新过程模式研究——以瑞安汽摩配产业集群为例 [J]. 研究与发展管理, 2004 (6): 29 – 34.

[200] 魏江, 夏雪玲. 产业集群中知识密集型服务业的功能研究 [J]. 科技进步与对策, 2004 (12): 7 – 9.

[201] 魏江, 郑小勇. 文化嵌入与集群企业创新网络演化的关联机制 [J]. 科研管理, 2012, 33 (12): 10 – 22.

[202] 魏江, 朱海燕. 高技术产业集群创新过程模式演化及发展研究——以杭州软件产业集群为例 [J]. 研究与发展管理, 2006 (6): 116 – 121 + 138.

[203] 魏江. 创新系统演进和集群创新系统构建 [J]. 自然辩证讯, 2004 (1): 48 – 54 + 111.

[204] 魏守华, 王缉慈, 赵雅沁. 产业集群: 新型区域经济发展理论 [J]. 经济经纬, 2002 (2): 18 – 21.

[205] 吴福象, 蒋天颖, 孙伟. 网络位置、知识转移对集群企业竞争优势的影响——一项基于对温州乐清低压电器产业集群的实证研究 [J]. 科研管理, 2013, 34 (12): 48 – 57.

[206] 吴鸣然, 赵敏. 中国区域创新竞争力的综合评价与空间差异性分析 [J]. 上海经济, 2018, 1.

[207] 吴勤堂.产业集群与区域经济发展耦合机理分析 [J].管理世界,2004,(2):133-134+136.

[208] 吴群.通过资源整合提升中小微企业的竞争力 [J].经济纵横,2013,9.

[209] 吴先华,郭际.基于产业集群构建区域创新系统的几点思考 [J].科技与管理,2006 (5):1-3.

[210] 吴哲坤,金兆怀.关于我国虚拟产业集群发展的思考 [J].东北师大学报 (哲学社会科学版),2015 (6):82-86.

[211] 武云亮,王子民.我国龙头企业主导型农业集群技术创新模式分析 [J].资源开发与市场,2009,25 (01):34-36+13.

[212] 谢果,赵晓琴,王悠悠,等.政府竞争、产业集聚与地方绿色发展 [J].华东经济管理,2021,35 (3):74-85.

[213] 谢瑾岚,马美英.区域中小企业技术创新能力测度模型及实证分析 [J].科技进步与对策,2010,6.

[214] 徐炜,杨忠泰,王宁宁.中国科技创新的发展脉络与战略进路——基于国家创新体系理论的视角 [J].中国高校科技,2020 (9):8-12.

[215] 薛军堂,王嘉.基于绿色管理视角的政府管理创新 [J].科技管理研究,2008 (6):22-24.

[216] 颜君,龚永红,吴昊.模糊神经网络理论与实践 [M].哈尔滨:哈尔滨工业大学出版社,2021.

[217] 颜克益.知识溢出视角下产业集群创新能力提升研究 [D].上海:复旦大学,2009.

[218] 杨红丽,陈钊.外商直接投资水平溢出的间接机制:基于上游供应商的研究 [J].世界经济,2015,38 (3):123-144.

[219] 杨建利,郑文凌,邢娇阳,靳文学.数字技术赋能农业高质量发展 [J].上海经济研究,2021 (7):81-90+104.

[220] 杨建仁,刘卫东.区域科技竞争力理论与实证研究 [M].北京:中国社会科学出版社,2017.

[221] 杨瑞龙.企业和企业集群的创新机制:理论、经验与政策 [M].北京:中国人民大学出版社,2009.

[222] 杨维凤,景体华.当前我国区域经济发展态势分析 [J].经

济研究参考，2013，11.

[223] 姚刚，蔡宁，蔡瑾琰. 复杂网络理论在产业集群升级中的应用 [J]. 云南社会科学，2017（1）：84 – 87.

[224] 叶海景. 龙头企业知识溢出、治理效应与产业集群创新绩效 [J]. 治理研究，2021，37（2）：110 – 117.

[225] 叶新云. 产业集群驱动下的科技园区创新文化与品牌战略 [J]. 科技管理研究，2009，5.

[226] 尹釜，衣保中. 以创意产业集群推动区域经济发展的路径 [J]. 人民论坛·学术前沿，2021（3）：124 – 127.

[227] 于飞，胡泽民，董亮. 关系治理与集群企业知识共享关系——集群创新网络的中介作用 [J]. 科技管理研究，2018，38（23）：150 – 160.

[228] 于晓媛，陈柳钦. 产业集群、技术创新和技术创新扩散 [J]. 山西财经大学学报，2007（12）：66 – 71.

[229] 余川江，李晴，龚勤林. 政策工具视角下中外智能制造产业集群政策比较研究 [J]. 东南学术，2021（5）：170 – 179.

[230] 喻登科，涂国平，陈华. 战略性新兴产业集群协同发展的路径与模式研究 [J]. 科学学与科学技术管理，2012，33（4）：114 – 120.

[231] 袁军，邵燕敏，王珏. 研发补贴集中度、高管技术背景与企业创新——以战略性新兴产业上市公司为例 [J]. 系统工程理论与实践：1 – 18 [2021 – 12 – 14].

[232] 曾万平，唐冬. 高新技术产业集群创新体系的构建研究 [J]. 沿海企业与科技，2006（10）：17 – 19.

[233] 曾显爽，王英凯. 产业集群绿色创新——以鲅鱼圈为例 [J]. 环球市场，2015（16）：28.

[234] 张爱琴，郭丕斌. 政策工具视角下创新集群政策文本分析及对策研究——以山西为例 [J]. 企业经济，2018，37（9）：162 – 168.

[235] 张凡，宁越敏，娄曦阳. 中国城市群的竞争力及对区域差异的影响 [J]. 地理研究，2019，38（7）：1664 – 1677.

[236] 张钢，张小军. 国外绿色创新研究脉络梳理与展望 [J]. 外国经济与管理，2011，33（8）：25 – 32.

[237] 张婧，何彬，彭大敏，曾婷．区域创新能力指数体系构建、监测与评价——基于四川省 21 个地区的研究与实践 [J]．软科学，2021，1．

[238] 张静，周魏．绿色创新研究进展综述 [J]．科技管理研究，2015，35（8）：232 -237．

[239] 张军．经济发展与产业升级：东亚与中国 [M]．北京：人民出版社，2019．

[240] 张玲．县域特色产业集群创新体系建设——以河北省为例 [J]．人民论坛，2015（26）：235 -237．

[241] 张美莎，徐浩．营商环境优化对中小企业创新的影响——基于 7069 项贷款事件的实证检验 [J]．软科学，2021，35（3）：83 -88 +95．

[242] 张廷，王军川．基于 AHP 的区域创新质量评价体系的构建 [J]．统计与决策，2020，9．

[243] 张玺．技术创新的两难悖论与网络化集群式创新研究 [J]．科学管理研究，2006（1）：1 -4．

[244] 张晓兵，杨瑚，张亮晶．区域品牌对区域经济发展的推动作用探究 [J]．商业时代，2010（09）：134 -135 +69．

[245] 张妍，赵坚．产业集聚度视角下的开发区产业集群效率分析——以兰州新区为例 [J]．统计与决策，2020，36（12）：117 -120．

[246] 张应青，范如国，罗明．知识分布、衰减程度与产业集群创新模式的内在机制研究 [J]．中国管理科学，2018，26（12）：186 -196．

[247] 张永波．山东省海洋装备产业聚集区建设布局研究 [J]．海洋开发与管理，2017，34（S2）：34 -39．

[248] 张玉利，杨俊，任兵．社会资本、先前经验与创业机会——一个交互效应模型及其启示 [J]，管理世界，2008（7）：91 -102．

[249] 张哲辉，宁涛，闫蕊．21 世纪海上丝绸之路港口布局优化实证研究 [J]．中国港口，2019（7）：1 -4．

[250] 张振刚，景诗龙．我国产业集群共性技术创新平台模式比较研究——基于政府作用的视角 [J]．科技进步与对策，2008，25（7）：4．

[251] 张志强．聚集经济、企业异质性会提升企业绩效吗？——基

于 TFP 和价格加成的视角 [J]. 产业经济研究, 2014 (9).

[252] 张治栋, 王亭亭. 产业集群、城市群及其互动对区域经济增长的影响——以长江经济带城市群为例 [J]. 城市问题, 2019 (1): 55–62.

[253] 张智勇, 何景师, 桂寿平, 等. 物流产业集群服务创新研究——基于复杂系统涌现性机理 [J]. 科技进步与对策, 2009, 26 (3): 75–77.

[254] 章立东, 李奥. 传统制造业集群与区域经济高质量发展耦合研究——以陶瓷制造业为例 [J]. 江西社会科学, 2021, 41 (3): 81–91.

[255] 赵炳新, 杜培林, 肖雯雯, 张江华. 产业集群的核结构与指标体系 [J]. 系统工程理论与实践, 2016, 36 (1): 55–62.

[256] 赵存东, 李永福. 加权网络视角下政府干预对产业集群创新演化的仿真分析 [J/OL]. 系统科学学报, 2023 (1): 66–71 [2022–04–18].

[257] 赵海婷, 彭燕. 后危机时代全球价值链视角下我国中小企业产业集群升级研究 [J]. 企业经济, 2011.12.

[258] 赵强, 杨锡怀, 孙琦. 产业集群创新环境的灰色层次综合评价 [J]. 东北大学学报, 2006 (1): 103–106.

[259] 赵涛, 艾宏图. 产业集群环境下的知识创新体系研究 [J]. 科学管理研究, 2004 (1): 16–19.

[260] 赵涛, 高永刚. 我国高新技术产业集群的创新体系研究 [J]. 科学管理研究, 2004 (2): 21–23.

[261] 赵作权, 田园. 培育世界级先进制造业集群之关键问题 [J]. 中国工业和信息化, 2019 (8): 46–51.

[262] 甄翠敏, 丁日佳. 实现我国产业集群持续创新的动力机制研究 [J]. 商场现代化, 2006 (36): 238–239.

[263] 郑鹏, 侯建国, 邵玉昆, 严会超. 深化科技合作助推粤桂琼区域创新体系建设 [J]. 科技管理研究, 2018, 2.

[264] 郑小碧, 陆立军. 产业集群转型升级视阈下的区域创新平台研究 [J]. 科学学与科学技术管理, 2011, 8.

[265] 中国社会科学院工业经济研究所课题组, 张其仔. "十四

五"时期我国区域创新体系建设的重点任务和政策思路 ［J］. 经济管理，2020，42（8）：5 - 16.

［266］中央党校［国家行政学院］厅局级干部进修班（第 74 期）专题一支部第 7 课题组，王绪君. 推动我国制造业高质量发展 ［J］. 理论视野，2020（5）：50 - 55.

［267］周虹. 企业家合作创新与产业集群竞争优势 ［J］. 科研管理，2008，29（S2）：201 - 206.

［268］周立春. 中国广告产业集群创新的影响机制研究 ［D］. 武汉：武汉大学，2017.

［269］周立春. 组织邻近性与广告产业集群创新的影响机制研究——基于国家广告产业园的实证分析 ［J］. 现代传播（中国传媒大学学报），2018，40（10）：7 - 13.

［270］周朴雄，陶梦莹. 面向产业集群创新的知识建构共同体研究［J］. 情报科学，2014，32（12）：43 - 47.

［271］周锐波，石思文. 中国产业集聚与环境污染互动机制研究［J］. 软科学，2018，32（2）：30 - 33.

［272］周圣强，朱卫平. 产业集聚一定能带来经济效率吗：规模效应与拥挤效应 ［J］. 产业经济研究，2013（3）：12 - 22.

［273］周永生，蒋蓉华. 运用产业集群原理推进中小企业发展［J］. 改革与战略，2003（11）：30 - 32.

［274］朱东旦，罗雨森，路正南. 环境规制、产业集聚与绿色创新效率 ［J］. 统计与决策，2021，37（20）：53 - 57.

［275］朱桂龙，蔡朝林，许治. 网络环境下产业集群创新生态系统竞争优势形成与演化：基于生态租金视角 ［J］. 研究与发展管理，2018，30（4）：2 - 13.

［276］朱英明. 论产业集群的创新优势 ［J］. 中国软科学，2003（7）：107 - 112.

［277］邹蓉，胡登峰. 我国农业产业化集群发展模式及对策分析［J］. 经济问题探索，2008（6）：45 - 48.

［278］Adam B. Jaffe and Manuel Trajtenberg and Rebecca Henderson. Geographic Localization of Knowledge Spillovers as Evidenced by Patent Citations ［J］. The Quarterly Journal of Economics，1993，108（3）：577 -

598.

［279］ Aldrich H. Organizations and environments/Howard E. Aldrich. 1979.

［280］ Alik K, Saed M. Product Design for Modularity ［M］. Dordrecht: Kluwer Academic Publishers, 2002.

［281］ Almeida P, Kogut B. Localisation of knowledge and the mobility of engineers in regional networks ［J］. Management Science, 1999, 45 (7): 905 – 917.

［282］ Andrea Ricci. Value and Unequal Exchange in International Trade: The Geography of Global Capitalist Exploitation ［M］. London: Taylor and Francis: 2021.

［283］ Antonelli C, Crespi F, Christian A, et al. Knowledge composition, Jacobs externalities and innovation performance in European regions ［J］. Regional Studies, 2016 (11): 1708 – 1720.

［284］ Asheim B. T. , Isaksen A. Regional Innovation Systems: The Integration of Local 'Sticky' and Global 'Ubiquitous' Knowledge ［J］. Journal of Technology Transfer, 2002. 27.

［285］ A Study on Cluster Analysis by Locational Characters of Regional Strategic Industry Joung – Hum, Yeon. 2006.

［286］ Baptist A R. , Swann P. Do firms in clusters innovate more? ［J］. Research Policy, 1998, 27 (5): 525 – 40.

［287］ Beardsell M, Henderson V. Spatial evolution of the computer industry in the USA ［J］. European Economic Review, 1999, 43.

［288］ Berchicci L. Towards an open R&D system: Internal R&D investment, external knowledge acquisition and innovative performance ［J］. Research Policy, 2013, 42 (1): 117 – 127.

［289］ Berman E, Maier G, Todtling F. Regions reconsidered – economic networks, innovation, and local development in industrialized countries ［M］. London and New York.

［290］ Beule F, Beveren V I. Does firm agglomeration drive product innovation and renewal? ［J］. Working Papers of VIVES, 2010.

［291］ Blättel – Mink B. Innovation towards sustainable economy – the integration of economy and ecology in companies [J]. Sustainable Development, 1998, 6 (2): 49 –58.

[292] Breschi S, Malerba F. Sectoral innovation systems: Technological regimes, Schumpeterian dynamics and spatial boundaries [M]. Centro Studi sui processi di internazionalizzazione, 1996.

[293] Camarinha, L. M, Afsarmanesh H. Collaborative networked organizations – Concepts and practice in manufacturing enterprises [J]. Computers & Industrial Engineering, 2009, 57 (2): 46 –60.

[294] Caragliu A, Cniara F, Del B. Do smart cities invest in smarter policies? Learning from the past, planning for the future [J]. Social Science Computer Review, 2016, 34 (6): 657 –672.

[295] Carliss. Y., Managing in an Age of Modularity [J]. Harvard Business Review, 1997, 5: 84 –93.

[296] Carrie Allan. S. From integrated enterprises to regional clusters: The changing basis of competition [J]. Computers in Industry, 2000, 42.

[297] Chang – Yang Lee. Do firms in clusters invest in R&D more intensively? Theory and evidence from multi – country data [J]. Research Policy, 2009, 38 (7).

[298] Chang Y, Chen L, Zhou Y, et al. Elements, characteristics, and performances of inter – enterprise knowledge recombination: Empirical research on green innovation adoption in China's heavily polluting industry [J]. Journal of Environmental Management, 2022, 310: 114736.

[299] Chatzikonstantinou Christos, Konstantinidis Dimitrios, Dimitropoulos Kosmas, Daras Petros. Recurrent neural network pruning using dynamical systems and iterative fine – tuning [J]. Neural Networks, 2021, 143 (prepublish).

[300] Chesbrough, H W. The era of open innovation [J]. MIT Sloan Management Review, 2003, 48 (2): 35 –41.

[301] Chiarvesio M, Di Maria E, Micelli S. From local networks of SMEs to virtual districts: Evidence from recent trends in Italy [J]. Research Policy, 2004, 33 (10): 1509 –1528.

[302] Choudhury, Prithwiraj. Return migration and geography of inno-

vation in MNEs: A natural experiment of knowledge production by local workers reporting to return migrants [J]. Journal of Economic Geography, 2016, 16 (3).

[303] Christian Felzensztein, Kenneth R. Deans, Léo – Paul Dana. Small Firms in Regional Clusters: Local Networks and Internationalization in the Southern Hemisphere [J]. Journal of Small Business Management, 2019, 57 (2).

[304] Christopher Lettl. User involvement competence for radical innovation [J]. Journal of Chung W. Agglomeration effects and performance: A test of the Texas lodging industry [J]. Strategic Management Journal, 2002, 22.

[305] Cohen W M. Innovation and learning: The two faces of R&D [J]. Economic Journal, 1989, 99.

[306] Dahl M S, Pedeesen C R. Knowledge flows through informal contacts in industrial clusters: Myth or reality? [J]. Research Policy, 2004, 33.

[307] Dany Jacobs and Mark W. Jong. Industrial clusters and the competitiveness of The Netherlands [J]. De Economist, 1992, 140 (2): 233 – 252.

[308] Dario Alberto Huggenberger. Four – Layer Spherical Self – Organized Maps Neural Networks Trained by Recirculation to Follow the Phase Evolution of a Nearly Four – Year Rainfall Signal [J]. ICTACT Journal on Soft Computing, 2019, 9 (S2).

[309] Debresson C, Amesse F. Networks of innovators: A review and an introduction to the issue [J]. Research Policy, 1991, 20 (5): 363 – 80.

[310] Deng Y. Agglomeration of technology innovation network of new energy automobile industry based on ICT and artificial intelligence [J]. Journal of Ambient Intelligence Humanized Computing, 2021.

[311] Dmitry V. Kovalevsky. Introducing Increasing Returns to Scale and Endogenous Technological Progress in the Structural Dynamic Economic Model SDEM – 2 [J]. Discontinuity, Nonlinearity, and Complexity, 2016,

5 (1).

［312］ Dong F, Wang Y, Zheng L, et al. Can industrial agglomeration promote pollution agglomeration: Evidence from China ［J］. Journal of cleaner production, 2020, 246: 118960.

［313］ El – Kassar A N, Singh S K. Green innovation and organizational performance: The influence of big data and the moderating role of management commitment and HR practices ［J］. Technological Forecasting and Social Change, 2019, 144: 483 –489.

［314］ Ellison G. Geographic concentration in US manufacturing industries: A Dartboard approach ［J］. Journal of Political Economy, 1997, 5.

［315］ Fritsch M, Slavtchev V. How does industry specialization affect the efficiency of regional innovation systems? ［J］. The Annals of Regional Science, 2010, 45: 87 –108.

［316］ Galliano D, Magrini M B, Triboulet P. Marshall's versus Jacobs' Externalities in Firm Innovation Performance: The Case of French Industry ［J］. Regional Studies, 2015 (11): 1840 –1858.

［317］ Gavin McCrone. Industrial Clusters: A New Idea or an Old One? ［J］. Scottish Affairs, 1999, 29 (First Series) (1): 73 –77.

［318］ Giuseppe A, Roberto B. Does Spatial Concentration Foster economic Growth? Empirical Evidence on EU Regions.

［319］ Gordon I R, Philip M. Industrial clusters: Complexes, agglomeration and/or social networks? ［J］ Urban Studies, 2000, 37 (3): 513 –32.

［320］ Guilherme R Magacho, John S L. McCombie. Structural change and cumulative causation: A Kaldorian approach ［J］. Metroeconomica, 2020, 71 (3).

［321］ Hassink, R, Klaerding, C. The end of the learning region as we knew it: Towards learning in space ［J］. Regional Studies, 2012, 46: 1005 –1066.

［322］ Henderson J. V.. Efficiency of resource usage and city size ［J］. Journal of Urban Economics, 1986, 19 (1).

［323］ He Z, Tan J S. Study on complex theory in cluster domain: A preliminary study based on PC cluster in Dongguan [J]. Management World, 2005, 12 (2): 108 - 15.

[324] Hu, J Jiao, B. Impact of oil and gas industry cluster on innovation ability of regions [J]. Modern Economic Science, 2008, 30: 30 - 35.

[325] Huang Z W. Industrial cluster innovation mechanism and performance analysis based on network structure [J]. Journal of Ningbo University: Liberal Arts Edition, 2004, 38 (3): 1 - 7.

[326] J. Huang and J. Zhao, Study on monitoring methods of cluster innovation network and related empirical case based on patent intelligence [C]. 16th International Conference on Industrial Engineering and Engineering Management, 2009, 2157 - 2160.

[327] Kaldor, N. The case for regional policies [A]. In Further essays on economic theory [C]. London: Duckworth, 1978.

[328] Klaesson K. Agglomeration and innovation of knowledge intensive business services [J]. Industry and Innovation, 2020 (5): 538 - 561.

[329] Klepper S. Disagreements spinoffs and the evolution of Detroit as the capital of the U. S. automobile industry [J]. Management Science, 2007, 53 (4): 616 - 631.

[330] Li, P F, H. Bathelt, and J Wang. Network dynamics and cluster evolution: Changing trajectories of the aluminium extrusion industry in Dali, China [J]. Journal of Economic Geography, 2011, 12 (2): 127 - 155.

[331] Li C, Cao X, Chi M. Research on an evolutionary game model and simulation of a cluster innovation network based on fairness preference [J]. PLoS ONE, 2020, 15 (1): e0226777.

[332] Li Haijia, Yang Cailin. Digital Transformation of Manufacturing Enterprises [J]. Procedia Computer Science, 2021, 187.

[333] Liu Q, Ma H. Trade policy uncertainty and innovation: Firm level evidence from China's WTO accession [J]. Journal of International Economics, 2020 (127): 103387.

[334] Liu S and Zhu Y Du K. The impact of industrial agglomeration on industrial pollutant emission: Evidence from China under New Normal [J].

Clean Technologies and Environmental Policy, 2017, 19 (9): 2327 – 2334.

[335] Li X F, Ma D L, Financial agglomeration, technological innovation, and green total factor energy efficiency [J]. Alexandria Engineering Journal, 2021, 60 (4): 4085 – 4095.

[336] Lundvall B, Johnson B. National Systems of Innovation and Institutional Learning [M]. The Re – Institutionalization of Higher Education in the Western Balkans: The Interplay between European Ideas, Domestic Policies, and Institutional Practices, 1992.

[337] Lundvall B. Product innovation and user – producer interaction [M]. Aalborg: Aalborg Universitetsforlag, 1985.

[338] McCann P A, Tomokazu G, Ian R. Industrial clusters, transactions costs and the institutional determinants of MNE location behaviour [J]. International Business Review, 2002, 11.

[339] McKendrick D G, Wade J B, Jaffee J. A Good riddance? Spin – offs and the technological performance of paront firms [J]. Organization Science, 2009, 20 (6).

[340] M. E. Porter. The Competitive Advantage of Nations [M]. New York: Free Press, 1998: 165 – 178.

[341] Otsuka K , Sonobe T. A Cluster – Based Industrial Development Policy for Low – Income Countries [J]. GRIPS Discussion Papers, 2011.

[342] Pan, X, Song, M L, Zhang, J and Zhou, G. Innovation network, technological learning and innovation performance of high – tech cluster enterprises [J]. Journal of Knowledge Management. 2019, 23 (9): 1729 – 1746.

[343] Patrucco P P. The emergence of technology systems: Knowledge production and distribution in the case of emilian plastics district [J]. Cambridge Journal of Economics, 2005, 29 (1): 37 – 56.

[344] Pedro M. García – Villaverde, Job Rodrigo – Alarcón, Gloria Parra – Requena, María José Ruiz – Ortega. Technological dynamism and entrepreneurial orientation: The heterogeneous effects of social capital [J]. Journal of Business Research, 2018, 83.

[345] Peng Wang. Research on the Formation Mechanism of Innovation Clusters Based on Self – Organization Theory [J]. Social Security and Administration Management, 2020, 1 (1).

[346] Picard R G. Media clusters: Local agglomeration in an industry developing networked virtual clusters [M]. Jönköping: Jönköping International Business School, 2008.

[347] Pittaway L. Networking and innovation: A systematic review of the evidence [J]. International Journal of Management Reviews, 2004, 25 (4): 137 – 68.

[348] Polidoro F, Gautam A, Will M. When the social structure overshadows competitive incentives: The effects of network embeddedness on joint venture dissolution [J]. Academy of Management Journal, 2011, 54 (1): 203 – 213.

[349] Pontus Braunerhjelm and Bo Carlsson. Industry Clusters in Ohio and Sweden, 1975 – 1995 [J]. Small Business Economics, 1999, 12 (4): 279 – 293.

[350] Porter M E. Clusters and the new economics of competition [J]. Harvard business review, 1998, 76 (6): 77 – 90.

[351] Poter M. E.. Clusters and the New Economics of Competition, Harvard Business Review, 00178012, Nov/Dec 98, Vol. 76, Issue 6.

[352] Rafig R. Aliyev. Interval linear programming based decision making on market allocations [J]. Procedia Computer Science, 2017, 120.

[353] Rahman Jasmeen, Dimand Robert W. The emergence of geographical economics: At the contested boundaries of economics, geography, and regional science [J]. Journal of the History of Economic Thought, 2021, 43 (2).

[354] Regional Concentration of Charcoal Production in the State of Paraíba, Brazil (1994 – 2016) [J]. Revista Árvore, 2019, 43 (1).

[355] Rizov M, Oskam A, Walsh P. Is There a Limit to Agglomeration? Evidence from Productivity of Dutch Firms [J]. Regional Science and Urban Economics, 2012, 42 (4): 595 – 606.

[356] Roberta C, Camilla L. Spatial heterogeneity in knowledge, in-

novation, and economic growth nexus: Conceptual reflections and empirical evidence [J]. Journal of Regional Science, 2014 (2): 186 – 214.

[357] Roberta Capello, Alessandra Faggian. Collective Learning and Relational Capital in Local Innovation Processes [J]. Regional Studies, 2005, 39 (1).

[358] Roberta Rabellotti. Collective Effects in Italian and Mexican Footwear Industrial Clusters [J]. Small Business Economics, 1998, 10 (3): 243 – 262.

[359] Schilling Teensma H K. The Use of Modular Organizational Forms: An Industry – level Analysis [J]. Academy of Management Journal, 2001, 6: 21 – 27.

[360] Song M, Wang S, Sun J. Environmental regulations, staff quality, green technology, R&D efficiency, and profit in manufacturing [J]. Technological Forecasting and Social Change, 2018, 133: 1 – 14.

[361] Sophie Bergeron and Stéphane Lallich and Christian Le Bas. Location of innovating activities, industrial structure and techno – industrial clusters in the French economy, 1985 – 1990. Evidence from US patenting [J]. Research Policy, 1998, 26 (7): 733 – 751.

[362] Staber U. H, Schaefer N. V, Sharma H. Business networks: Prospects for regional development [J]. Gruyter, 1996.

[363] Steiul S. Career and clusters: Analysing the career network dynamic of biotechnology clusters [J]. Journal of Engineering and Technology Management, 2002, 22 (2): 62 – 71.

[364] Su J, Ma Z, Zhu B, et al. Collaborative Innovation Network, Knowledge Base, and Technological Innovation Performance – Thinking in Response to COVID – 19 [J]. Frontiers in Psychology, 2021, 12: 122 – 135.

[365] Tapscott D, Ticoll D, Lowy A. Digital capital: Harnessing the power of business webs [J]. Ubiquity, 2000, 2000 (May): 3 – es.

[366] Tavassoli S, Tsagdis D. Critical success factors and cluster evolution: A case study of the Linköping ICT cluster lifecycle [J]. Environment and Planning A, 2014, 46: 1425 – 1444.

［367］Tsai M, Merkert R, Wang J. What drives freight transportation customer loyalty? Diverging marketing approaches for the air freight express industry ［J］. Transportation, 2020, 48（3）：1 – 19.

［368］Van den Berg L, Braun E, van Winden W. Growth Clusters in European Cities：An Integral Approach ［J］. Urban Studies, 2001, 38.

［369］Wang, B. , Hou M. Z. Research on the correlation between local industrial clusters' international development and regional innovation system ［J］. Finance & Trade Economics, 2007, 3：11 – 19.

［370］Wang Kaiyong, Feng Rundong. Quantitative measurement of the effects of administrative division adjustments on regional development ［J］. Journal of Geographical Sciences, 2021, 31（12）：1775 – 1790.

［371］W. B. Beyers. Regional Development and Contemporary Industrial Response：Extending Flexible Specialization ［J］. Economic Geography, 2016, 70（1）.

［372］Wei J, Bo Y E. The Innovative Integration in Cluster of Enterprises：Cluster Learning and Effect of Extrusion ［J］. China Soft Science, 2002.

［373］Wei Wei, Zhang W, Wen J et al. TFP growth in Chinese cities：The role of factor – intensity and industrial agglomeration ［J］. Economic Modelling, 2020, 91：534 – 549.

［374］Wu Jiebing, Yuan Yan, Guo Bin. Cognitive proximity, technological regime and knowledge accumulation：An agent – based model of inter-firm knowledge exchange ［J］. Asian Journal of Technology Innovation, 2022：1 – 20.

［375］Yamawaki H. Evolution and structure of industrial clusters in Japan ［J］. Small Business Economic, 2002, 18（3）：121 – 40.

［376］Yu Y T, Zhang Y, Miao X. Impacts of Dynamic Agglomeration Externalities on Eco – Efficiency：Empirical Evidence from China. ［J］. International Journal of Environmental Research and Public Health, 2018（10）：2304.

［377］Zhaojun Wang, Jingwen Wang. Evaluation and Comparative Study on Innovation Efficiency of Shandong Furniture Industry Cluster ［J］.

Issues of Forestry Economics, 2020, 40 (4).

[378] Zhu H Y, Dai Z J, Jiang Z R. Industrial Agglomeration Externalities, City Size, and Regional Economic Development: Empirical Research Based on Dynamic Panel Data of 283 Cities and GMM Method [J]. Chinese Geographical Science, 2017, 27 (3): 456 – 470.

后　记

　　《产业集群创新体系理论与实证研究》是在 2006 年国家软科学项目"促进我国产业集群的创新体系研究"（批准号：2003DGQ060）报告基础上修订完成的，也是集体合作的结晶。全书从产业集群内部市场结构出发，对产业集群模式提出了更细致的模式划分，特别对产业集群各种模式之间的有机联系和相互转化进行了比较分析，进一步深化了对产业集群形成规律的认识和探讨，构建了产业集群创新体系，并将神经网络专家系统运用于产业集群的创新能力分析，对构建产业集群的创新体系进行了全新设计；尝试运用多指标评价体系对产业集群进行实证分析，得出了有价值的结论，具有创新意义；分别从政府层面、产业层面、企业层面的宏观、中观、微观角度探讨完善我国产业集群创新体系的框架和具体对策，从全新的角度系统研究了我国产业集群发展模式选择的依据和战略构想。

　　全书编著撰写和修订主要由王淑娟、曹倩、王俊淇、栾迪完成，其中王淑娟负责全书的架构和整体思路，并负责第一部分的撰写，曹倩负责第二部分的撰写，王俊淇和栾迪共同负责第三部分的撰写和全文格式校对。该书出版得到山东省管理学学会的资助，在此表示特别感谢。